高等学历继续教育通识课教材

# 心理健康教育

刘玉梅◎主 编

复旦大学出版社

# 前　言

　　为贯彻党的二十大精神,落实《中国教育现代化 2035》和《国务院关于实施健康中国行动的意见》中的相关任务要求,进一步提升全民心理健康素养,2023 年 4 月,教育部等十七部门联合发布了《全面加强和改进新时代学生心理健康工作专项行动计划(2023—2025年)》(以下简称《专项行动计划》),其中明确提出:举办高等学历继续教育的高校要按规定开设适合成人特点的心理健康课程。

　　然而,目前国内出版的心理健康教材在满足该政策的要求方面仍存在一定改进空间。一方面,现有教材多聚焦于特定职业群体(如教师、警察、公务员等)或特定人群(如女性、老年人等),未能充分体现高等学历继续教育成人学习者的心理特征与发展任务;另一方面,尽管专为全日制在校学生编写的心理健康教材具有一定的覆盖面,但其内容体系与教学设计往往难以匹配成人学习者的生活背景与成长诉求。因此,亟须开发适合成人特点的心理健康教材,以更有效地培养学习者自尊自信、理性平和、积极向上的健康心态,促进其身心和谐发展。

　　本书依据《专项行动计划》和《教育部办公厅关于加强高等学历继续教育教材建设与管理的通知》政策文件精神,以积极心理学为理论基础,融合中华优秀传统文化的思想精髓,秉持"成人为本、教育唯真、笃行务实"①的教学理念精心编写。内容涵盖心理健康导论、自我概念的形成与调适、情绪及其管理、人格及其完善、人际关系的建立与发展、健康生活方式的养成、压力管理与挫折应对、心理危机的预防与干预、生涯规划及其实践等 9 大专题。各专题独立成章,读者可根据自身需求和兴趣自主选择阅读顺序。本书具有以下特色:

　　1. 理论前沿

　　立足国内外心理健康领域的最新研究成果,系统阐述心理健康的核心概念、构成要素与调适策略,重点呈现积极心理学的前沿观点,突出其在提升成人学习者心理素养与促进社会适应方面的理论价值与实践意义。

　　2. 内容实用

　　实用性与实效性是成人心理健康教育的重要特征。本书围绕成人学习者在情绪调节、人际交往、压力管理、职业发展与自我激励等方面的现实需求,提供真实案例解析与明确的

---

① 　王溢泽,张川,曾青云.基本理论导引下的成人心理健康教育[J].成人教育,2017,37(4):13-17.

行动指南。通过工具引导、技能训练与自我反思，帮助学习者有效应对心理挑战，提升心理健康水平。

### 3. 体例活泼

在体例设计方面，遵循"以学习者为中心"的编写理念，注重教学内容与学习支持的有机结合，将主教材、学习指导、学习活动、学习测评等融为一体，力求"教辅合一"。全书各章结构统一，层次清晰，均包括引言、学习目标、学习内容导图、案例导读、正文、要点重述、学习游乐场、心理测试、课后练习、推荐阅读书目等 10 个模块。正文部分设有"经典名言""知识链接""案例""拓展阅读""课堂活动"等多个小栏目。整体设计旨在增强学习的针对性、互动性、自主性和趣味性，激发学习者积极参与和深度思考，提高学习效率。

### 4. 文字流畅

本书语言风格兼具学术性与可读性。基本概念和原理的表述力求严谨规范，具体分析则采用通俗易懂的方式阐释，便于学习者理解。各章节穿插贴近成人生活场景的案例、热点追踪、实验介绍与行为训练等内容，并辅以二维码链接，提供拓展学习资源，帮助学习者在轻松愉快的阅读体验中树立科学的心理健康观念，掌握有效的心理调适方法。同时，本书借助插图和表格，营造生动直观且富有启发性的学习氛围。

本书由刘玉梅担任主编。编写工作启动前，编写团队面向 10 余所举办高等学历继续教育的高校开展了系列访谈，广泛征集了心理健康专兼职教师、学生管理人员和学习者代表的意见和建议。在充分调研的基础上，主编制定了总体编写思路、内容框架与章节结构，并撰写样章供执笔人参考。各章执笔人均具有心理学相关专业背景，长期从事成人心理健康教育与心理咨询工作，具备扎实的理论基础和丰富的实践经验。具体写作分工为：第一章，刘玉梅；第二章，王欣瀛；第三章、第五章，董丽敏；第四章，王仁彧、颉宁、刘玉梅；第六章，陈翠华；第七章、第八章，刘广明；第九章，王欣瀛、张佳昊、王仁彧、刘玉梅。初稿完成后，刘玉梅负责修改和定稿。

本书编写过程中，感谢同济大学心理健康教育与咨询中心姚玉红教授对教学大纲的认真评审，以及同济大学马克思主义学院吕健教授对书稿的仔细审定，两位专家为提升教材质量提供了宝贵指导。感谢《开放教育研究》编辑部魏志慧研究员及其学术团队长期关注本书写作，并在文献资料方面给予重要支持。特别感谢复旦大学出版社谢同君和岑品杰两位老师的专业投入与细致工作，促成本书顺利出版。

本书参考和引用了大量国内外学术文献，所有资料均已在正文、脚注和参考文献中注明，谨向相关作者、译者和出版机构致以诚挚谢意。

由于编写人员水平有限，书中难免存在不足，敬请专家、学者及广大读者批评指正。欢迎通过电子邮箱（liuym@sou.edu.cn）与编者联系。

刘玉梅

2025 年 4 月于上海

# 幸福人生的真谛

## ——心理健康导论

　　获得幸福,是所有人的生活目标。但幸福是什么? 每个人都有自己的解读。有人以外在物质来衡量一个人的幸福指数,结果发现,一日三餐尽享山珍海味的人,并没有"吃到"幸福的味道,而终日奔波劳碌的人,却能在一碗面条中品出人间美味。这说明真正的幸福不是来自外在物质的丰富,而是源于内心的满足与平和。只有内心丰盈的人,才能在平凡的日子里体验与感受到更多的幸福。幸福的人不是拥有最好的一切,而是有能力把当下的一切变得更好。研究表明,个体的幸福感与其心理健康水平密切相关。

### 学习目标

　　学完本章后,你应该能够做到:

◆ 解释健康及心理健康的含义

◆ 描述心理健康的标准

◆ 说明影响心理健康的主要因素

◆ 掌握维护心理健康的方法

◆ 培养心理健康自我管理意识

◆ 形成正确的心理健康观念

幸福人生的真谛——心理健康导论

　　不识庐山真面目——什么是心理健康

　　　　健康的概念

　　　　心理健康的内涵

　　　　心理健康的标准

　　　　　　智力正常

　　　　　　了解自我，悦纳自我

　　　　　　接受他人，善与人处

　　　　　　热爱生活，乐于工作和学习

　　　　　　面对现实，适应环境

　　　　　　善于调节情绪，心境良好

　　　　　　人格完整统一

　　　　　　心理行为符合年龄特征

　　向阳花木易为春——心理健康的影响因素

　　　　影响个体心理健康的内在因素

　　　　　　生理因素

　　　　　　心理因素

　　　　影响个体心理健康的外在因素

　　　　　　家庭因素

　　　　　　学校因素

　　　　　　社会因素

　　绝知此事要躬行——心理健康的维护

　　　　增强心理健康意识

　　　　坚持健康生活方式

　　　　培养积极心理品质

　　　　实施有效心理调节

复旦大学逸夫楼

## 邵逸夫的长寿秘诀

邵逸夫(1907—2014)

2014 年 1 月 7 日,香港电视广播有限公司(TVB)荣誉主席邵逸夫在家中安详离世,享年 107 岁。作为香港影视大亨和驰名中外的慈善家,他一生热爱国家,关心民生,慷慨捐赠,惠及多方。

据统计,截至 2012 年,他向内地科教文卫事业捐助资金达 47.5 亿元港币,涉及 6 013 个项目,其中 80% 以上为教育项目,全国各地共有近 3 万座以"逸夫"命名的楼、馆。1990 年,中国科学院紫金山天文台为表彰其在社会公益方面的突出贡献,将 2899 号小行星命名为"邵逸夫星"。

邵逸夫 1907 年生于浙江宁波镇海,1958 年在香港成立邵氏兄弟电影公司,2011 年 104 岁时退休,比一般人晚了 40 多年,被称为全球最长寿、任期最长的上市公司 CEO。他一生很少去医院,许多人都想知道他的长寿秘诀。邵逸夫曾透露,他的秘诀包括笑口常开、热爱工作、注重养生、坚持运动和行善积福[①]。

邵逸夫先生的爱国之情和报国之志,将被人们铭记在心,他保持健康的秘诀同样值得学习。笑口常开、热爱工作和行善积福是心理健康的重要标志;坚持运动和注重养生的良好生活方式不仅有助于保持身体健康,而且体现了高度自律的意志品质,也跟心理健康密切相关。既然心理健康能为个体的长寿和人生幸福护航,那么,什么是心理健康、心理健康的标准是什么、如何维护心理健康。对于这些问题,也许你有自己的见解,也许你还在思考。相信通过学习和研究心理健康这门课程,你一定可以找到满意的答案。现在,就让我们共同开启一场神奇的心理健康探索之旅吧⋯⋯

本章是进入心理健康领域的入门篇,在这里,你将了解心理健康的内涵、心理健康的描述性标准、影响心理健康的主要因素以及维护心理健康的方法。本章对以后各章内容的学习具有导航作用。

---

① 本刊综合.笑口常开、最爱工作、注重养生、坚持运动、行善积福 世纪老人逸夫先生的长寿秘诀[J].人人健康,2014(2):20-21.

## 第一节　不识庐山真面目——什么是心理健康

谈到健康,传统观念中人们关注较多的是生理健康,因此,在日常生活中许多人都注重锻炼身体,而往往忽略了对心理的保健。其实,人体是一个复杂的系统,疾病是由多种因素而不是由单一因素引起的。现代医学研究表明:心理的、社会的和文化的因素同生物学因素一样,与人的健康都有非常密切的关系。

### 一、健康的概念

健康是人类永恒的主题,也是人类共同追求的美好愿望。从宏观层面看,国民的健康状况连着千家万户的幸福,关系着国家和民族的未来;从微观层面看,健康不仅直接影响个体正常的生活、学习和工作,而且直接影响其在生命的全过程中对社会的贡献大小。

经典名言

健康对于生命,犹如空气对于飞鸟。有了空气,鸟儿才能展翅飞翔。珍惜生命,就必须爱护健康。

——顾方舟

顾方舟(1926—2019)
图片资料来源:吴为山雕塑作品
顾方舟胸像

有人说,健康是人生最大的资本和最珍贵的财富。确实,健康不是一切,但没有健康就没有一切。然而对"健康"一词的理解,因其包含了复杂的生物学、生理学、医学、社会学和心理学等各方面的内容,科学界对它并没有一个清晰且公认的定义。生物学家勒内·杜博斯(René Dubos)曾用形象的语言描述了无法准确界定健康的困境,他将对健康的认知比喻为蜃景:从远处看,健康是再清楚不过的概念,但当我们走近它,试图定义它时,却发现它是看不到和摸不着的。

目前,无论是在学术界还是健康教育领域,1948 年 4 月 7 日生效的《世界卫生组织组织法》中提出的健康三维概念应用最为广泛,影响也最大。其内容是:健康不仅为疾病或羸弱之消除,而系体格、精神与社会之完全健康状态[①](Health is a state of complete physical,

---

① 中译来自世界卫生组织的中文官方网站[EB/OL].[2024-01-09],https://www.who.int/zh/about/governance/constitution.

mental and social well-being and not merely the absence of disease or infirmity[①]）。70多年过去了，该定义未经修订[②]，一直沿用至今。世界卫生组织的定义将人类几千年对疾病、自身和生存环境的认识高度概括起来，是迄今为止认可度最高的健康概念。这一定义清楚地表明，健康是指个体生理、心理和社会功能的一种平衡状态，而不只是没有疾病的困扰。可见，现代健康概念的核心已经由消极被动的治疗转变为积极主动的预防和保健，这意味着开启健康之门的钥匙就在每个人自己的手中。

### 拓展阅读 1-1

#### 健康的标准

世界卫生组织在界定健康的定义时，也提出了判断健康的 10 条具体标准（扫描二维码查看详细内容）。

健康的标准

### 课堂活动 1-1

#### 为健康画像

有人形象地把健康比喻为数字"1"，事业、家庭、财富、地位等都是"1"后面的若干个"0"。如果没有"1"，再多的"0"也没有意义。《健康是一株三色花》（扫描二维码查看详细内容）也许能为你提供一个形象的视角来认识健康。接下来请你为自己心目中的"健康是什么"画像，然后与老师和同学分享你的作品。

健康是一株
三色花

## 二、心理健康的内涵

心理健康是健康的一个重要组成部分，但关于什么是心理健康，学术界存在着不同的见解，至今尚未有定论（见知识链接 1-1）。

### 知识链接 1-1　心理健康和心理疾病

传统心理健康观念认为心理健康与心理疾病是如同电源开关，要么完全开启，要么彻底关闭，即没有心理疾病就是心理健康。然而，近年来的心理学研究提出，心理健康和心理疾病是既独立又相互关联的概念，可以同时存在于一个人身上。心理健康的人可能会出现心理问题，而心理疾病患者也能提升心理健康水平。预防心理疾病与促进心理健康是相互关联的。

---

[①] 英文来自世界卫生组织官方网站[EB/OL].[2024-01-09].https://apps.who.int/gb/bd/pdf_files/BD_49th-en.pdf＃page=6.

[②] 杨同卫，封展旗，武宜金，等."道德健康"辩驳:亦论道德与健康的关系[J].医学与哲学,2019,40(1):21-23,42;周围,杨韶刚.借鸡生蛋与以讹传讹:道德健康概念的提出及其合理性分析[J].上海教育科研,2008(11):26-29.

心理健康是一个相对的概念,目前没有适用于任何人、任何情境的绝对标准来区分心理正常与异常。人的心理世界复杂多样,即使心理健康的人也可能在某些时候出现突发性、暂时性的心理异常。每个人随时随地都有可能产生心理困扰,心理冲突像感冒、发烧一样常见。心理健康处于动态变化中,现在健康不等于永远健康,现在不健康也不等于永远不健康。人在一生中可能某些时候心理不健康,但通过自身努力和外界帮助(包括专业指导),心理可以恢复到健康状态。因此,没有绝对的心理健康。

资料来源:樊富珉,费俊峰.大学生心理健康16讲(第2版)[M].北京:高等教育出版社,2020:12-13.有改动.

《简明不列颠百科全书》将心理健康解释为:心理健康是指个体心理在本身及环境条件许可的范围内所能达到的最佳功能状态,而不是指绝对的十全十美的状态。

世界卫生组织对心理健康的描述是:心理健康不仅是没有精神疾病,更可视为一种幸福状态;在这种状态中,每个人认识到自己的潜力,可以应对正常的生活压力,有效地从事工作,并能够为社会作出贡献。

2019年7月,健康中国行动推进委员会正式发布的《健康中国行动(2019—2030年)》文件中把心理健康界定为:"心理健康是人在成长和发展过程中,认知合理、情绪稳定、行为适当、人际和谐、适应变化的一种完好状态,是健康的重要组成部分"。

尽管对于心理健康目前并没有一个公认的概念,但从上述的各类定义仍不难看出,心理健康有广义和狭义之分。广义的心理健康是指一种高效的、满意的、持续的心理状态;狭义的心理健康是指人的基本心理活动的过程和内容完整、协调一致,即认知、情感、意志、行为、人格等诸多因素和谐统一。

### 课堂活动1-2

**关于心理健康的讨论**

通过对心理健康内涵的认识和理解,请列出你认为心理健康的人具备的特点。

_____

_____

_____

然后,在学习小组内分享自己的观点并参与小组讨论,同时汇总讨论结果。由老师随机指定一名小组同学,请该同学代表本组在全班进行交流。

## 三、心理健康的标准

由于心理现象极其复杂,每个人的情况又千差万别,所以,很难像测量血压或体温那样划出一个心理健康与否的明确界限。关于心理健康的标准就如心理健康的定义一样,也是仁者见仁,智者见智。下面是综合国内外学者观点归纳的心理健康的描述性标准。这些标准可以作为非专业人士进行自我心理健康评估的参照。当然,与这些标准比较,每个人或许都存在不足之处,犹如医学体检报告单上所示的箭头标记,这些标记象征着身体各个系统中的"提示信号",在一定程度上可发挥预警作用。提出心理健康标准的目的在于协助个体及时关注可能引发心理问题的迹象,以此提醒人们注意规避潜在风险。在实践中,这些心理健康标准可被视为个人应当努力达到的目标。

## (一)智力正常

智力是指一般性的心理能力,包括(但不限于)推理、计划、解决问题、抽象地思考、理解复杂思想、快速学习以及从经验中学习的能力[1]。它是个体心理健康的重要前提和基础。正常的智力水平是人们生活、学习、工作最基本的心理条件。通过智力测验,可以了解人们的智力发展水平。智力测验的分数被称为智力商数(intelligence quotient),简称智商(IQ)。智商是通过一系列的标准测试,测量出一个人在其年龄段智力高低的数量指标。从整体来看,人的智商差异很大,高的可达150分,甚至超过200分,低的只有20~30分。但这种差异是有规律的,即智商特别高的人和智商特别低的人在总人口中所占比例很小,而智力居中的人数量最多。大样本的智商分数呈正态分布,如图1-1所示[2]。一般认为智商在90分以上为智力正常,智商在70~89分为智力偏低,智商在70分以下为智力落后。智力落后的人较难适应社会生活,也难以完成正常的学习或工作任务。

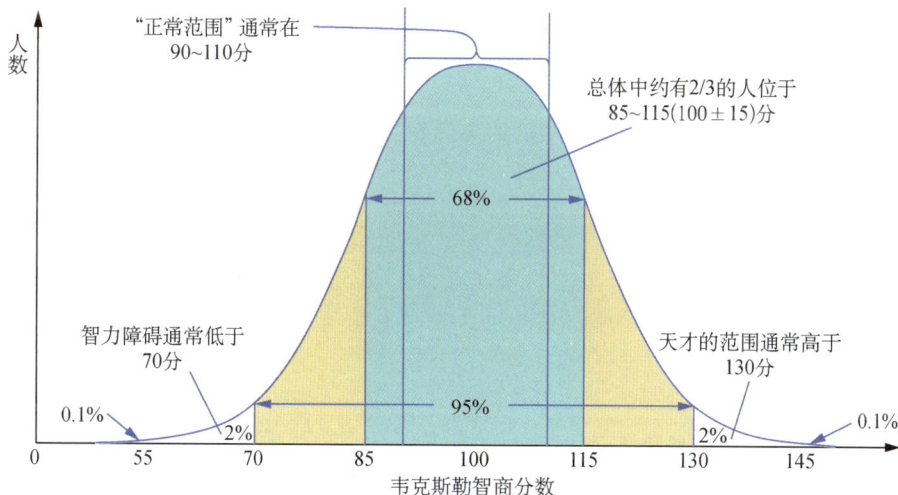

图1-1　大样本的智商分数正态分布

然而,智力正常并不仅仅取决于IQ值。智力还涉及许多其他因素,如创造力、社交技

① 理查德·格里格.心理学与生活(第20版)[M].王垒,等译.北京:人民邮电出版社,2023:274.
② 菲利普·津巴多,罗伯特·约翰逊,薇薇安·麦卡恩.津巴多普通心理学(第8版)[M].傅小兰,等译.北京:人民邮电出版社,2022:251.

能、情绪智力等。因此,仅仅依靠 IQ 值来定义智力正常可能是不充分的。

最重要的是,智力正常是一个相对的概念,因为每个人的智力水平都是独特的。每个人都有自己的优缺点,而且智力的发展也可以在不同的领域和时间段中有所变化。因此,应该以多维度的方式来理解和评估一个人的智力水平,而不仅仅依赖于单一的智力测验结果。

**拓展阅读 1-2**

### 中国修订的韦氏成人智力量表示例

韦克斯勒智力量表是全球广泛应用的智力测验工具,由心理学家大卫·韦克斯勒(David Wechsler)编制。韦克斯勒成人智力量表(Wechsler adult intelligence scale, WAIS),简称"韦氏成人智力量表",其中国版本由原湖南医科大学(2000 年并入中南大学)的龚耀先教授等人主持修订(扫描二维码查看详细内容)。

韦氏成人智力量表示例

**拓展阅读 1-3**

### 龚 耀 先 简 介

龚耀先(1923—2009)是著名的临床(医学)心理学和心理测量专家,为我国心理学的建设与发展作出了重要贡献(扫描二维码查看详细内容)。

龚耀先简介

**拓展阅读 1-4**

### 加德纳的多元智力理论

哈佛大学发展心理学家霍华德·加德纳(Howard Gardner, 1943— )认为:"智力是在某种社会或文化环境的价值标准下,个体用以解决自己遇到的真正难题或生产及创造出有效产品所需要的能力。"根据该智力定义,加德纳提出了关于智力及其性质和结构的新理论——多元智力理论(扫描二维码查看详细内容)。

加德纳多元智力理论简介

### (二) 了解自我,悦纳自我

能够正确地认识自己,真诚地接纳自己,积极地欣赏自己,是个体心理健康的表现,是其有效从事各种社会活动的前提,更是其实现自我人生价值的根基。心理健康的人能认识到自己的存在价值,既能了解自己,又能接受自己,对自己的能力、性格、情绪和优缺点能够给出恰当、客观的评价,不会对自己提出过高的期望与要求,生活目标和理想也能定得切合实际,因而对自己总是满意的。同时,也能努力发展自身的潜能,对自己无法补救的缺陷可以做到安然处之,能与自身的不完美快乐相伴。

另外,一个人自己眼中的"我"和别人眼中的"我"是否一致也是一个重要因素。两者越趋于一致,显示心理越健康;若不一致,则容易造成心理困扰。

### (三) 接受他人,善与人处

心理健康的人乐于与人交往,不仅能接受他人,也愿意被他人接受。在与人相处时,积极的态度(如尊重、信任、友善、同情等)多于消极的态度(如怀疑、嫉妒、畏惧、敌视等)。心理健康的人既有稳定而广泛的人际关系,又有知心朋友;在交往中能够保持独立而完整的人格,有自知之明,不卑不亢;能客观评价别人和自己,善于取人之长补己之短,宽以待人,乐于助人。

对个体而言,和谐的人际关系是衡量其心理健康水平的一个重要指标,因为理解、关心、友爱、支持会使人感到温暖、幸福和喜悦,从而产生对生活的热爱、对事业的追求。相反,冷漠、冲突、排斥和互相猜忌,则会使人产生压抑感、焦虑感,导致安全感和信任感缺失,进而对其心理健康构成威胁。

经典名言

爱人者,人恒爱之;敬人者,人恒敬之。

——孟子

孟子(约公元前 372—公元前 289)
图片资料来源:清代南薰殿藏本中的"孟子像"

### (四) 热爱生活,乐于工作和学习

心理健康的人珍惜和热爱生活,积极投身于生活,并尽情享受人生的乐趣。他们乐于学习、勤于工作,在工作和学习中尽可能地发挥自己的聪明才智,同时也能从工作和学习的成果中获得满足和激励,提高自我价值感。心理健康的人能处理好工作、学习和生活三者之间的关系,既能在工作和学习中勇于迎接困难和挑战,使自己的学习与工作更有成效,又能享受休闲给自己带来的放松感。

### (五) 面对现实,适应环境

心理健康的人能够面对现实,接受现实,并主动地去适应现实,进一步改造现实。他们既有高于现实的理想,又不会沉湎于不切实际的幻想与奢望中;既能汲取过往的经验,也能正视当前,规划未来。他们面对失败与挫折,保持坚定,不选择逃避,而是镇定地应对。他们可以选择改变环境以满足个人需求,或者调整自我以适应环境,确保他们的思想和行为与社会环境保持和谐统一。他们很少抱怨自己"生不逢时""怀才不遇"。

### (六) 善于调节情绪,心境良好

情绪是人的需要满足与否的反映。心理健康的人情绪稳定,心情愉快,乐观开朗,富有

朝气,对生活充满希望。当然,这并不是说心理健康的人不会产生消极情绪。心理健康与否,不在于是否产生消极情绪,而在于消极情绪持续时间的长短以及消极情绪在生活中所占的比重大小。心理健康的人积极情绪状态占据优势,虽然也会经历悲伤、焦虑、沮丧、愤怒等消极情绪,但能适当地加以表达和控制,而且持续时间一般不会太久,能够做到喜不狂、忧不惧、胜不骄、败不馁。

### (七)人格完整统一

人格就是让个人在不同情境和不同时期都保持一贯的心理品质。作为人的整体精神面貌,人格具有复杂的结构,包括两个方面:一是人格倾向性,包括需要、动机、兴趣、理想、信念、价值观等;二是人格心理特征,包括能力、气质和性格等。心理健康的人能保持完整统一的人格品质,人格构成要素平衡发展。他们具有积极进取的人生观,以正面的态度对待世界、他人与自己;无论过去、现在还是未来,无论顺境还是逆境,他们思考问题的方式始终是适中和合理的,处事也能够灵活变通,对外界刺激不会有偏颇的情绪和行为反应;他们能够与社会发展的步调合拍,也能和集体融为一体。

### (八)心理行为符合年龄特征

每个人在生命发展的不同年龄阶段,都有相对应的心理行为表现,从而形成不同年龄独特的心理行为模式。表 1-1 大致勾画出个体一生的主要阶段[①]和各阶段心理发展的年龄特征[②]。心理健康的人具有与其年龄和角色相匹配的心理行为特征。如果一个人的认识、情感等心理行为经常严重偏离自己的年龄特征,一般都是心理不健康的表现。

表 1-1　心理发展在不同年龄阶段的特征

| 阶段 | 年龄段 | 心理发展的年龄特征 |
| --- | --- | --- |
| 胎内期 | 从受孕到出生 | 胎儿对感觉刺激做出回应的能力正在发展。胎儿暴露于母亲模糊的声音中,与其他女性的声音和父亲的声音相比,刚出生的婴儿更喜欢母亲的声音 |
| 婴儿期 | 从出生到大约 18 月龄 | 身体和大脑发育速度惊人。主要通过感知和运动来认识世界。对周围环境影响高度敏感,开始建立初步的情感联系,形成对主要照顾者的依恋,并表现出对于分离和陌生的恐惧 |
| 儿童期早期 | 从大约 18 月龄到 6 岁 | 对于自我和外界的认识更加深入。运动技能日益精细,思维、语言飞速发展,同伴关系开始建立。想象力极为生动丰富,并通过角色扮演游戏来模仿和理解现实世界。性别认同得到发展 |
| 儿童期 | 从大约 6 岁到 11 岁 | 认知能力发展迅速,逻辑思维能力增强。自我中心性减弱,自我理解、道德、友谊得到发展,开始与同龄人建立密切的关系,同伴成为生活中重要的人 |

---

① 理查德·格里格. 心理学与生活(第 20 版)[M]. 王垒,等译,北京:人民邮电出版社,2023:295.
② 黄希庭,郑涌. 心理学导论(第 3 版)[M]. 北京:人民教育出版社,2015:144-168. 黛安娜·帕帕拉,萨利·奥尔兹,露丝·费尔德曼. 孩子的世界——从婴儿期到青春期(第 11 版)[M]. 郝嘉佳,岳盈盈,陈福美,等译. 北京:人民邮电出版社,2013:12.

（续表）

| 阶段 | 年龄段 | 心理发展的年龄特征 |
|---|---|---|
| 青少年期 | 从大约 11 岁到 20 岁 | 心理发生急剧变化的特殊时期，从不成熟过渡到成熟的重要转折期。这一阶段抽象思维和运用科学推理的能力得到发展，道德判断能力快速提升。经历身体特征的变化，开始面对自我认同、独立性和自我价值的探索，寻求自我同一性成为主要任务，包括性别同一性。更加关注自己的未来，尝试确立个人价值观和长远的人生目标 |
| 成年期早期 | 从大约 20 岁到 40 岁 | 个体生命中最为复杂的阶段。需要应对工作、家庭和社会责任等角色的变化。既要赡养父母，又要养育子女；既要干事业，又要干家务。同时，其行为应符合社会文化的要求，扮演好配偶、父母、子女、独立的劳动者等角色。在这一阶段，个体的认知和情感能力进一步发展，开始形成自己的价值观和人生观，是一个积极探索自我和实现个人目标的阶段 |
| 成年期中期 | 从大约 40 岁到 65 岁 | 个人一生中在家庭生活及职业发展上的高峰期。通常在事业上已取得一定的成就，具有较高的社会地位和声望。由于工作经验丰富，加之要帮助孩子开始独立生活，还要赡养老年父母，因而工作负担和生活负担往往特别沉重 |
| 成年期晚期 | 大约 65 岁及以上 | 人生历程接近尾声的时期。多数人已离开工作岗位，社交范围逐渐减小，身体机能日益衰退，但凭借环境和他人支持还是能过上完满的生活。随着年龄的增长，疾病发生率明显增加，会产生经济依赖、身体依赖和情感依赖，并反思自己一生的意义，意识到死亡的接近 |

注：每个年龄段没有明确的起止时间，表格中列出的仅为大致年龄段，每一个阶段的后期与下一个阶段的前期可能会交叠在一起。

在理解心理健康的标准时，应当注意以下几点。首先，这些标准是相对的，而且都有局限性。因为心理健康的标准还必须考虑年龄、性别、社会身份、情境等各种因素，不同群体的心理健康标准存在差异，没有绝对化的心理健康标准。其次，对大多数人而言，心理健康标准只是一种理想尺度，它是一个衡量依据，为人们指出提高心理健康水平的努力方向。尽管现在还没有具备心理健康的各种积极品质，但是在朝这个方向不断接近的时候，心理也是健康的，不一定非得达到某个标准才算是心理健康。最后，在人生的发展过程中，会不可避免地遇到如失恋、家庭矛盾、工作不顺、人际关系不佳等因素引起的心理失衡，对此，我们不必大惊小怪，而应提高自我保健意识，及时进行自我调整或寻求帮助。

### 课堂活动 1-3

#### 心理健康自我评估

请根据心理健康的描述性标准，对你的心理健康状况进行自我评价，分析自己未来需要在哪些方面提高心理健康水平。

## 第二节 向阳花木易为春——心理健康的影响因素

研究表明,影响一个人心理健康的因素十分复杂,既跟个体自身的内在特征有关,又跟外在环境因素有关。心理学家将前者称为内在因素,把后者称为外在因素。具体来说,内在因素包括个体的生理因素和心理因素;外在因素包括家庭因素、学校因素和社会因素。一般而言,个体的心理健康状况是内在因素和外在因素相互作用的结果。其中,每一类因素又包含危险因素和保护因素。

### 一、影响个体心理健康的内在因素

#### (一) 生理因素

##### 1. 遗传

遗传指的是父母通过基因将生理和心理的特征传给子女[①]。目前,人们普遍认可身高、发色、体形和眼睛颜色等外在特征是遗传的。越来越多的人开始认识到癌症、心脏病、高血压等疾病的发病倾向也与遗传有关。然而,很少有人意识到基因在塑造人的心理品质方面也扮演着重要角色。近年来,随着生物技术的进步,许多研究已经证实了遗传因素对个体心理健康的影响。1997 年,伦敦儿童健康研究所的科学家报道,他们已经发现位于 X 染色体上的一组基因决定了女孩比男孩有更好的社交能力;2002 年,澳大利亚基因学家尼克·马丁(Nick Martin)在国际人类基因组大会上宣布,他在实验中取得了大量的证据证明人体有特定的基因控制着如焦虑、抑郁等情绪;2012 年,以印第安纳大学为首的研究小组与一批国际研究团队合作,确定了与精神分裂症有关的基因组,表明家族遗传因素在精神分裂症的发病中起一定作用。

**拓展阅读 1-5**

**科学家认为:焦虑和抑郁受特定基因控制**

"有的人天生开朗,有的人生来忧郁",如今这种说法有了科学依据(扫描二维码查看详细内容)。

科学家发现
焦虑受基因
控制

同时,与人的心理健康有关的智力受遗传因素的影响也比较明显。已有大量研究发现,养子女的智商更接近于他们的亲生父母,而非接近于领养他们的父母,尽管他们与自己的亲生父母未曾居住在一起。罗伯特·普罗明(Robert Plomin)和约翰·德弗里斯(John

---

① 丹尼斯·库恩,约翰·米特雷尔.心理学导论——思想与行为的认识之路(第 13 版)[M].郑钢,等译.北京:中国轻工业出版社,2014:94.

DeFries)的研究证实,养子女和亲生父母在智力上的相关性,在他们被收养后的第 16 年比被收养后的第 3 年更为显著。如图 1-2 所示。这说明遗传的影响力在成长后期较为明显。

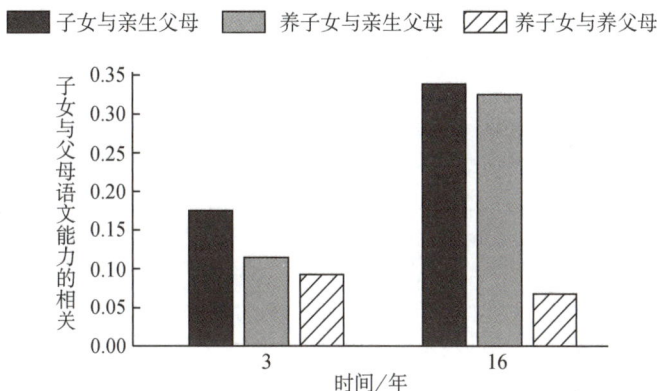

图 1-2 养子女与父母在智力上的相关

**拓展阅读 1-6**

### 分开抚养或一起抚养的双生子

关于遗传因素在个体心理发展过程中的作用,心理学家常常以分开抚养和一起抚养的同卵双胞胎及异卵双胞胎为例进行研究。有两个令人印象深刻的长期研究提供了大量有吸引力且重要的资料(扫描二维码查看详细内容)。

双生子研究

另外,神经系统的生理解剖特点直接决定了人的气质类型。气质类型与遗传相关,这些气质类型在情绪的表现方面尤其值得注意,如果不能恰当地予以教育、引导,个体就有可能出现心理异常。关于气质的内容将在第四章第一节详细分析。

需要特别说明的是,尽管遗传因素在一定程度上对个体的心理健康会产生影响,但这只是意味着可能增加个体出现心理问题的风险,其作用不是肯定不能改变的。遗传仅仅提供了一种可能性,个体是否表现出心理异常的关键在于后天环境的影响以及个体自身主观因素的调节。在遗传、环境和个体内在因素相互作用的过程中,遗传因素可能导致的不良发展倾向可以得到防止和纠正。

2. 躯体疾病

躯体疾病对心理健康的影响包括两个方面。一方面,大脑、中枢神经系统的病变,如脑肿瘤、脑萎缩、脑外伤(见知识链接 1-2)、长时间的大脑缺血或缺氧等病理状态,都会对大脑造成直接的破坏作用,导致个体出现各种心理异常,轻者易激惹、失眠、不安等,重者会产生感知觉、记忆、意识、思维、言语、运动等障碍,甚至出现意识模糊、幻觉、妄想、躁动、攻击行为等症状,造成个体罹患心理疾病的可能性增加;另一方面,其他身体疾病也会影响个体心理健康状况,如甲状腺功能亢进,往往出现敏感、自制力减弱等心理异常表现,而甲状腺素缺少则会导致智力迟钝、情绪淡薄等心理障碍。中医学理论对于体内脏器与情绪功能有对应的表述:喜对应心、怒对应肝、思对应脾、忧(悲)对应肺、恐(惊)对应肾等。脏器的疾病会引起相应的情绪变化,从而导致心理问题。然而,生理疾病对个体心理活动的影响是可变的,随着疾病的消除或加重,心理症状会随之消失或加剧。同时,如果个体坚持合理膳食、科学运动、睡眠充足、规避风险等,也有助于自身保持身体健康,可以降低心理疾病的风险。

**知识链接 1-2　　盖奇的头骨**

痊愈后的盖奇和那根铁杆棒

　　1848 年 9 月 13 日,25 岁的铁路施工队工头菲尼亚斯·盖奇(Phineas Gage)在佛蒙特州卡文迪什附近遭遇严重事故。当时他正用火药爆破岩石,意外导致一根重约 13 英磅、长 3 英尺 7 英寸的铁杆棒从其左眼下方穿过头颅,飞至 50 码外。尽管受重伤,盖奇没过几分钟就恢复了意识,甚至还能说话和开玩笑,并被牛车载至卡文迪什的旅馆等待医生治疗。

　　在医生约翰·哈洛(John Harlow)的细心照料下,盖奇逐渐恢复,但性格发生了显著变化。事故前,盖奇被描述为聪明、勤奋、友好;受伤后,他变得情绪不稳、傲慢无礼、行为怪异,无法继续工作。最终,他被迫在纽约的巴纳姆博物馆展览自己和铁杆棒。1852 年,他前往智利从事照看马匹和驾驶马车的工作。1860 年,他身体恶化并于 5 月 21 日去世。将盖奇的颅骨和铁杆棒现陈列在哈佛医学院的博物馆中,这种做法成为研究脑部损伤与性格变化的重要案例。

　　资料来源:戴维·霍瑟萨尔.心理学家的故事[M].郭本禹,魏宏波,朱兴国,等译.北京:商务印书馆,2015:98-99.有改动.

### 3. 体貌特征

　　研究发现,身高、体重、面部轮廓、身材、皮肤、发质、牙齿等体貌特征会在一定程度上影响个体的心理健康。从积极方面来看,具有吸引力的体貌特征可以增强个体的自信心和自尊心,使其更容易获得积极的社交反馈。而这种积极的反馈可以进一步促进个体的心理健康,提升他们的幸福感和生活满意度。但是,如果过度在意自己的体貌特征,对自己的外貌持消极态度,如认为自己皮肤不够好,眼睛不够大,鼻子不够挺拔……久而久之,就容易出现自我怀疑、自卑、焦虑或抑郁等心理问题,严重的甚至会引起精神障碍,如因为害怕变胖而导致的神经性厌食症。

　　其实,在这个世界上,每个人的体貌特征都是独一无二的,都是美丽的。诺贝尔文学奖获得者莫言说:"我生来相貌丑陋,村子里很多人当面嘲笑我,学校里几个性格霸蛮的同学甚至为此打我。我回家痛苦,母亲对我说,儿子,你不丑,你不缺鼻子也不缺眼,四肢健全,丑在哪里?"正是母亲对儿子外貌的坦然接受,才使莫言对他人的评价泰然处之。面对自己的体貌特征,首先要接受、喜欢并欣赏,倘若真的认为有所谓的"缺点",恰似面对卢浮宫的维纳斯女神,不因她的断臂而感到不完美,相反,正是这残缺的断臂更能诱发出美好的想象,增强欣赏的趣味。如果能以多元化的审美观念尊重自己体貌特征的独特之处,即使长相并不出众,也能拥有健康的心理状态。

4. 性别和年龄

男性和女性在生理结构和社会角色等方面存在差异,这些差异可能导致不同的心理特征和心理问题。例如,女性更容易受到内分泌变化的影响,出现情绪波动、焦虑等问题;而男性更倾向于出现攻击性、冲动性等行为。有研究表明:女性患抑郁症的概率是男性患病可能性的 2 倍,这与女性机体的雌激素代谢水平密切相关。最近的报告证实雌激素对认知和神经具有保护作用。同时,研究还发现,男性大脑合成的被称为"快乐神经递质"的 5-羟色胺(又名血清素)比女性大脑多。此外,与男性相比,女性可能面临更多的家庭责任,导致她们面临更大的心理压力和心理健康问题。例如,熊雅婕等人的研究证实,在工作和家庭角色叠加的情形下,平衡工作与妻职、母职的困境明显增加了已婚女性的抑郁症状倾向[①]。

年龄是影响心理健康的另一个重要因素,2022 年国民心理健康现状调查结果显示,在成年人群中,青年为抑郁的高风险群体,18～24 岁年龄组的抑郁风险检出率高达 24.1%,与以往青少年群体的抑郁风险检出率相似,并显著高于其他年龄组。25～34 岁年龄组的抑郁风险检出率为 12.3%,显著低于 18～24 岁年龄组,显著高于 35 岁及以上各年龄组(见图 1-3)[②]。

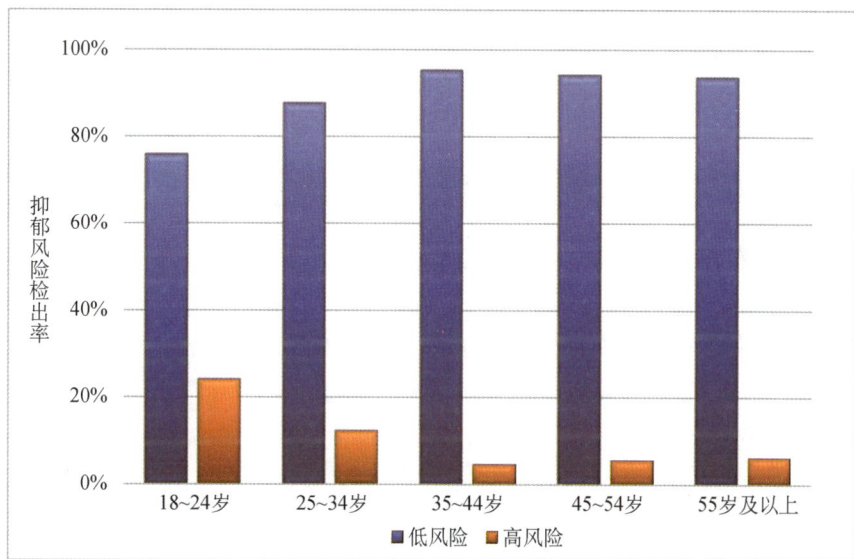

图 1-3　不同年龄组的抑郁风险检出率

性别和年龄在某些情况下相互交织,共同作用于个体的心理健康。例如,女性在产后和围绝经期面临更多的身体和心理变化,这些变化会增加她们的心理压力和心理问题的风险。当然,如果家庭、学校、工作单位和社会能够正确认识性别和年龄对心理健康产生的影响,为不同性别和年龄段的人提供个性化的支持服务和预防措施,加之个体主动学习和掌握一些维护心理健康的途径和方法,那么即使在日常的生活、学习和工作中面临困境时,个

① 熊雅婕,齐亚强.生命历程中的性别化社会角色与心理健康[J].中国人口科学,2023,37(5):35-50.
② 傅小兰,张侃,陈雪峰,等.心理健康蓝皮书:中国国民心理健康发展报告(2021～2022)[M].北京:社会科学文献出版社,2023:7-8.

体通过实施有效的自我调节和主动寻求社会支持等,仍然可以保持较高的心理健康水平。另外,国内外的多项研究成果确定了年龄与心理健康之间的明确联系,即心理健康指标随着年龄的增长而改善。也就是说,随着年龄的增长,人们变得越来越有成就感,相应地也更善于面对和处理困难。这意味着要进一步关注儿童和青少年的心理健康状况,保护他们免受各种不良因素的影响。

### (二) 心理因素

#### 1. 认知因素

认知是指人获取知识和运用知识的过程,或加工信息的过程,这是人的最基本的心理过程。认知包括感觉、知觉、记忆、思维、想象和语言等。人接收外界输入的信息,并将这些信息经过神经系统的加工处理,转换成内在的心理活动,进而支配人的行为,这个过程就是加工信息的过程,也就是认知过程。

由于大脑处理信息的能力有限,人们不可能感知到周围环境中的所有信息,更不可能对所有的信息都作出反应,而总是有选择地以少数信息作为接收和处理的对象。至于个体优先选择接受和处理哪些信息,跟个体的经验、观念、态度、动机、兴趣和期望等密切相关。也就是说,人们总是戴着"有色眼镜"去看世界(见知识链接 1-3),至于能看到什么,很大程度上取决于其内在的心理状态。如果戴的是黑色眼镜,看到的难免是悲伤和忧愁;如果戴的是红色眼镜,看到更多的则是光明与热烈。

---

**知识链接 1-3　疤痕实验**

在一个名为"疤痕实验"的活动中,心理学家让 10 名志愿者参加实验,在每人左脸颊上化出令人生厌的疤痕妆,并让他们用小镜子看到自己的疤痕。然后,以增强疤痕效果为由,用湿棉纱在志愿者不知情的情况下擦除了疤痕,但不再让他们照镜子。志愿者被带到医院的候诊室,假装等待治疗疤痕,观察并报告人们的反应。志愿者普遍认为人们用鄙夷的目光注视他们,并且对他们表现出厌恶。

实验结果表明,志愿者的感受并不是因为真实存在的疤痕,而是源于他们内心的"疤痕"。心理学家发现,内心对自我的看法会强烈影响对外界和他人的感知。认知心理学的研究指出,每个人都有一种看世界的习惯方式,称为心智模式。当心智模式与现实一致时,能帮助我们做出正确决策;不一致时,则会导致错误判断。

资料来源:马志国.莫让"心里的疤痕"伤了自己[J].家庭医学,2022(10):42-43.有改动.

---

一般来说,当个体以悲观的视角看世界时,看到的人和事都是负面的,由于认知失真容易产生焦虑、抑郁、恐惧等消极情绪,从而使其心理健康受到影响;而当个体打破认知局限,以积极、乐观的心态欣赏周围的一切时,眼中的世界便会充满无限希望,思考方式的完善往往会带来人生的突破和飞跃,更有利于提高自身的心理健康水平。乐观的人常能在危难中看到有利于自己的机会,悲观的人常能在机会中看到不利于自己的危难。

**课堂活动 1-4**

### 趣味图片赏析

小组讨论:图 1-4、图 1-5 和图 1-6 是版画家莫里茨·科内利斯·埃舍尔(Maurits Cornelis Escher,1898—1972)的作品,这些作品给同学们什么启示?

图 1-4　天使与魔鬼

图 1-5　白马与黑马

图 1-6　黎明与黄昏

2. 情绪因素

"人非草木,孰能无情",各种情绪如喜悦、愉快、愤怒、悲伤、厌恶、恐惧等,人人都有过切身的体验。这一切使我们的生活时而阳光灿烂,时而阴云密布,形成了一个纷繁复杂的心理世界。一般认为,情绪是以主体的愿望和需要为中介的一种心理活动。当客观事物或情境符合主体的愿望和需要时,就能引起积极的、肯定的情绪。例如,当某人找到了一份理想的工作就会感到满意;在生活中遇到知己会感到欣慰;找到了志同道合的伴侣会感到幸福等。当客观事物或情境不符合主体的需要和愿望时,会引起消极、否定的情绪,如失去亲人会引起悲痛,无端遭到攻击会产生愤怒,工作失误会出现内疚和苦恼等。由此可见,情绪最能表达人的内心状态,可以说它是人的心理状态的晴雨表。情绪与认知活动既有联系又有区别,是进化过程中的产物。情绪的调适与心理健康关系最为密切。

研究表明,稳定而积极的情绪状态,使人心境愉快、情绪安定、精力充沛,保证体内各器官系统的活动协调一致,有利于充分发挥有机体的潜能,提高脑力和体力劳动的效率和耐久力,还能使别人更喜欢接近自己,从而有助于建立良好的人际关系。同时,焦虑、忧愁、恐惧、愤怒等不愉快的负面情绪,只要持续时间适当,也是正常而有益的。因为个体在适度的焦虑情绪之下,大脑和神经系统的唤醒水平更高,思维敏捷,反应速度加快,因而能提升工作效率和学习效果。但过度的精神紧张、经常性的情绪波动和持续时间过久的消极情绪容易给个体的身心健康带来危害,个体需要通过有效的方法及时进行调节。情绪调节是维持心理健康的重要手段。

**拓展阅读 1-7**

### 快乐的奥秘

人们的快乐源自何处?其实,答案就藏在每个人的大脑中(扫描二维码查看详细内容)!

**快乐的奥秘**

3. 意志因素

意志是指人们自觉地克服困难去完成预定的目标和任务的心理过程,是人的能动性的突出表现形式。一个人的意志是否健全主要表现在意志品质上。意志品质是衡量心理健康的主要标准。个体是否具有坚强的意志品质,主要表现在行为的自觉性、作出决定的果断性、对有益活动的坚持性以及自制力和毅力等方面。一个人的意志品质可以显著影响其心理健康状态。

研究显示,意志坚强的人较少出现心理问题。他们耐受性普遍较高,不怕困难,不怕挫折,不会轻易在风雨面前缴械投降,而是积极寻找解决问题的方法;他们通常目标明确,情绪稳定,较少冲动行事,不容易走极端,即使遇到重大的事情时产生一些情绪波动,也能够快速调整,恢复平静,不会沉溺于焦虑、抑郁、愤怒等负面情绪中;他们的行为与周围环境协调一致,为人处世合情合理,灵活变通。相反,意志薄弱的人容易产生心理健康问题。如面对逆境,选择逃避或放弃;做事见异思迁,虎头蛇尾;难以控制自己的情绪,易冲动和意气用事;不能律己,无法抵制诱惑;等等。所有这些消极的意志特征不仅可能使个体在学业或事业上难以取得突破,更可能使其面对生活中的挑战时也显得力不从心。这种持续的挫败感,会对个体的心理健康产生长期的不良影响。

**课堂活动 1-5**

### 阅读与思考

《我命由我不由天》(扫描二维码查看详细内容)介绍了作家史铁生依靠顽强的毅力同疾病激烈战斗的经历。请认真阅读并思考"史铁生的人生经历给你带来什么启示",然后与老师和同学分享你的感悟。

**我命由我不由天**

### 4. 人格因素

人格特征和心理健康之间有着密切的关系。许多心理问题如偏执、冷漠、多疑、孤僻、固执、嫉妒、缺乏同情心、没有责任感、以自我为中心等,都是人格异常的表现。心理学的研究表明,人格存在严重缺陷的人,其社会适应力弱,心理健康水平低,遭遇外部刺激时常常会产生强烈应激反应,从而产生心理行为问题。反之,豁达、热情、坦诚、随和、友好、善良、体贴、负责等人格特征有助于个体更好地适应社会环境和生活,同时也有利于维护和促进心理健康。

## 二、影响个体心理健康的外在因素

### (一) 家庭因素

家庭是一个人最早接触的社会环境。家庭的各种因素,如家庭的结构类型、家庭的氛围、父母本身的性格特点、父母的教育观念与教育水平、父母的教养态度和教养方式、家庭子女的多少、家庭社会经济地位、父母关系等,都会对个体的心理健康产生深远影响。

研究证实,家庭的温馨、支持和稳定可以促进个体的心理健康;而生活在冷漠、苛刻、忽视、暴力等缺乏关爱的家庭氛围中,个体的心理健康容易受到负面影响。心理学家约翰·鲍尔比(John Bowlby)对在非正常家庭成长的儿童和流浪儿做了大量的调查,他得出的结论是,儿童心理健康的关键在于婴幼儿时期与母亲建立的一种和谐而稳定的亲子关系。戴安娜·鲍姆林德(Diana Baumrind)在20世纪60年代首次提出"父母教养方式",并对此作了观察性分类(如专制型、权威型、放纵型)和功能性分析(如权威型教养方式培养出的孩子更具社会责任感、乐于助人、易于相处等,使儿童自信友善和适应社会)。我国心理学界知名学者钱铭怡教授等研究发现,父母对子女给予更多的情感温暖,有助于子女形成较高水平的自尊及自我效能感。我国心理学工作者张小菊等用"父母教养方式量表"和"中国大学生积极心理品质量表"对北京10所院校的961名大学新生进行调查,结果发现,父母积极的教养方式对子女积极心理品质有显著的正面影响,尤其是母亲的温情[①]。

调查发现,在童年期如果长期与父母分离(见表1-2)[②]或者经历丧亲等重大生活事件,个体的心理健康会受到影响,而且年龄越小,由于知识、经验和思维能力的局限,越缺少自我保护的能力,更容易引发心理问题。还有一些研究表明,离异家庭的子女的心理健康状况显著低于完整家庭的子女。离异家庭可能存在的对其子女心理健康的影响因素主要有父母的不良情绪、亲子关系的失调、社会支持相对减少、父母教养方式失当、社会压力增大、个体自身发展因素等。当然,离异家庭和孩子的心理健康问题之间并没有必然的联系,只要家长能够正确面对,离异后不减少对孩子的关心和爱护,许多孩子都能挺过父母离婚的动荡时期,没有留下多少心理上的创伤。他们的成功显然是由于他们能迅速调整心态以适应新的家庭气氛,而且在经历了风云变幻的损失之后,他们可能会变得更加坚强。

① 张小菊,赵敬. 大学新生父母教养方式与积极心理品质关系研究[J]. 中国特殊教育,2013(1):92-96.
② 傅小兰,张侃,陈雪峰,等. 心理健康蓝皮书:中国国民心理健康发展报告(2021~2022)[M]. 北京:社会科学文献出版社,2023:37.

表1-2　留守儿童的抑郁风险检出率

| 留守情况 | 抑郁风险检出率(%) | | |
| --- | --- | --- | --- |
| | 无抑郁风险 | 轻度抑郁风险 | 重度抑郁风险 |
| 没有 | 86.7 | 9.9 | 3.4 |
| 父亲外出 | 82.7 | 12.1 | 5.2 |
| 母亲外出 | 78.9 | 15.2 | 5.9 |
| 父母均外出 | 77.1 | 16.2 | 6.7 |

　　对于成年人来说,已婚群体的心理健康水平要高于未婚无对象群体。图1-7为不同婚恋状态下的抑郁风险检出率[1],虽然其中也叠加了一些年龄因素的影响,但仍显示了拥有亲密关系的支持对于心理健康的保护作用。从这一角度来说,青年人拥有稳定和谐的婚姻关系、家庭和睦,对其心理健康具有促进作用。

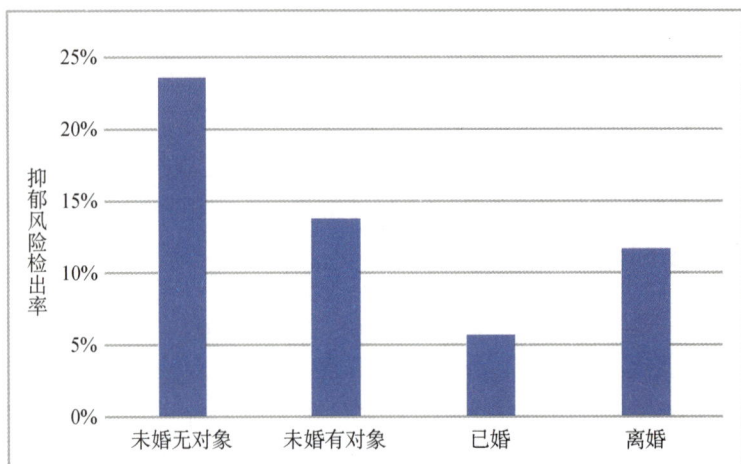

图1-7　成年人不同婚恋状态下的抑郁风险检出率

## (二) 学校因素

　　学校是对学生进行有目的、有计划的教育场所,一个人从6岁左右进入学校,至少要在学校学习9年,有的要在学校学习16年甚至更久。学校不仅提供知识和技能的学习,而且承担着培养学生健全人格和正确人生观的重要责任。而青少年时期又是一个人身心都会经历快速发展变化的关键成长阶段,对其之后的成长有着持久影响。因此,学校为学生提供安全、友好、关爱、包容、有挑战性的学习环境以及适当的心理健康支持服务,对维护和促进学生的心理健康至关重要。

　　国内关于学校因素对学生心理健康的影响,主要有两类研究。一是对中小学生心理健

---

[1] 傅小兰,张侃,陈雪峰,等.心理健康蓝皮书:中国国民心理健康发展报告(2021～2022)[M].北京:社会科学文献出版社,2023:17.

康的影响。高平认为学生学业负担过重、压力过大，教师错误的教育方式，不良的师生关系，班级中不良的环境风气等对学生的心理健康产生直接影响[1]。贾燕娟等则提出学校主要是通过教师、同学关系和校园文化等影响学生心理健康。师生关系好、学生间人际关系和谐、校园文化积极健康有利于学生心理健康[2]。二是对大学生心理健康的影响。杨宪华通过对2 211名大学新生进行调查，结果表明学校满意度、专业满意度、同伴关系、师生关系等4个因素是影响大学新生心理健康的重要方面[3]。杨金江等对边疆9省（自治区）少数民族大学生心理健康状况进行调查，发现在中小学阶段开展心理健康教育情况、中小学教师教学方式和中小学期间是否受过伤害对大学生的心理健康水平有显著影响[4]。

通过概括总结上述研究成果，不难看出，学业压力、校园文化、教师教育方式（见知识链接1-4）、师生关系、同学关系、是否遭受过校园欺凌、学校心理健康教育工作开展情况等是影响学生心理健康的重要因素。目前，在世界范围内青少年群体的心理健康问题是各国普遍关注的。大约一半的心理障碍首次发生是在14岁以前。世界卫生组织的数据显示，在全球范围内，10～19岁的青少年中估计有约14%存在心理健康问题，且其中很多并未被发现并接受治疗。在我国，青少年也是心理问题的高发群体。2022年，中国科学院心理研究所的研究人员对29个省（自治区、直辖市）的30 746名小学四年级到初中三年级的小学生和初中生的调查结果显示，14.8%的青少年可能有一定程度的抑郁表现（有"轻度抑郁风险"和"重度抑郁风险"）。其中，有4.0%的抑郁得分较高，属于重度抑郁风险群体，有10.8%的为轻度抑郁风险群体，需进行有效干预和及时调整，以免进一步加重而出现更严重的症状[5]。因此，学校要关注一些重要风险因素对学生心理健康的影响，建立健全心理健康防治与干预体系，与家庭密切配合，共同为学生撑起心理健康的"保护伞"。

**知识链接1-4　罗森塔尔效应**

1968年，心理学家罗伯特·罗森塔尔（Robert Rosenthal）与伊迪丝·雅各布森（Edith Jacobson）在奥克小学进行了一项实验。他们随机选择一些学生，告知教师这些学生具有"优异发展可能"。实际上，这些学生名单是随机抽取的。8个月后，这些学生在学习成绩、智力、兴趣、品行和师生关系等方面都有显著进步。这种现象被称为"罗森塔尔效应"或"皮格马利翁效应"。

罗森塔尔认为，这种效应的产生是由于教师对被列为具有"优异发展可能"的学生产生了较高期望，并通过态度、表情以及体谅、给予更多关注、辅导等行为方式将期望传递给学生，学生则以积极反馈回应教师。这样的循环使学生的智力、学业成绩和社会行为逐渐接近教师的期望。

① 高平.影响中小学生心理健康的因素分析[J].天津师范大学学报(社会科学版),2002(2):76-80.
② 贾燕娟,赵宁.影响学生心理健康的环境因素分析[J].中国学校体育,2004(5):55-56.
③ 杨宪华.学校因素对大学新生心理健康的影响研究[J].中国健康心理学杂志,2010,18(3):335-337.
④ 杨金江,李德波,达永仙.学校因素对边疆少数民族大学生心理健康影响研究[J].云南农业大学学报(社会科学),2022,16(6):133-141.
⑤ 傅小兰,张侃,陈雪峰,等.心理健康蓝皮书:中国国民心理健康发展报告(2021~2022)[M].北京:社会科学文献出版社,2023:32-36.

罗森塔尔的实验提示教师,赞美、信任和期待能够改变学生的行为。当学生获得教师的信任和赞美时,他们会感觉获得了社会支持,从而增强自我价值,变得自信、自尊,并努力达到教师的期望。相反,教师若向学生传递消极的态度,如讽刺和挖苦,则会摧毁学生的自尊和自信,导致其自暴自弃。

然而,并非教师所有积极的期望都能实现。如果期望超出了学生的能力范围,违背了学生身心发展的规律,这种期望不仅无法实现,还会带来无望和恐惧。因此,只有顺应学生实际发展水平的适度期望,才能让学生保持良好的自尊状态,以积极的精神面貌在人生舞台上展现自己。

### (三) 社会因素

当今世界科学技术飞速发展,物质文明不断进步,生活节奏随之加快,加上不同社会文化之间的碰撞,使人们面临着前所未有的机遇与挑战,这些日新月异的变革对心理健康有着双重影响,既可以提供支持和资源,也会带来压力和风险。

首先,科学技术的发展为心理健康领域带来了许多积极的变化。新兴的技术和工具,如智能手机应用程序、在线心理咨询服务、虚拟现实治疗等,为个体提供了更便捷和灵活的心理健康支持方式,心理健康服务更加普及和易得。然而,如果科技使用不当,比如过度使用互联网导致网络沉迷或网络成瘾,会使个体忽视现实生活中的人和事,特别是一些青少年会出现厌学、学习困难等障碍,而上班族会出现工作效率下降、注意力不集中等问题。同时,互联网存在大量的虚假信息和不良内容,如暴力、色情和仇恨言论等,也容易对个体的心理健康产生消极影响,加剧个体负面情绪。另外,在社交媒体上,人们往往会展示自己生活中美好的一面,而忽视了生活中的挑战和困难,导致他人产生不真实的社会比较心理,增加自我否定和焦虑感。此外,过度使用社交媒体还可能引发个体对外界评价和认可的依赖,降低自我价值感和自尊心,加剧心理健康问题的发生。

其次,随着我国经济的快速发展,人们的物质生活水平不断提高。一方面,优越的物质生活水平可以提供一定程度的安全感和满足感,促进个体的心理健康。另一方面,个体过度追求物质享受,容易陷入功利主义的价值取向,掉进盲目攀比的陷阱,产生对他人财富和地位的嫉妒和羡慕,导致内心失衡和精神压力。

最后,社会环境中的经济、政治和文化等因素也会对心理健康产生影响。调查显示,稳定的经济形势和经济状况有助于个体的心理健康,而在经济不景气或就业市场竞争激烈的情况下,失业及低收入等经济困难会增加人们的抑郁风险。图 1-8 是不同职业群体的抑郁风险检出率[1],其中,无业/失业人员最高,达 31.0%,远远高于其他职业群体。图 1-9 为不同收入群体的抑郁风险检出率[2],月收入 2 000 元以下的最高,显著高于其他月收入群体。同时,社会政治环境的稳定性、政策的制定和执行、政治决策及不同社会文化之间的碰撞等

---

[1] 傅小兰、张侃、陈雪峰,等. 心理健康蓝皮书:中国国民心理健康发展报告(2021~2022)[M].北京:社会科学文献出版社,2023:10.

[2] 同上书,第 9 页。

各种因素都会直接或间接地对个体的心理健康产生正面或负面影响。例如,政府通过提供失业保险、低收入人口救助等福利政策,可以减轻个体的经济压力,从而有助于缓解与之相关的心理健康问题。

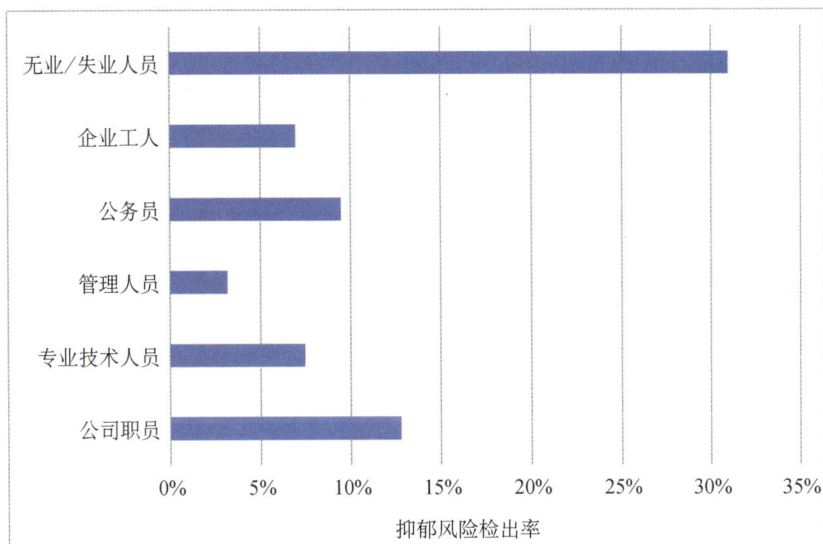

图 1-8　不同职业人群的抑郁风险检出率

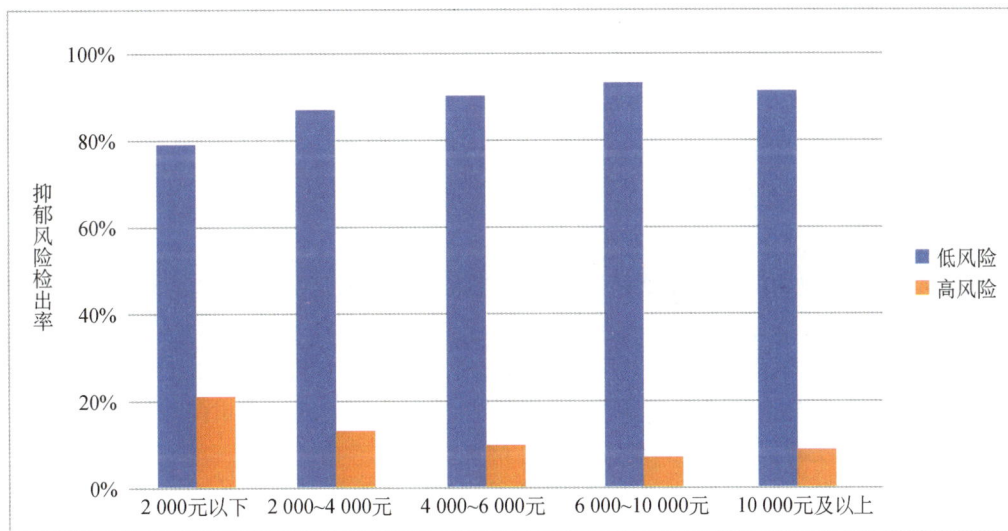

图 1-9　不同月收入下的抑郁风险检出率

综上所述,个体的心理健康不仅受到先天遗传因素和后天环境因素的双重影响,也受到自身调节心理因素的作用。总体来说,一个人的心理健康状况是内外因素相互作用的结果。正如古人所说,"向阳花木易为春"。只要个体注重提升心理健康意识,掌握并正确运用维护心理健康的方法,具备自我调节能力,就像花木向阳生长一样,心怀温暖,向光而行,即使受到遗传或生理方面的限制及环境的负面影响,它们不仅不会成为个体心理健康的风险因素,反而是生命成长中必不可少的"壮骨剂",能够增强个体的适应能力,磨炼意志,帮助个体从容应对生活中的各种挑战,在人生旅途中勇往直前,创造属于自己的幸福!

## 第三节　绝知此事要躬行——心理健康的维护

随着社会的不断发展,各领域竞争日趋激烈,现代人在生活、学习和工作等方面面临着前所未有的挑战。在这样快节奏的时代背景下,人们对心理健康的关注热度持续上升。呵护心灵,获得幸福,不仅仅是个体的目标,还是国家治理的目标。健康中国行动推进委员会于2019年7月颁布的《健康中国行动(2019—2030年)》文件中,有专门的心理健康促进行动,旨在提升全民心理健康水平。尽管个体的心理健康状态受到来自内外环境的多种因素影响,但外因通过内因才能发挥作用。因此,心理健康从根本上说还需要个体自我维护,开启心理健康之门的钥匙就掌握在每个人自己手中。个体可以通过增强心理健康意识、坚持健康生活方式、培养积极心理品质以及实施有效心理调节等措施来维护和促进自身的心理健康。

### 一、增强心理健康意识

心理健康不仅关系到个人的幸福,还促进整个社会的和谐。对于个体来说,增强心理健康意识非常重要,因为这有助于个体深入地了解自身心理健康状况,从而采取更为积极的措施来维护和促进心理健康。同时,提升心理健康意识还能预防心理健康问题的发生,鉴于心理健康问题通常具有潜在性和逐渐恶化的趋势,个体充分认识和关注自身心理状态,可以更早地察觉潜在问题并采取相应的干预和防范措施。

增强心理健康意识的首要步骤是学习心理健康知识。通过研读相关学术书刊、参与在线专业课程、查阅心理科普网站以及倾听专业人士在多种平台上分享的观点等方式,个体能充分理解心理健康的重要性,掌握维护心理健康的有效途径和方法,进而更重视并自觉地维护心理健康。当然,除了不断地学习,个体要定期自我反思。孔子的学生曾子说:"吾日三省吾身:为人谋而不忠乎? 与朋友交而不信乎? 传不习乎?"用今天的话来说:"我每天都要从以下三个方面来反省自己:为人做事是不是尽心竭力了? 与朋友交往是不是做到诚实可信了? 老师传授的学问是不是真正去实践了?"确实,处于数字化环境中,手机、电脑和网络的普及使个体大脑长时间处于持续输入信息的状态,个体似乎很难找到可以安静下来反思的空间。然而,对于个体而言,了解自己的需要和情感,能够主动掌控生活的节奏对其维护心理健康具有极其重要的意义。在当代心理治疗领域,西方学者也开始借鉴东方文化的智慧,关注冥想、静修等实践方法,强调个体内在自我的整合。如果爱好中国传统文化,不妨从中汲取思想精髓,因为我们的先辈充满智慧和思辨,即使到今天,他们的思想依然是积极而有建设性的。

## 二、坚持健康生活方式

健康生活方式是指个体做的积极影响身心健康的各种决策与行为的总和[①]。健康生活方式涵盖了均衡饮食、规律运动、充足睡眠等多个方面。通过综合多项研究报告，个体可以清晰地看到健康生活方式对心理健康的积极作用。

首先，摄入充足的蔬菜、新鲜水果、全谷物、健康脂肪和富含优质蛋白质的食物，同时减少加工食品和糖分的摄入，有助于改善心理健康。这是因为前者提供了丰富的维生素、矿物质和抗氧化剂，能够维持大脑的正常功能。后者易导致血糖波动和引发炎症反应，影响大脑中的神经递质和激素水平，增加焦虑和抑郁的风险。研究发现，增加水果和蔬菜的摄入量与抑郁风险的降低相关[②]。

其次，提高运动频率，可以有效缓解抑郁。因为运动可以通过生理和生化反应改善体内的激素分泌水平，通过多种细胞和神经免疫机制减少炎症和氧化应激，甚至会改善大脑结构。运动是防治抑郁的天然良方。

再次，良好的睡眠质量对心理健康至关重要。充足的睡眠不仅有助于身体各系统的正常运转，还能够促进大脑清除代谢产物，加强突触连接，提高记忆力和工作、学习效率。研究表明，睡眠不足或过度睡眠与情绪不稳定、注意力不集中以及认知功能下降等心理问题相关。《健康中国行动（2019—2030年）》中倡导小学生、初中生、高中生和成年人每天睡眠时间分别不少于10小时、9小时、8小时和7～8小时。

最后，养成注重个人卫生的习惯、戒烟限酒、拒绝毒品和赌博、防止不良性行为、避免长时间沉迷网络等，都是健康生活方式的关键要素，不仅对个体的身体健康和心理健康有显著影响，而且直接关系到整体生活质量。

从营养均衡的饮食到规律的体育锻炼，再到良好的睡眠习惯以及远离高风险的行为，这些因素相互作用，能够在一定程度上预防个体心理健康问题的发生，消除已有的心理健康问题，并提高心理健康水平。然而，要实现这一目标并非易事，个体需要具备一定的自律和决心以及日复一日的坚持，同时需要社会给予支持和鼓励。关于养成健康生活方式的详细内容参见第六章。

## 三、培养积极心理品质

心理学的诞生可追溯至1879年，当时威廉·冯特（Wilhelm Wundt）在莱比锡大学创建了世界上首个心理学研究实验室，这一事件标志着心理学成为一门独立的科学。自那时起，心理学在治疗创伤方面取得了巨大进展，但其功能远不止于此。它还致力于帮助个体心灵成长、提升认知水平、积极乐观地面对生活挑战、追求真正的幸福。此外，心理学也有

---

① 孙时进，杨戒. 健康心理学［M］. 上海：复旦大学出版社，2022：59.

② Saghafian, F., Malmir, H., Saneei, P., Milajerdi, A., Larijani, B., & Esmaillzadeh, A. Fruit and Vegetable Consumption and Risk of Depression: Accumulative Evidence from an Updated Systematic Review and Meta-Analysis of Epidemiological Studies［J］. British Journal of Nutrition, 2018,119(10): 1087-1101.

造就不断适应未来的社会精英、激发人的优势潜能、改造人们的学习方式、丰富人类对世界及自身存在意义的探索的目的[①]。尤其在当今更加多元、更加不确定、更加融合的时代,这些目标显得更为重要。积极心理学的奠基人马丁·塞利格曼(Martin Seligman)通过杰出的研究工作,为如何从科学心理学的角度帮助人们获得安全感和幸福感提供了基于实证的理论依据和操作指南(见知识链接 1-5)。

---

**拓展阅读 1-8**

冯特简介

威廉·冯特是德国心理学家,被誉为"现代心理学之父",同时被公认为是实验心理学和构造主义心理学的创建人(扫描二维码查看详细内容)。

冯特简介

冯特(1832—1920)

---

**知识链接 1-5** **马丁·塞利格曼与积极心理学**

1998 年,马丁·塞利格曼以史上最高票数当选美国心理协会主席。他早期主要研究习得性无助[②]、抑郁和悲观主义等负面情绪,后来开始关注幸福、成就和力量。在就职演讲中,塞利格曼发出了令整个心理学界为之震动的倡议:"心理学自西格蒙德·弗洛伊德(Sigmund Freud)以来始终关注的是对人类病态阴郁的研究,心理学家们热衷于把 −8 的人提升到 −2,而我的目标是把 +2 的人提升到 +6。"

塞利格曼被誉为"积极心理学之父",也是国际积极心理协会终身荣誉主席。他致力于研究积极体验和积极情绪,探索如何使普通人更加幸福,实现充实丰盈的人生。为此,他创建了"真实的幸福"网站,分享研究成果,吸引了 200 多个国家的 450 多万名用户注册。

塞利格曼的工作使心理学从研究痛苦转向研究幸福,从关注病人转向关注普通人,推动了精神健康的发展。他也是中国积极心理学的支持者和引领者,多次来华讲学,认为中国在积极心理学领域具有引领世界的潜力。他高度赞赏习近平主席提出的中国梦和构建人类命运共同体的愿景,认为这些观点与积极心理学的理念相契合。

塞利格曼不仅是国际积极心理学的奠基人,还是中国积极心理学的倡导者之一。

资料来源:马丁·塞利格曼.真实的幸福[M].洪兰,译.杭州:浙江教育出版社,2020:4-6.有改动。

---

① 马丁·塞利格曼.真实的幸福[M].洪兰,译.杭州:浙江教育出版社,2020:2-3.
② 习得性无助是指个体经历某种学习后,在面临不可控情境时形成无论怎样努力也无法改变事情结果的不可控认知,继而导致放弃努力的一种心理状态。

自 2000 年开始,塞利格曼和密歇根大学的克里斯托弗·彼得森(Christopher Peterson)教授带领团队花了近三年的时间,仔细研究了从孔子、苏格拉底到惠特曼、弗洛伊德的著作以及当代社会科学研究人员的研究报告。最终,他们编撰了一本 814 页的百科全书,书名为《性格优势与美德》,书中列举了智慧与知识、勇气、仁爱、正义、节制、精神卓越等六大美德以及 24 种性格优势(见表 1-3)[①]。塞利格曼指出,六大美德代表了人类普遍认同的积极心理品质,而性格优势是构成美德的核心要素。由于每个人的性格优势都有所不同,他鼓励人们在不同场合尽量展现自己的突出优势,因为这些积极的心理品质既是个体获得幸福的源泉,也是维护心理健康和战胜心理疾病的有力武器。

表 1-3  美德和性格优势

| 序号 | 美德 | 性格优势 |
|---|---|---|
| 1 | 智慧与知识 | 好奇心、热爱学习、判断力、创造性、社会智慧、洞察力 |
| 2 | 勇气 | 勇敢、毅力、正直 |
| 3 | 仁爱 | 仁慈、爱 |
| 4 | 正义 | 公民精神、公平、领导力 |
| 5 | 节制 | 自我控制、谨慎、谦虚 |
| 6 | 精神卓越 | 美感、感恩、希望、信念、宽恕、幽默、热忱 |

塞利格曼结合自己从一个悲观主义的心理学家转变为一个积极心理学家的经历,并以大量令人信服的严谨科学实证研究和调查证据为支撑,强调了人类积极心理品质是可以通过培养和学习来发展的观点。他认为,个体培养积极心理品质的关键在于将六大美德作为价值取向,同时注重改变自己的思维方式——不再过于关注纠正缺点,而是开始构建美好的未来;不再试图减少不快乐,而是努力捕捉更多的快乐。他强调,在日常生活、工作和学习中,个体应坚持以积极的态度去认识问题、感受问题和应对问题,并养成反驳消极想法的习惯。这样做不仅有助于保护心灵免受伤害,还能让岁月过得比较安然。更为重要的是,这种做法能够最大限度地发挥个体的潜能,从而获得持久的幸福体验。

## 四、实施有效心理调节

有效的心理调节是维持心理健康的重要途径。作为环境中最具活力的一部分,人类不可避免地会遭遇各种外部消极事件。尽管个体可以通过努力来减少这些消极事件的发生,但无法完全避免。然而,消极事件并不必然导致心理问题的发生,其影响程度主要取决于个体的心理调节能力,即个体在认知、情绪和行为三个方面的调节能力。

第一,个体需要具备良好的认知调节能力,即通过调整对事物的认知方式来适应环境变化。这包括正确认知自身能力和局限性、理解问题的多维性、培养解决问题的灵活性等。正如苏轼在《题西林壁》中写的那样:"横看成岭侧成峰,远近高低各不同。不识庐山真面

---

① 马丁·塞利格曼. 真实的幸福[M]. 洪兰, 译. 杭州:浙江教育出版社,2020:155-192.

目，只缘身在此山中。"很多时候，人们并不是看到现实，而是对自己看到的东西作解释。如果一个人看待事情的视角发生了变化，那么他的生活也会随之出现转机，而思考方式的完善往往会带来人生的突破和飞跃。面对落花，有李煜"林花谢了春红，太匆匆，无奈朝来寒雨晚来风"的伤春惜花，也有曹雪芹笔下的林黛玉"花谢花飞花满天，红消香断有谁怜"的丝丝忧愁，还有龚自珍"落红不是无情物，化作春泥更护花"的豪情壮志。就像陆游所写"山重水复疑无路，柳暗花明又一村"，不论前路多么难行，只要善于发现事物积极的一面，人生总能"绝处逢生"。

第二，个体需要学会有效地管理情绪，包括掌握认知重构、恰当地表达情绪、正确地调控情绪等技能。在现实生活中，为了提高情绪管理能力，可以先从改变认知入手。这个世界从来就不是非黑即白那么简单，任何事情都有正反两面，遇事常向光明处看，就会看到解决问题的希望。不同的认知会引起不同的情绪和行为，合理的认知可以使人的情绪保持平和与稳定。当面对负面情绪时，有意识地转移注意力是一种有效的策略，可以将注意力从引发负面情绪的刺激情境转移到其他事物或活动上，如室外散步、写作、阅读、绘画、看电影、听音乐等。同时，适度地表达负面情绪也是很重要的，可以倾诉给亲人、朋友，也可以通过各种方式如哭泣、大声呐喊、运动等释放能量，舒缓紧绷的神经，排遣内心的烦恼。情绪是个体心理状态的晴雨表，正是因为有了情绪，人们的生活才变得五彩斑斓、绚烂多姿。那些能够驾驭自己情绪的人，不管其人生旅途中是艳阳高照，还是电闪雷鸣，他们都会在心中修篱种菊，闲看庭前花开花落，坐观天上云卷云舒，拥有宠辱不惊的淡定，可以把平凡简单的生活过得风生水起、流光溢彩。有效管理情绪的方法参见第三章第二节和第三节。

第三，个体需要培养积极的行为习惯，包括寻求社会支持、制定目标和计划、保持有益于身心健康的行为方式等。以寻求社会支持为例，2015年，哈佛大学医学院的罗伯特·瓦尔丁格（Robert Waldinger）教授分享了一项该校自1938年开始的研究成果：只有与周围人建立良好社会关系的人才能获得最大的幸福感和满足感，孤独寂寞有害，关系的质量比数量更重要，好的关系会保护大脑，使个体身心更健康[①]。社会支持包括来自他人和群体的支持、帮助和信息提供。它可以表现为情感支持，如亲密关系、信任、友谊等；也可以表现为评价支持，如反馈、证实；还可以表现为信息支持，如提供建议、劝告、指导等。因此，在日常生活、工作和学习中，个体面临困难或感觉压力过大时，应主动寻求来自伴侣、朋友、家庭成员、老师或同学的支持；当然，个体如果陷入不良情绪不能自拔，可以寻求心理咨询师进行系统、专业的疏导与帮助。广泛的社会支持能够满足个体安全、自尊和归属的需要，提高他们对挫折的应对能力，增强自我效能感。

### 🎓 课堂活动1-6

**写下自己拥有的支持系统**

尽可能多地写出你在遇到困难时可以求助的人的名字（可以是昵称或化名，并指出你们之间的关系，关系要真实具体）或组织机构的名称。

---

① 任俊. 积极心理健康：幸福快乐的科学［M］. 北京：开明出版社，2019：159.

_____

_____

_____

_____

**拓展阅读 1-9**

### 改善健康的忠告

专家提出的 10 条关于健康问题切实可行的忠告,可扫描二维码查看。

改善健康
的忠告

上述四个方面是个体自觉维护心理健康的主要途径。有人可能认为,自己曾经历过一些消极事件,却未刻意采取措施,也未寻求专业帮助,但事情迅速过去,并没有对心理健康造成不良影响。这是因为人类在漫长的进化过程中形成了心理防御机制(关于心理防御机制的具体内容,请参见第七章第一节),类似于生理免疫系统。这种机制在无意识下激活,在经历消极事件时拥有强大的自愈能力。其实,个体从自发到自觉维护心理健康需要经历不断学习的过程。起初,依靠心理防御机制应对困难。随着自身健康意识的增强,个体认识到心理健康的重要性,开始主动采取措施。最终,形成自觉维护心理健康的习惯,使自己在面对各种挑战时更加坚韧和积极,从而享受更高质量的生活,体会生命的美好与幸福。

## 本章要点重述

1. 健康不仅为疾病或羸弱之消除,而系体格、精神与社会之完全健康状态。

2. 心理健康有广义和狭义之分。广义的心理健康是指一种高效的、满意的、持续的心理状态;狭义的心理健康是指人的基本心理活动的过程和内容完整、协调一致,即认知、情感、意志、行为、人格等诸因素和谐统一。

3. 心理健康的描述性标准主要包括:智力正常;了解自我,悦纳自我;接受他人,善与人处;热爱生活,乐于工作和学习;面对现实,适应环境;善于调节情绪,心境良好;人格完整统一;心理行为符合年龄特征。

4. 影响个体心理健康的因素十分复杂,既有主体自身的内在因素,又有外在环境因素。具体来说,内在因素包括个体的生理因素和心理因素;外在因素包括家庭因素、学校因素和社会因素。一般而言,个体的心理健康状况是内在因素和外在因素相互作用的结果。其中,每一类因素又包含危险因素和保护因素。

5. 个体维护心理健康的方法主要包括增强心理健康意识、坚持健康生活方式、培养积极心理品质以及实施有效心理调节等。

### 未知的旅程①

在任何时候,只有知道对方到底想要什么,才能很好地做到有的放矢,更好地满足对方的需要。这个游戏就通过教师与学生之间的沟通说明这一问题。

参与人数:集体参与。

时间:10 分钟。

场地:教室里或网上论坛。

道具:纸笔或电脑,"我的期望"卡。

应用:教学开始前的沟通与交流。

游戏规则和程序:

1. 给每个学生发一张"我的期望"卡,然后给大家 5 分钟左右的时间填写该卡,主要写下他们想要从这门课里面学到什么。

2. 让同学们分享一下彼此的想法,选出最有代表性的问题等。

3. 教师将同学们的代表性观点收集起来,融入以后的教学设计之中。

### "我的期望"卡

| 姓名: 学号: 专业: | | |
|---|---|---|
| 我的期望 | | |
| 1. | | |
| 2. | | |
| 3. | | |
| 4. | | |
| 5. | | |
| 6. | | |
| 7. | | |
| 8. | | |
| 9. | | |
| 10. | | |

---

① 陈国海.管理心理学(第 4 版)[M].北京:清华大学出版社,2020:20.

### 心理测试 1-1

#### 优势调查问卷①

个体的优势是影响幸福的重要因素,塞利格曼把它们称为幸福的源泉。你突出的优势有哪些?请完成下列有关优势的问题并计算出各项优势的分数,填写在下表的右侧栏目中。

#### 优势调查表

| 美德 | 优势 | 题目内容 | 非常符合我 | 符合我 | 既没有符合也没有不符合 | 不符合我 | 非常不符合我 | 优势得分 |
|---|---|---|---|---|---|---|---|---|
| 智慧与知识 | 好奇心、对世界的兴趣 | A 我对世界总是很好奇 | 5 | 4 | 3 | 2 | 1 | |
| | | B 我很容易感到厌倦 | 1 | 2 | 3 | 4 | 5 | |
| | 喜爱学习 | A 每次学新东西我都很兴奋 | 5 | 4 | 3 | 2 | 1 | |
| | | B 我从来不会特意去参观博物馆或其他教育性场所 | 1 | 2 | 3 | 4 | 5 | |
| | 判断力、判断性思维、思想开放 | A 不管是什么主题,我都可以很理性地去思考它 | 5 | 4 | 3 | 2 | 1 | |
| | | B 我经常会很快做出决定 | 1 | 2 | 3 | 4 | 5 | |
| | 创造性、实用智慧、街头智慧 | A 我喜欢以不同的方式去做事情 | 5 | 4 | 3 | 2 | 1 | |
| | | B 我的大多数朋友都比我有想象力 | 1 | 2 | 3 | 4 | 5 | |
| | 社会智慧、个人智慧、情商 | A 无论是什么样的社会情境,我都能轻松愉快地融入 | 5 | 4 | 3 | 2 | 1 | |
| | | B 我不太知道别人在想什么 | 1 | 2 | 3 | 4 | 5 | |
| | 洞察力 | A 我可以看到问题的整体大方向 | 5 | 4 | 3 | 2 | 1 | |
| | | B 很少有人来找我求教 | 1 | 2 | 3 | 4 | 5 | |
| 勇气 | 勇敢与勇气 | A 我常常面对强烈的反对 | 5 | 4 | 3 | 2 | 1 | |
| | | B 痛苦和失望常常打倒我 | 1 | 2 | 3 | 4 | 5 | |
| | 毅力、勤劳、勤勉 | A 我做事都有始有终 | 5 | 4 | 3 | 2 | 1 | |
| | | B 我做事时常会分心 | 1 | 2 | 3 | 4 | 5 | |
| | 正直、真诚、诚实 | A 我总是信守承诺 | 5 | 4 | 3 | 2 | 1 | |
| | | B 我的朋友从来没说过我是个实在的人 | 1 | 2 | 3 | 4 | 5 | |

---

① 马丁·塞利格曼.真实的幸福[M].洪兰,译.杭州:浙江教育出版社,2020:171-192.

（续表）

| 美德 | 优势 | 题目内容 | 非常符合我 | 符合我 | 既没有符合也没有不符合 | 不符合我 | 非常不符合我 | 优势得分 |
|------|------|----------|------------|--------|---------------------------|----------|--------------|----------|
| 仁爱 | 仁慈与慷慨 | A 上个月我曾主动去帮邻居的忙 | 5 | 4 | 3 | 2 | 1 | |
| | | B 我对别人的好运不像对我自己的好运那样激动 | 1 | 2 | 3 | 4 | 5 | |
| | 爱与被爱 | A 在我生活中，有很多人关心我的感觉和幸福，就像关心他们自己一样 | 5 | 4 | 3 | 2 | 1 | |
| | | B 我不太习惯接受别人对我的爱 | 1 | 2 | 3 | 4 | 5 | |
| 正义 | 公民精神、责任、团队精神、忠诚 | A 为了集体，我会尽最大努力 | 5 | 4 | 3 | 2 | 1 | |
| | | B 我对牺牲自己的利益去维护集体利益很犹豫 | 1 | 2 | 3 | 4 | 5 | |
| | 公平与公正 | A 我对所有人一视同仁，不管他是谁 | 5 | 4 | 3 | 2 | 1 | |
| | | B 如果我不喜欢这个人，我很难公正地对待他 | 1 | 2 | 3 | 4 | 5 | |
| | 领导力 | A 我可以让人们为了共同的目标而努力，而且不必反复催促 | 5 | 4 | 3 | 2 | 1 | |
| | | B 我对计划集体活动不太在行 | 1 | 2 | 3 | 4 | 5 | |
| 节制 | 自我控制 | A 我可以控制我的情绪 | 5 | 4 | 3 | 2 | 1 | |
| | | B 我的节食计划总是虎头蛇尾，半途而废 | 1 | 2 | 3 | 4 | 5 | |
| | 谨慎、小心 | A 我避免参与有身体危险的活动 | 5 | 4 | 3 | 2 | 1 | |
| | | B 我有时交错了朋友或找错了恋爱对象 | 1 | 2 | 3 | 4 | 5 | |
| | 谦虚 | A 当人们称赞我时，我常转移话题 | 5 | 4 | 3 | 2 | 1 | |
| | | B 我常常谈论自己的成就 | 1 | 2 | 3 | 4 | 5 | |
| 精神卓越 | 对美和卓越的欣赏 | A 在过去的这个月，我曾被音乐、戏剧、电影、运动、科学、数学等领域的某一个方面感动 | 5 | 4 | 3 | 2 | 1 | |
| | | B 我去年没有创造出任何美的东西 | 1 | 2 | 3 | 4 | 5 | |
| | 感恩 | A 即使别人帮我做了很小的事情，我也会说谢谢 | 5 | 4 | 3 | 2 | 1 | |

（续表）

| 美德 | 优势 | 题目内容 | 非常符合我 | 符合我 | 既没有符合也没有不符合 | 不符合我 | 非常不符合我 | 优势得分 |
|------|------|----------|----------|--------|----------------------|--------|------------|--------|
| 精神卓越 | 感恩 | B 我很少停下来想想自己有多幸运 | 1 | 2 | 3 | 4 | 5 | |
| | 希望、乐观、展望未来 | A 我总是看到事情好的一面 | 5 | 4 | 3 | 2 | 1 | |
| | | B 我很少对要做的事情有周详的计划 | 1 | 2 | 3 | 4 | 5 | |
| | 目标感、信仰 | A 我对生命有强烈的目标感 | 5 | 4 | 3 | 2 | 1 | |
| | | B 我的生命没有目标 | 1 | 2 | 3 | 4 | 5 | |
| | 宽恕与仁慈 | A 过去的事我都让它过去 | 5 | 4 | 3 | 2 | 1 | |
| | | B 有仇不报非君子,总要报了才甘心 | 1 | 2 | 3 | 4 | 5 | |
| | 幽默 | A 我总是尽量将工作与玩耍融合在一起 | 5 | 4 | 3 | 2 | 1 | |
| | | B 我很少说好玩的事 | 1 | 2 | 3 | 4 | 5 | |
| | 热忱、热情、热衷 | A 我对每一件事情都全力以赴 | 5 | 4 | 3 | 2 | 1 | |
| | | B 我老是拖拖拉拉 | 1 | 2 | 3 | 4 | 5 | |

扫描二维码查看分析提示与说明。

优势调查问卷
分析提示

## 心理测试 1-2

### 90 项症状清单(SCL-90)

扫描二维码,查阅相关内容。

90 项症状
清单

课后练习

**一、单项选择题**

1. "疤痕实验"说明了以下哪种因素对心理健康的影响?(　　)

A. 认知因素　　　B. 情绪因素　　　C. 意志因素　　　D. 人格因素

2. 以下哪项描述最能体现"罗森塔尔效应"在心理健康领域的应用?(　　)

A. 学生通常会忽视教师的正面期望,因为他们不信任权威人物

B. 教师对学生的高期望通常会导致学生感到过度的压力和焦虑

C. 教师的积极期望能够提高学生的自信心和学业表现

D. 教师的期望对学生没有任何影响,因为每个学生的表现都是由其智力水平决定的

3. 以下哪种方法被认为是有效的心理调节策略?(　　)

A. 长时间沉浸在负面情绪中,不加以干预

B. 频繁依赖药物或酒精来缓解压力

C. 通过暴饮暴食或疯狂购物等行为发泄心中的苦闷

D. 采用放松技巧如深呼吸、冥想或瑜伽来减轻紧张感

**二、多项选择题**

1. 2019 年 7 月,健康中国行动推进委员会正式发布的《健康中国行动(2019—2030年)》文件中把心理健康界定为"人在成长和发展过程中,(　　　)的一种完好状态,是健康的重要组成部分"。

A. 认知合理　　　B. 情绪稳定　　　C. 行为适当　　　D. 人际和谐

E. 适应变化

2. 影响个体心理健康的生理因素包括(　　　)。

A. 遗传　　　B. 躯体疾病　　　C. 体貌特征　　　D. 性别

E. 年龄

3. 2015 年,哈佛大学医学院的瓦尔丁格教授分享了一项该校自 1938 年开始的研究成果,主要结论为(　　　)。

A. 只有与周围人建立良好社会关系的人才能获得最大的幸福感和满足感

B. 孤独寂寞有害

C. 关系的质量比数量更重要

D. 关系的数量比质量更重要

E. 好的关系会保护大脑,使个体身心更健康

**三、判断题**

1. 健康就是没有疾病的困扰。 (　　)

2. 由于心理现象极其复杂,每个人的情况又千差万别,所以,很难像测量血压或体温那样划出一个心理健康与否的明确界限。 (　　)

3. 影响个体心理健康的外在因素主要包括家庭、学校和社会。 (　　)

4. 健康生活方式是指个体所做的积极影响身体健康的各种决策与行为的总和。 (　　)

## 四、简答题

1. 心理健康的描述性标准有哪些？

2. 个体维护心理健康的方法有哪些？

3. 你认为目前对你的心理健康产生正面或负面影响的因素有哪些？

## 五、分析题

1. 心理电影赏析

观看电影《美丽心灵》，撰写 200 字左右的观后感。该片以数学家约翰·纳什（John Nash）的人生经历为原型，讲述了他在博弈论和微分几何学领域的潜心研究，以及如何在患有精神分裂症的情况下，依然取得学术成就，最终获得诺贝尔经济学奖的故事。

2. 心理健康自我鉴定

填写心理健康自我鉴定表（扫描二维码查看详细内容），帮助你更全面地了解自己的心理健康状况。请根据评估结果，确定自我提升心理健康水平的方向，并及时采取有效的心理调节策略，培养自觉维护心理健康的习惯。

心理健康
自我鉴定表

扫描二维码查看课后练习答案。

第一章课后
练习答案

## 推荐阅读书目

1. 杨眉.心理学术语力[M].桂林:广西师范大学出版社,2022.

2. 毕淑敏.毕淑敏的成长课[M].武汉:长江文艺出版社,2019.

3. 孙时进,杨戒.健康心理学[M].上海:复旦大学出版社,2022.

4. 任俊.积极心理健康:幸福快乐的科学[M].北京:开明出版社,2019.

5. 理查德·格里格.心理学与生活(第 20 版)[M].王垒,等译.北京:人民邮电出版社,2023.

6. 芭芭拉·比约克伦德,朱莉·厄尔斯.成年发展心理学(第 9 版)[M].邹丽娜,王思睿,译.北京:人民邮电出版社,2023.

7. 马丁·塞利格曼.真实的幸福[M].洪兰,译.杭州:浙江教育出版社,2020.

8. 泰勒·本-沙哈尔.幸福的方法[M].汪冰,刘骏杰,倪子君,译.北京:中信出版社,2022.

# 开启心灵之门

## ——自我概念的形成与调适

生命的历程就像一部精彩的电影,从你呱呱坠地的那一刻起,就开始了拍摄。而你,不仅是这部电影的主角,更是导演。每一天,你都在这部电影里添加新的片段:学走路时的摔跤、刚学骑自行车时耳边呼啸的风声、学校里的点点滴滴……这些都是你故事的一部分,塑造了今天的你。

即使在喧嚣嘈杂的环境中,我们还是能在第一时间对自己的名字作出反应,因为那代表的是"我"。我们每天说的、用的最多的词就是"我",比如"如果我来选……""我喜欢……""我不愿意……"等。正是在这个过程中,我们开始理解,生活不只是一连串的事件和经历,更是一场深刻的自我探索之旅。每一次挑战、每一个成功或失败,都是自我认知的机会,让我们更加清楚地认识到自己的能力、限制和真正的愿望。对每个人来说,正确认识自我,愉快接纳自我,自觉完善自我,不仅是有效从事各种社会活动的前提,也是实现自我生命独特辉煌的根基,更是保持心理健康和拥有幸福感的关键所在。

## 学习目标

学完本章后,你应该能够做到:

◆ 领会自我概念的内涵

◆ 明确自我概念的发展过程

◆ 掌握认识自我的方法

◆ 接纳自我的多样性和不完美

◆ 具备不断超越自我的意识和行动能力

◆ 培养自尊自信的积极自我概念

开启心灵之门——自我概念的形成与调适

本来面目几人识——认识自我

自我概念的定义

自我概念的内容

自我概念的发展阶段

自我中心时期

客观化时期

主观化时期

认识自我的方法

社会比较

他人评价

内省

天生我材必有用——培养积极的自我概念

什么是积极的自我概念

积极自我概念的构成要素

自尊

自信

自我接纳

自我效能感

积极自我概念的培养策略

悦纳自我

合理归因

提高自我效能感

我的未来不是梦——超越自我

超越自我的理论基础

马斯洛的需要层次理论

阿德勒的个体心理学理论

自我决定理论

超越自我的途径

客观设计理想自我

发挥优势才干

有效进行自我控制

图片来源:陈逸飞 1972 年创作的油画《黄河颂》

## 追随艺术的召唤

陈逸飞对于绘画的热爱萌芽于童年时期,早在上学期间,他的绘画才华就初露头角。在选择人生方向时,尽管当时社会主流推崇科学和工程领域,他的父亲也希望他子承父业成为化学工程师,但陈逸飞深知自己对艺术的热情远胜于其他领域。经过深思熟虑,他决定追随内心,选择了艺术之路。

在上海美术专科学校学习期间,陈逸飞临摹了众多苏联和罗马尼亚画家的作品,逐渐形成了自己独特的艺术风格和视角。他创作了大量影响深远的作品,反映了他对时代、历史和人性的深刻思考。然而,当创作遇到瓶颈时,他果断选择了离开稳定的生活环境,前往国外留学。尽管这段经历过程充满挑战,但极大地拓宽了他的艺术视野。

回国后,陈逸飞将东西方艺术元素融合,创造出独特的艺术语言,重新解读了家乡的风景和文化,最终创作了备受赞誉的"故乡"系列作品。他的画作中展现了对理想和完美的追求,同时也体现了对自我探索的深刻理解。他的经历教会我们如何通过不断地自我认识和探索,勇敢追随内心的召唤,实现自我超越,向世界展示独特的自我。

本章内容将引领你踏上一段深入的自我认知之旅。通过更好地了解自我、接纳自我和不断超越自我,你将能够培养自尊自信的积极自我概念,从而实现个人成长与心理健康的和谐发展。

第一节 **本来面目几人识——认识自我**

"我是谁""我从哪里来""我要到哪里去"这三个涉及人生意义和存在本质的问题不仅是哲学家们思考和探索的核心命题,也是每个人在不同人生阶段都会问自己并不断探索的问题。对自我的深入了解和把握,有助于我们在人生的舞台上扮演好自己的主角,成为那个最理想的自己。

---

**拓展阅读 2-1**

### 中西哲学中的自我认识智慧

"认识你自己"这句话早在2 000多年前就被刻在古希腊德尔斐的阿波罗神庙前的一块石碑上,成为历代思想家探讨的永恒话题。东西方哲学中的自我认识智慧,不仅体现了人类对自我完善的不懈追求,也为个人成长和社会发展提供了重要的思想源泉(扫描二维码查看详细内容)。

中西哲学中的
自我认识智慧

---

## 一、自我概念的定义

在心理学中,自我概念是一个综合性的术语,也被称作自我意识、自我观念或自我知觉。一般来说,当我们追问自己"我是谁"的时候,我们自己给出的答案就是我们的自我概念。如"我是一名心理学教师,身体健康,性格开朗,乐于助人,工作认真……"或"我是一名体育教师,热爱运动,精力充沛,喜欢学生,善于合作……"因此,自我概念可以定义为个体对自己的主观知觉和判断[①],这种知觉和判断包括对自己的身体状况、行为特点、人格特征、社会角色、过去经验等多方面的看法和观念的总和。自我概念是由一系列态度、信念和价值标准组成的有组织的认知结构。表2-1是一位成人高校大学生的自我概念。

表 2-1　一位成人高校大学生的自我概念

| 序号 | 描述 | 序号 | 描述 |
|------|------|------|------|
| 1 | 身高 1.78 米 | 5 | 成人高校市场营销专业的学生 |
| 2 | 体重 73 千克 | 6 | 喜欢打篮球 |
| 3 | 有两个孩子 | 7 | 沟通能力强 |
| 4 | 父母都已退休 | 8 | 在房产中介门店工作 |

---

① 凌辉,夏羽,张建人,等.自我概念的结构与发展[J].中国临床心理学杂志,2016,24(2):363-367,337.

（续表）

| 序号 | 描述 | 序号 | 描述 |
|---|---|---|---|
| 9 | 爱好旅游 | 15 | 热情 |
| 10 | 有一套105平方米的房子 | 16 | 有责任心 |
| 11 | 中共党员 | 17 | 有房地产经纪人资格证 |
| 12 | 计划成为房产中介的门店经理 | 18 | 对客户有耐心 |
| 13 | 37岁 | 19 | 友好 |
| 14 | 独生子 | 20 | 真诚 |

## 二、自我概念的内容

自我概念是一个多维度、多层次的综合性高级心理活动系统，从不同的角度可以得到不同的解读。

### （一）物质自我、社会自我和精神自我

威廉·詹姆斯（William James）于1890年在其著作《心理学原理》中把自我概念的内容概括为三大类：物质自我、社会自我和精神自我。

1. 物质自我

物质自我是指个体拥有的真实的物质，其中还可细分为身体自我（如自己的身高、体重、身材、容貌等）和身外的物质自我（如自己的房产、车辆、宠物、衣服等）。詹姆斯认为那些被称为"所有物"的身外之物具有象征功能，它们可以帮助个体来定义自我。例如，一个人购买豪车可能是想告诉周围的人他很富有，也可能是想借此证明自己是一名成功者；一个衣着朴素的人可能认为自己是穷人，也可能是想表明自己是一个崇尚自然的人[①]。物质自我是自我概念的基础，因为人通过身体与外界互动，并将某些外部事物视为自我的延伸。这一层面反映了个体在物质世界中的存在及其对这些物质资源的依赖和认同。

2. 社会自我

社会自我是指个体对自己在社会中所处的地位、扮演的角色、拥有的声望以及与他人之间关系状况的认知。例如，"我是一名公交车司机、车队队长、优秀驾驶员，是一名15岁女孩的父亲"。社会自我强调自我概念的社会性，反映了人们如何通过与他人的互动来定义和理解自己，同时反映了个体对社会评价的敏感性。

3. 精神自我

精神自我是指个体对自身智力、性格、兴趣、信仰、价值观等的认知，它涉及个体对自身内在特征的深层理解，是自我概念的最高层面，代表个体独特的心理品质和精神追求。例如，一位科学家认同自己是具有追求真理和创新精神的人，这种对内在心理特质的认知和

---

① 郭德俊，刘惠军. 心理学（第2版）[M]. 北京：国家开放大学出版社，2021：239.

接受不仅帮助他在复杂的社会环境中保持自我一致性，还能指导其行为，驱使他投身于科学研究并不断探索未知，使其生活更加有意义和充实。精神自我是个体作出决策、评价生活意义和实现自我潜能的基石。

### （二）自我认知、自我体验和自我调控

由于自我既是心理活动的主体，又是心理活动的客体，它涉及认知、情感、意志等多种心理现象，因此，按结构要素可以把自我概念划分为自我认知、自我体验和自我调控三个方面。

1. 自我认知

自我认知是个体对自己身心特征的认识，包括自我感觉、自我观察、自我分析、自我评价等多个方面。自我认知主要涉及"我是一个什么样的人""我为什么是这样的人"的问题。其中，自我评价最能代表一个人自我认知的水平。然而，进行客观、正确的自我评价是一个复杂且长期的过程，需要个体不断地自我反思和获取环境反馈。人的自我发展贯穿一生，对自我的认识也将伴随个体的一生。

2. 自我体验

自我体验是指个体在自我认知过程中产生的情绪体验，反映了个体对自己的态度，属于情绪范畴。自我体验的核心问题集中在"我是否满意自己""我能否悦纳自己"等方面。自我体验表现为自尊、自爱、自信、自卑、自怜、自弃、自傲、自责、内疚、自豪感、成就感、自我效能感等情绪状态。自我体验不仅与自我认知有关，还与个体对社会规范和价值标准的认识相关，同时也受他人评价的影响。

3. 自我调控

自我调控是指个体对自身行为和心理活动的调节与控制，涉及"我怎样调整自己""我如何改变自己""我怎样成为理想中的自己"等问题。自我调控包括多个方面，如自主性、自制力、自强精神、自立能力、自律性、自我监督、自我控制、自我教育等。有效的自我调控可以帮助个体更好地应对生活中的各种挑战，促进个人成长和心理健康。

### （三）现实自我和假定自我

乔纳森·布朗（Jonathan Brown）认为，自我概念不仅包括当前状态下的现实自我，还包含个体对未来的想象和预期，即假定自我。假定自我具有动力性，能够影响个体的发展。布朗将假定自我分为四类，分别是可达到的自我、理想的自我、应该成为的自我和不想成为的自我。

可达到的自我代表个体想要成为并能够成为的一类人。例如，一个高中生可能预期自己即将成为大学生，这便是他（她）可达到的自我。现实自我与可达到的自我越接近，人的自我感觉就越好。理想的自我指人们理想中带有光环的自我概念。例如，希望自己未来成为公司的高管、著名专家或行业领袖。大多数人能区分理想的自我与可达到的自我，使生活保持常态，不会因理想的自我不能实现而造成严重困扰。但极少数具有神经质人格的人会被理想的自我牵引，追求绝对完美，如希望成为公司最受欢迎的人或业绩永远保持第一名的员工。这种不切实际的理想自我意象往往会引发心理问题。应该成为的自我反映个

体对自己应当成为何种人的内在标准,比如"我应该成为一个光明磊落的人""我应该成为一个能言善辩的人"等。当人们未能达到这些标准时,可能会感到内疚和焦虑。不想成为的自我包括个体不希望自己拥有的消极属性,比如不想成为"啃老族"或"工作中不负责任的人"。不想成为的自我可以激励人们采取行动,避免这些消极属性的出现。

### (四) 华人自我四元论

心理学家杨国枢认为,社会取向和个人取向是人类与环境(包括自然环境和社会环境)互动的两种最基本和最重要的模式。在他看来,华人,特别是生活在传统社会氛围中的华人,与环境互动的方式主要是社会取向,因此其自我系统中包含四种次级的社会取向:关系取向、权威取向、家族取向和他人取向。

尽管社会取向是中国传统社会中的主要互动方式,但在现代化发展过程中,东西方文化相互影响,当代华人社会中的个人取向特征逐渐增加,华人的自我系统呈现出个人取向自我和社会取向自我并存的现象。后来,杨国枢将权威取向并入关系取向,于是形成了华人自我的四个方面:个人取向自我、关系取向自我、家族取向自我和他人取向自我。

## 三、自我概念的发展阶段

自我概念并非天生即有,它的发展是一个复杂的过程。根据心理学的研究,自我概念从出现到达到相对稳定和成熟状态,通常需要超过20年的时间。个体在自我概念发展的各个阶段表现出的特征,与其语言及思维能力的发展密切相关,这两者之间存在基本的对应关系。

### (一) 自我中心时期

自我中心时期从出生至3岁左右。人类刚出生时,还不能够区分自我与外界,往往把自己和身边的物体混为一谈,如无法分辨自己的手指与玩具之间的差异。大约七至八个月时,婴儿开始展现出自我概念的迹象,比如能够识别自己的身体与外部世界之间的界限,并在听到自己的名字时有所反应。到两岁左右,儿童开始使用人称代词"我"来表达自己的需求,这是自我概念发展的重要标志。3岁时,儿童会表现出羞耻感、占有欲和独立欲望,自我概念进一步发展。但在这一时期,儿童的行为是一种以自我为中心的行为,即以自己的身体为中心,以自己的想法和情感来认识和投射外部世界。虽然能区分"我"与"非我",但难以理解自我与物体之间的关系,因此对外界的认识带有明显的主观性。这一阶段被认为是以生理自我为核心的自我中心时期。

**拓展阅读2-2**

#### 点 红 实 验

心理学史上有一个非常著名的实验——点红实验,实验的主要目的是检测婴儿是否能够通过镜子识别自己,从而揭示其自我概念的发展情况(扫描二维码查看详细内容)。

点红实验

## (二) 客观化时期

客观化时期从 3 岁至青春期(14 岁左右)。这一阶段是个体学习接受社会文化、掌握社会角色的重要时期。儿童在家庭、幼儿园和学校的环境中,通过游戏、学习和劳动等活动,逐渐学会社会规范,形成对各种角色的认识,并能够有意识地调控自己的心理状态和行为。青少年开始探索自己的内在世界,能够初步认识到自己的兴趣、性格以及其他人格特征,并表现出一定的自主性和自信。但他们主要是通过他人的视角来理解世界,以他人的评价来衡量自我,因此这一时期被视为社会自我发展的阶段,也称为客观化时期。

## (三) 主观化时期

主观化时期从青春期至成年(25 岁左右)。这约 10 年的时间是个体自我概念发展的关键时期。这一阶段个体的成熟和逻辑思维的发展促进了自我概念的质变。面对"自我同一性"危机(见拓展阅读 2-3),即理想自我与现实自我之间的差异和矛盾,个体被推动去解决这些矛盾,追求自我概念的统一。这一时期的自我概念发展主要表现为:个体开始清晰地意识到自己的内心世界,关注自己的内在体验,喜欢用自己的眼光和观点去认识和评价外部世界,开始有明确的价值探索和追求,强烈要求独立,产生了自我塑造、自我教育的紧迫感和实现自我目标的驱力。这一时期被称为心理自我发展时期,也被称为主观化时期。

---

**拓展阅读 2-3**

### 自我同一性理论

埃里克·H.埃里克森(Erik H. Erikson,1902—1994)认为,人一生的发展过程可分成相互衔接的八个阶段,并指出每个阶段都有一对危机或冲突,要想顺利进入下一个发展阶段,必须要先解决好当前面临的危机。他提出青少年阶段的危机是自我同一性的角色混乱(扫描二维码查看详细内容)。

自我同一性
理论

---

成年早期的个体对内心世界的关注加深,他们对外部世界的兴趣和探索也并未减少,反而变得更加广泛和深入。这种探索建立在深入理解自我核心内容的基础上。然而,如果未能适当地平衡个人、社会与集体之间的关系,可能会导致过度自我中心,形成唯我独尊、自私自利的行为倾向,如社会上的"啃老族""高铁霸座""阻止发车"等"巨婴"现象。这些现象凸显了一个重要的成长课题:如何在自我概念日益增强的同时,构建和维持健康的社会关系。这要求个体不仅要认识并肯定自己的价值和成就,还要学会欣赏他人的观点,理解社会的需求,并在个人与集体之间找到平衡。通过培养这种平衡,个体能够促进个人发展,同时和谐地融入社会,建立积极健康的人际关系网络,从而推动个人与社会的共同进步。

**课堂活动 2-1**

### 分享时光的足迹

让我们一同回到过去,回顾你的成长历程。从出生到现在,你经历了哪些重要的阶段? 每一个阶段中,有哪些人和事对你产生了深远的影响? 这些事件如何塑造你,让你成为今天的你? 请挑选出其中三个对你意义重大的事件,与我们分享你的故事,让我们一同感受那些难忘的时刻。

_____

_____

_____

在学习小组内分享自己的观点并参与小组讨论,同时汇总讨论结果。由老师随机指定一名小组同学,请该同学代表本组在全班进行交流。

## 四、认识自我的方法

经典名言

知人者智,自知者明。

——老子

老子(约公元前 571—约公元前 471)
图片资料来源:河南函谷关老子金像

"认识自我"听起来很简单——毕竟,谁能比我们自己更了解我们呢? 我们知道自己的名字、背景和成长故事,甚至那些深藏在心底的小秘密。然而,除了这些表面和客观的信息,自我认识还涉及深入挖掘内心的复杂过程,包括识别和理解自己的思想、情感、动机、行为等。在现实生活中,个体能够正确地认识自己是有效参与社会活动的前提,也是心理健康的重要标志。但自我认识是一个复杂且持续的过程。那么,怎样才能尽可能全面、客观地认识自己呢? 简单来说,就是通过寻找多种参照系,从多角度、多层面来了解自己。以下方法可以帮助我们更深入地认识自我。

### (一) 社会比较

一名棋手想知道自己的水平怎样,最佳的办法不是听别人如何评价,而是看在比赛中赢了多少局;一个人考了 80 分,这个成绩是高还是低,也要看看其他同学的成绩才能有正确的判断。因为按照利昂·费斯汀格(Leon Festinger)的社会比较理论,自我概念常形成于自我与他人的比较中。他认为,人们为了准确地认识自己,需要常和与自己相似的人进行比较,在比较中对自己作出评价。

需要注意的是,社会比较的目的不是盲目攀比。既不能拿自己的缺点去与别人的优点比较,以免损害自尊;也不能拿自己的长处去与别人的短处比较,导致产生过度自信。而是应该在尊重彼此差异的基础上,对自己的能力、性格、兴趣、爱好、特长等进行准确定位,全面了解自己的优势和不足,从而建立客观的自信。

当然,追求准确不是个体进行社会比较的唯一动机,人们也可能为了激励自我而与比自己更成功的人比较,或者为了使自己感觉不错而与比自己更不幸的人比较。社会比较可以通过与他人的差异建构对自己独特的感觉,这对于自我概念的形成也是很重要的。例如,人们的自我描述往往提及"戴眼镜""长得偏瘦"等使他们在周围环境中显得不同寻常的特征。

### (二) 他人评价

日常生活中,每个人都会通过照镜子来认识自己的外表,调整衣着和容颜。其实,个体对自我的认知也有这样一面镜子可以借助,那就是他人对你的态度与评价。查尔斯·霍顿·库利(Charles Horton Cooley)在 1902 年提出的"镜中我"理论(见知识链接 2-1)描述了这一过程。

**知识链接 2-1　"镜中我"理论**

库利认为,个体在与他人的互动中,通过他人的反应来感知自我。他们想象他人如何评价自己,从而形成自我的形象、自我的感觉和自我的态度。他人的反应就像一面镜子,使我们可以看到和衡量自己,就像我们在社会环境中看待并衡量其他事物一样。

库利指出,一个人的自我观念是在与其他人的交往中逐渐形成的,他人的反馈像一面镜子,我们从中可以看到自己的形象。例如,同事喜欢接近你,对你热情而真诚,即是"照出"了你内心善良、人际关系较好等特点。当然,他人评价这面镜子,并非在任何情况下都对个体的自我认知起作用。有时与自己关系不大的人偶然一次评价,不易引起自己的关注。如果是由父母、朋友、教师、上级及自己尊敬的人来评价自己,则会对自我概念的形成有较大影响。

事实上,任何人都不可能完全被动地接受他人对自己的评价,而是会经过个人主观的选择过滤。同样,任何人也不可能完全不受他人评价的影响。假如大多数人对一个人的评价与其自我评价严重矛盾,个体内心就会产生不协调感,从而部分地改变自我认知,或者部分地改变自己的言行与品质。

值得指出的是,地位较高者(如领导、长辈、教育工作者等)应善于识别他人对自己的评价是否真实,下属、晚辈或被教育者对于那些自命不凡者或敬(避)而远之,或为自身利益而有意恭维之。如不警惕这种虚假的他人评价,久而久之,可能会导致自我认知偏差,反而会强化自身的缺点。

**拓展阅读 2-4**

### 狐 狸 觅 食

他人评价对个体自我概念的形成具有重要的影响,但他人评价这面镜子的镜面不都是平的,有的是凸透镜,有的是凹透镜,因而所成的像有的被放大,有的被缩小。狐狸觅食的寓言故事提醒人们要正确看待他人评价(扫描二维码查看详细内容)。

### (三) 内省

曾子说:吾日三省吾身。内省是一种对自己的行为、信念、情感和思想进行深度思考的方式。没有人比个体自己更了解自己,因此,人们常常根据内部线索,如想法和情绪等来认识自我。只有当这些内部线索微弱或不明确时,人们才会通过观察自己的外部行为来推断自己的特征。

通过内省得到的结论通常被认为比通过外显行为得出的结论更可靠,因为想法和情绪较少受到外部压力的影响。比如,上司看到下属的业绩超过了自己,虽然表现得很高兴,可是妒忌和失落的情绪却是他此刻真实的内心感受。

当然,内省并不总能使个体真正了解自己。有许多复杂的心理过程常常无法被个体准确觉察,导致"不识庐山真面目,只缘身在此山中"的情况。这是因为我们身处其中,难以保持必要的距离和清晰的视角,所以无法客观地看清自己。

上述方法各有利弊,只有相互配合使用,才能起到正确认识自我的良好效果。另外,我们还可以通过"乔哈里窗"(见知识链接 2-2)认识自我。

**知识链接 2-2** **乔哈里窗**

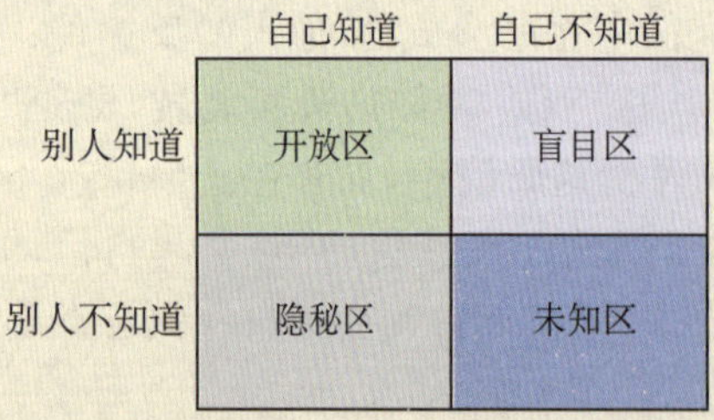

图 2-1 乔哈里窗

乔哈里窗(Johari window)是由心理学家乔瑟夫·卢夫特(Joseph Luft)和哈里顿·英格汉姆(Harrington Ingham)在 1955 年提出的工具,旨在帮助人们增进自我了解和改善人际关系。他们将自己名字的前几个字母组合在一起,创造了"乔哈里"(Johari)这个名字。乔哈里窗把自我认知分为 4 个区域,即开放区、盲目区、隐秘区和未知区(见图 2-1)。

开放区(公众我):是指自己和别人都知道的关于自我的信息,包括性别、外貌、身高、婚姻状态、职业、工作生活所在地、能力、兴趣爱好、特长、成就等。开放区是自我最基本的信息,也是了解自我、评价自我的基本依据。开放区越大,表明个体与他人的沟通越透明。

　　盲目区(盲目我):是指别人知道而自己不知道的关于自我的信息,比如无意识的小动作或口头禅等,个体通过他人的反馈可以了解这些信息。

　　隐秘区(隐私我):是指自己知道但别人不知道的关于自我的信息。当个体愿意更开放地分享这些信息,该区域会减小,开放区相应地增大。需要提醒的是,一个真诚的人也需要隐秘区,完全没有隐私的人心智是不成熟的。

　　未知区(潜在我):是指自己和别人都不知道的关于自我的信息。很多时候,未知区是尚待挖掘的潜能,也是需要去探索的深层自我。例如,一个人在特定的压力下表现出惊人的冷静和解决问题的能力,这种能力在平时未被发现,因此属于未知区域。通过自我探索和他人反馈,这些方面可以逐渐显现出来。

　　人们对自己的认识就是这4个区域的有机融合。通过与他人分享"隐私我",或是通过他人的反馈觉察和认识"盲目我",人对自己的了解就会更加丰富和客观。

　　资料来源:符丹.大学生积极心理发展与自我成长[M].西安:陕西师范大学出版总社,2023:116-117.有改动.

## 第二节　天生我材必有用——培养积极的自我概念

　　自我概念如同一面镜子,反映出一个人如何看待自己的各个方面。这种认知不仅是一种内在的观照,还塑造了个体对生活经验的解读方式。不同的人可能对相同的事情有完全不同的理解,这种差异源于各自的自我意识。"悲观者称半杯水为半空,乐观者称半杯水为半满。"面对半杯水,一些人可能会感到欢喜和感激,将其视为珍宝;另一些人则可能因为只有半杯水而感到失望和沮丧,甚至轻易挥霍或弃如敝屣。积极的态度或消极的观点,最终会影响那半杯水的命运。每个人的生命都如同一只装了半杯水的杯子:其中的水代表个体的知识、能力、经验和财富等,构成了人生价值的一部分;而杯子的空白部分则象征着不足和缺陷。每个人都具有优点和缺点,成就与遗憾并存,选择关注哪一部分,决定了后续的行动模式和生活决策。

### 一、什么是积极的自我概念

　　积极的自我概念是指个体对自己持有的整体性正面评价和认知,包括自尊、自信、自爱、自我接纳、自我效能感等心理特质。积极的自我概念不仅仅是简单的自我肯定,更是一种深层次的自我认识和接纳。拥有积极自我概念的人能够清晰地认识到自己的优点和潜力,同时也能坦然面对自身的缺点和不足,并且相信自己有能力应对生活中的挑战。他们倾向于设定现实的目标,对未来保持乐观,同时具备较强的抗压能力和情绪调节能力(见案例2-1)。积极的自我概念不仅有助于个体的心理健康,还能促进人际关系的改善和社会适应能力的提升。

> **案例 2-1　稻田守望者**
>
> 袁隆平是著名的农业科学家,被誉为"杂交水稻之父"。在他的带领下,中国杂交水稻事业取得了重大突破和进展。
>
> 纵观袁隆平的一生,可以发现积极的自我概念对他的成就和贡献起了关键作用。在面对科研道路上的艰难挑战时,袁隆平表现出非凡的自尊和自信。他坚定地相信自己在杂交水稻研究中的方向和能力,即便在早期实验中遭遇多次失败,他仍然坚持不懈地努力。
>
> 袁隆平(1930—2021)
> 图片资料来源:吕品昌雕塑作品
>
> 袁隆平不仅能够欣赏自己的成就,还能坦然接受自己的不足。他始终保持谦逊,乐于学习和改进,并设定了"让所有人远离饥饿"的宏伟目标。袁隆平对未来充满信心,认为科学技术能够带来巨大改变,这种乐观态度激励他不断创新,最终成功培育出高产水稻品种,极大地提高了粮食产量,为全球粮食安全作出了重大贡献。

积极的自我概念如同阳光,使个体看待世界的方式变得温暖而明亮,对待自己则充满了接纳和自信。这种积极力量源于对自己能力的信任、对自我价值的肯定以及对生活挑战的乐观态度。拥有积极自我概念的人能够从自身经历中看到积极的一面,他们的成就动机更强,会为自己设定更高的目标,即使面对挑战也能保持乐观态度,因此更能有效地实现个人目标,在职业发展、人际关系以及生活质量方面往往表现得更好。他们像勇敢的航海者,即使在波涛汹涌的大海上,也能找到方向,驾驭生命之舟,勇往直前。

与积极的自我概念相反,在现实生活中,有些人常常对自己持有消极的自我概念。消极的自我概念是指个体对自己持有的负面评价和认知。这种自我概念通常表现为自我怀疑、自卑、缺乏自信、自我否定。具有消极自我概念的人往往难以认可自己的优点和成就,更倾向于关注自己的缺点和失败。消极的自我概念是心灵深处的阴霾,给个体的自我认识蒙上阴影。这种概念通常根植于自我怀疑、恐惧和对自身能力的不信任。个体以消极的方式看待自己时,常会对自己更为严苛,过度解读个人经历中的负面部分,从而频繁地批评自己,并认为自己难以达到期望和目标。在这片阴影的影响下,个体向前迈进需承受巨大的压力,更易感到挫败,因此倾向于退缩和避免挑战,从而限制了自我成长的可能性。具有消极自我概念的个体如同困在迷雾中的旅人,即便道路就在脚下,也难以迈出坚定的步伐。

## 二、积极自我概念的构成要素

积极自我概念是一个包含多个维度和层次的复杂心理系统,其核心成分主要包括以下几个方面。

### （一）自尊

自尊是指个体对自身价值、能力和成就的总体评价和情感体验。自尊的形成受到多种因素的影响，包括家庭环境、社会经济地位和文化背景等。例如，童年时期的家庭互动和父母的态度可以显著影响一个人的自尊发展[1]。此外，自尊也与个体的社会比较和自我认同密切相关。自尊对个人的价值观和行为态度有着深远的影响。高自尊的人通常对自己的价值有更积极的评价，对社会关系满意度更高，更愿意接受挑战和尝试新事物，并建立牢固的人际关系。然而，自尊并非总是稳定不变的。研究表明，自尊水平会因成功或失败的经历而波动，高自尊者倾向于将成功归因于内在因素，而将失败归因于外部因素，低自尊者则相反[2]。因此，自尊需要在不断的自我反思和社会互动中进行调整和优化。

### （二）自信

自信是指个体对自己的能力、价值和素质的积极评价和确信。这种确信建立在客观理性的基础上，不仅包括对过去成就的认知，也涵盖了对未来挑战的信心，并表现为一种稳定的心理状态[3]。自信有助于维持良好的心理平衡，减少焦虑和抑郁情绪，提升整体幸福感。当个体对自己充满信心时，他们更容易感到满足和幸福，即使面对失败也能保持乐观态度。在职场上，自信的人往往能更好地展示自己的能力，从而获得更多的机会和更高的职位。自信也使他们在竞争激烈的环境中更具优势，能够持续推动自己进步。

经典名言

吾心信其可行，则移山填海之难，终有成功之日；吾心信其不可行，则反掌折枝之易，亦无收效之期也。

——孙中山

孙中山（1866—1925）

### （三）自我接纳

自我接纳是指个体对自己的全面接受，即能欣然接受现实中的自己，不因自身优点而骄傲，也不因自身缺点而自卑。自我接纳是一种积极健康的心理状态，在这种状态下，个体能够不计较自己的某些缺点、失误，并无条件接受和认可自己。一个人能够认识自己，并不意味着他就能坦然地接受自己，比如，有的人抱怨自己长得胖，有的人厌恶自己个子矮，有的人嫌弃自己胆子小，有的人憎恨自己反应慢……"金无足赤，人无完人"，任何人都是不完

---

① 黄飞. 尊严：自尊、受尊重与尊重[J]. 心理科学进展，2010，18(7)：1136-1140.
② 田录梅，张向葵. 不同自尊者对自我相关信息的记忆偏好[J]. 心理发展与教育，2008(2)：91-96.
③ 毕重增，黄希庭. 中国文化中自信人格的内涵和功能[J]. 心理科学进展，2007(2)：224-229.

美的。一个人只有真正接受自己，才能减少内心的冲突，唯有接受现实的自我，才能根据社会和时代的需要创造出理想的自我。

### （四）自我效能感

自我效能感的概念由阿尔伯特·班杜拉（Albert Bandura）在 1977 年提出，是指个体对自己是否能够成功完成某一行为或任务的信念或信心。这种信念是个体对自身能力的主观评估，它不仅涉及对自身能力的认知，还包括对通过这些能力可能达到的结果的预期[①]。具有高自我效能感的人更有可能在面对困难和压力时保持坚持和韧性，而低自我效能感的人则容易因一时失败而怀疑自己的能力并放弃。自我效能感不仅是个人行为的重要决定因素，还在教育、职业、组织管理等多个领域得到了广泛应用。例如，在教育中，教师可以通过增强学生的自我效能感来提高他们的学习动机和学业成绩；在职场中，提高员工的自我效能感可以提升其工作绩效和职业满意度。

### 课堂活动 2-2

#### 阅读与思考

有这样一个故事，说的是两个鞋厂推销员去同一座岛上推销鞋子。看到岛民们都不穿鞋，第一位推销员失望地转身离去，他想这个岛的居民没有穿鞋的习俗，鞋肯定是卖不出去了。第二位推销员则因为发现了一个巨大的未被开拓的市场而感到非常开心。

这个故事相信大家已经耳熟能详，但在感叹营销思维的同时，两位推销员面对同一种情况表现出的完全不同的思考方式其实也和他们的自我效能感息息相关。大家可以试想一下，在作出各自判断的时候，两位推销员的自我效能感是如何发挥作用的呢？然后与老师和同学分享你的感受。

积极自我概念的构建是个体心理健康的基石，它不仅可以帮助个体在内心深处建立自信和自尊，还能提升其在社会中的适应能力和人际关系的质量。一个拥有积极自我概念的人，更能有效地应对生活中的各种挑战，从而在事业、学业和个人生活中取得更大的成功。

## 三、积极自我概念的培养策略

在当今社会，每个人都面临着诸多挑战和压力，如何培养积极的自我概念成为提升个体心理健康水平的重要课题。通过悦纳自我、合理归因和提升自我效能感等多种途径和方法，可以帮助个体建立和维护积极的自我概念，从而促进其全面发展。

### （一）悦纳自我

在快节奏的现代生活中，人们常常被外界的评价和期望左右，而忽视了对自我的理解

---

① 孔令虹. 自我效能感研究进展［J］. 心理学进展，2024，14（4）：62-67.

和接纳。悦纳自我,意味着认识到自己的价值和独特性,接受自己的不完美,并在此基础上寻求发展。悦纳自我是一个持续的自我关怀和成长过程,需要有意识地实践和培养。以下是一些具体的做法。

1. 自我反思与正向自我对话

每天花时间进行自我反思,认识自己的优点和不足。通过正向自我对话,表达对自己的认可和鼓励,如"我做得很好""我值得被爱",避免过度批评自己和贴负面标签,用建设性的方式看待自己的错误和失败。例如,面对失败时,不要气馁,而是反思失败的原因,并从中吸取教训,可以对自己说:"尽管结果不如预期,我尽力了,吃一堑,长一智,下次会做得更好。"

2. 设定现实目标

设定可实现的短期和长期目标,而非追求不切实际的高标准。每当完成目标时,进行自我奖励,可以吃一顿美食或者购买一件自己喜欢的东西,这种正向激励有助于提升自我价值感和增强自信心。通过逐步积累成就感,个体能够更好地认识自己的能力和潜力。目标的设定应以自我发展为核心,关注自己的进步和成长,而不是受到他人期望或社会标准的影响。这样,个体可以在自己的节奏中不断进步,获得持久的满足感和自我认可。

3. 接受不完美

人是一个多维的整体:有的人品学兼优、才华横溢,但长相平凡、身材普通;有的人心地善良、性情温柔,但懦弱胆小;有的人聪明伶俐、能言善辩,但唱歌跑调;有的人锐意进取、开拓创新,但不善社交……任何人都是优缺点并存的统一体,欣赏自己的优点,接受自己的不足,与自身的不完美快乐相伴,是悦纳自我的关键。同时,个体要学会把自身价值与自己的缺点区分开来,就如同键盘敲出了错误的字母和小提琴奏出了不和谐的音符一样,这并不影响它们的使用价值。个体只要明白了自身的缺点不会使自己变得没有价值,他就能够接受自身的不完美,然后根据自我的实际情况,扬长避短,迈向属于自己的阳光大道。

4. 建立界限

学会在与他人的互动中设定健康的界限,以保护自己的时间和精力。明确自己在关系中的需求和底线,拒绝那些超出自己承受范围的要求。这不仅有助于保持人际关系的平衡与健康,还增强了自我尊重和自我保护的能力,使个体能够更加专注于自身的成长和生活质量。清晰的界限让个体在关系中感到安全和被尊重(见案例 2-2)。

---

**案例 2-2　心灵自由的第欧根尼**

哲学家第欧根尼(Diogenēs,约公元前412—公元前323)曾以简陋的木桶为居所,生活朴素至极,仅拥有一件斗篷、一根手杖和一个面包袋。尽管外表看起来像疯子或乞丐,但他是一位在戏剧、诗歌、散文等领域均有卓越贡献的伟大哲学家。这样几乎抛弃一切外在附庸的生活方式,正是在他自己的哲学思想中用降低欲望来实现心灵自由的自我践行。

即使面对世界上最强大的人物,他也不改

油画:亚历山大与第欧根尼
荷兰画家加斯帕德·克拉耶尔(Gaspard de Crayer,1584—1669)作品,现藏于德国瓦尔拉夫·里夏茨博物馆

其志。当亚历山大大帝亲自拜访并询问他有什么愿望时,第欧根尼只是回答说:"请站到一边,别挡住我的阳光。"这个回答震惊了亚历山大,他后来甚至说过:"如果我不是亚历山大,我会愿意成为第欧根尼。"

资料来源:詹姆斯·米勒.思想者心灵简史:从苏格拉底到尼采[M].李婷婷,译.北京:新华出版社,2015:53.有改动.

### 5. 持续学习

保持对新知识和技能的探索兴趣,同时发展多方面的兴趣爱好。通过不断学习,个体不仅能够提升自信心,还能开阔眼界,扩展对自我和世界的理解。这种主动学习的态度有助于个人适应不断变化的环境,增强应对挑战的能力。此外,多样化的兴趣爱好还能丰富生活体验,提供更多的满足感和成就感,使个体在追求个人成长的同时,也能享受过程中的乐趣和发现。

悦纳自我是一个人与自己和解的过程,它要求个体以开放的态度面对自我的方方面面,让个体在自我认知的基础上,更加清晰地看到自己的潜力和可能性,专注于自己的路径和成长,带来更深刻的内心满足感和幸福感。通过上述实践,个体可以逐步提升自我接纳的能力。

## (二) 合理归因

有效的归因模式能够帮助个体在面对挑战时采取更健康、积极的应对策略,不会在遇到困难和挫折时全盘否定自我,而是反思方法和经验上的不足。这有助于个体更准确地认清自身的优势和需改进的领域,形成一个全面和平衡的自我视角。

积极心理学创始人马丁·塞利格曼提出,悲观和乐观不是固定的人格特质,而是不同的解释风格。乐观者倾向于将负面事件归因于外在、暂时或特定因素,比如考试失利可能是因为题目难或复习策略不当。悲观者则倾向于内在、持久、普遍的归因,如认为成绩差是因为自己能力不足。这种归因方式可以解释为什么人们在面对不可控逆境时会感到无助:如果认为逆境源于持久、普遍的原因,就可能长期感到无助,甚至扩散到其他生活领域,导致悲观态度;将逆境归因于内部因素则可能会伤害自我认知。

塞利格曼提出,通过改变解释风格可以克服无助感,培养乐观态度。他开发的乐观测验(见本章课后的心理测试2)用于测量个人的解释风格。测试给出一系列假设事件,包括积极和消极的,被试者需描述这些事件发生在自己身上的原因,并在三个维度(内部与外部、稳定与暂时、普遍与特定)上进行评价。测试结果揭示了解释生活事件方式对情绪和行为的深刻影响。悲观的归因风格可能导致负面的自我概念,使个体认为自己缺乏能力、不配获得好的结果,或注定失败。相反,通过采用乐观的归因方式,个体可以看到自己是有能力、有价值的,也是能够克服困难的。

## (三) 提升自我效能感

高自我效能感与积极的心理状态、较高的动机水平和成功的行为结果密切相关。提高自我效能感的方法涉及多个方面,包括积累成功经验、观察学习与模仿、利用社会支持与鼓励以及调整情绪状态。这些策略帮助个体更好地认识和利用自己的能力,增强在面对挑战时的信心和决心。

### 1. 积累成功经验

个体通过亲身实践获得的直接经验,对自我效能感的形成影响最大。成功的经验能够增强个体对自己能力的信心,使其相信自己在未来类似的任务中能够取得成功。例如,对于一名工程师来说,如果他成功地完成了一个复杂的项目,回顾这一过程并识别出关键的成功因素,可以显著增强其自我效能感。这不仅包括技术技能的运用,还涉及有效的时间管理、沟通技巧和解决问题的能力。这种成功的经历使他在未来面对类似任务时,更加自信和有准备。通过不断积累和分析这些成功经验,该工程师可以逐渐形成对自己能力的稳固信念,有助于他在职场中不断进步和成长。

### 2. 观察学习与模仿

通过观察他人(尤其是与自己情况相似的人)的成功或失败,个体可以间接地增强或减弱自己的自我效能感,这种现象称为替代经验。观察对象与个体的相似性,可以使人们看到自己完成类似任务的可能性。例如,在运动领域,研究者发现中长跑、跳远等项目的世界纪录提升呈现阶梯性和阶段性。人们常认为新创纪录的成绩接近人类极限,这种认知限制了运动员的自我效能感。然而,一旦这一"极限"被突破,其他运动员的自我效能感也随之提升,他们会重新设定更高的目标。因此,这种"极限"更多是心理上的自我效能感限制,而非生理上的限制。

### 3. 利用社会支持与鼓励

来自周围人(如老师、朋友、家人、领导和同事等)的积极反馈和支持,可以显著增强个体的自信心和胜任感。当人们得到正面的反馈和现实的鼓励时,他们更有可能相信自己的能力,并投入更多的努力(见案例 2-3)。

---

**案例 2-3　被老师嫌弃的孩子**

托马斯·阿尔瓦·爱迪生(Thomas Alva Edison)在进入学校学习仅三个月后就退学。退学原因是他频繁向老师提问,使老师感到不耐烦,并认为爱迪生"脑子不正常",不适合在学校学习。

面对这种情况,爱迪生的母亲没有简单地接受学校对儿子的评价,而是采取了积极的方式鼓励和教育他。她没有直接告诉爱迪生学校老师的看法,而是向他传达了一种信念:他拥有非凡的才能,学校的教育环境不适合他的成长。她甚至将老师的负面反馈转化为正面的激励,告诉爱迪生,他是个天才,需要更广阔的学习空间和更有远见的指导。

爱迪生(1847—1931)

从此,爱迪生的母亲成为他的老师,教他阅读、写作和算术,不仅在精神上支持他,还在物质上为他提供了实验室等条件。在母亲的支持和鼓励下,爱迪生逐渐走上了发明的道路,并最终成为一位伟大的发明家,一生拥有一千多项发明专利。

### 4. 调整情绪状态

当个体体验到积极的情绪唤醒,如快乐、自信或兴奋时,通常会提高自我效能感。这是因为积极情绪通常与成功经验和正面思考模式相关,能够增强个体对自身能力的信念。相反,负面情绪,如焦虑、恐惧或沮丧,往往会削弱自我效能感。在这些情绪状态下,个体容易产生对失败的担忧、自我怀疑,以及对任务难度的夸大。

此外,情绪唤醒的强度也会影响自我效能感。适度的情绪唤醒(如适度的紧张感)可以提高警觉性和专注力,从而增强自我效能感。但过高或过低的情绪唤醒水平通常会降低自我效能感。过高的情绪唤醒,如极度的焦虑,会导致注意力分散和过度反应,而过低的情绪唤醒则可能导致动力不足和无力感。因此,个体需要不断提高自己的情绪管理能力,学会识别和调节自己的情绪反应,从而维持或增强自我效能感。这包括学习放松技巧、认知重构等方法,以及培养积极的思维方式。情绪管理的方法参见第三章第二节和第三节。

上述策略既独立发挥作用,又相辅相成。实践和综合运用这些策略,可以帮助个体建立并长期保持积极的自我概念,从而为个体的心理健康奠定坚实的基础。

## 第三节　我的未来不是梦——超越自我

超越自我是指个体在认识自我、悦纳自我的基础上,通过目标设定和行动实践,不断突破自身的限制和潜能边界,实现个人成长和发展的过程。超越自我的过程也是一个完善自我和新的"自我"形成的过程,是从"昨日之我"向"今日之我"到"明日之我"迈进的过程。超越自我不仅包括自我提升,还涉及个体能够更好地把握人生,更有意义地去生活,达到一种更高的存在层次,甚至可能达到"无我"的境界。

### 一、超越自我的理论基础

超越自我是心理学理论中的核心概念之一,它不仅涉及个体的成长,也对社会进步起着重要作用。马斯洛的需要层次理论、阿德勒的个体心理学理论和自我决定理论,从不同角度探讨了人类追求成长和实现潜能的内在动力。它们为理解自我超越的心理机制提供了宝贵的理论基础。

### (一) 马斯洛的需要层次理论

人本主义心理学家亚伯拉罕·H. 马斯洛(Abraham H. Maslow)认为,人类的需要可以分为生理的需要、安全的需要、归属与爱的需要、尊重的需要和自我实现的需要(见图2-2)。当一个人满足了前四种需要后,就会追求更高层次的自我实现需要。

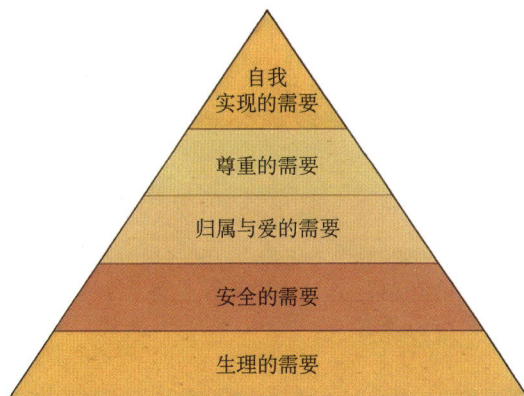

图 2-2　马斯洛的需要层次理论

在晚年,马斯洛对他的需要层次理论进行了扩展,引入了自我超越的概念[①]。自我超越被视为人类发展的最高层次需要,代表着个体不仅关注个人的成长和发展,追求自我实现,还致力于为他人和社会作出贡献,实现更广阔的生命价值和意义。

拓展阅读 2-5

**马斯洛的需要层次理论解读**

马斯洛相信人类有一种内在的驱动力,向往着自我实现——成为最好的自己。然而,为了达到这一最终目标,人们要先满足更基础的需要,如对食物、安全、爱和尊重的需要(扫描二维码查看详细内容)。

马斯洛的需要
层次理论解读

## (二) 阿德勒的个体心理学理论

阿尔弗雷德·阿德勒(Alfred Adler)是个体心理学的创始人。他的理论强调自卑感和追求优越感是推动个人发展的重要心理动力。他认为,这些动力驱使个体不断超越自我,实现个人和社会的价值。

阿德勒通过大量的临床案例和理论分析,鼓励个体正视自身的不足,不被自卑所困,而是通过积极补偿、培养社会兴趣、设定明确的目标并勇敢行动,来促进个体的持续成长和发展(见知识链接 2-3)。他指出,自我超越不仅表现在个人成就上,更重要的是对社会的积极贡献和与他人的和谐关系。

---

① 亚伯拉罕·马斯洛.人性能达到的境界(第2版)[M].曹晓慧,等译.北京:世界图书出版有限公司,2019:304-314.

阿德勒是奥地利心理学家。他的一生就是不断超越自卑、走向成功的一生。阿德勒于 1870 年出生在维也纳郊外的一个富裕家庭,排行第二。他从小患有驼背,行动不便,在活跃的哥哥面前总是自惭形秽。5 岁时,他罹患重病,几乎丧命,康复后立志成为一名医生。

阿德勒(1870—1937)

阿德勒在回忆中提到,他的生活目标是克服童年时期对死亡的恐惧。上学后,他的成绩一开始很差,老师甚至建议他的父母让他学做鞋匠。然而,阿德勒凭借顽强的意志和刻苦的努力,最终成为优等生。

1888 年,阿德勒考入维也纳大学医学院,并于 1895 年获得医学博士学位。他对弗洛伊德的《梦的解析》非常感兴趣。1902 年,弗洛伊德邀请他帮助组建维也纳精神分析协会,阿德勒是当时精神分析学派的核心成员之一。1910 年,阿德勒成为维也纳精神分析协会的主席。然而,由于与弗洛伊德在观点上的分歧,阿德勒辞去协会主席职务并退出精神分析协会,与弗洛伊德分道扬镳。

不久之后,阿德勒组建了"自由精神分析研究协会",1912 年改名为"个体心理学"。他致力于将自己的理论与儿童抚养和教育结合起来。1920 年,阿德勒与他的学生在维也纳的三十多所中学开办了儿童指导诊所,这为他赢得了国际声誉。

资料来源:安德莉亚·博尼尔.史上最重要的心理学家和心理学思想[M].黄蔚,译.北京:中国青年出版社,2019:85—89.有改动.

## (三) 自我决定理论

自我决定理论是由爱德华·L.德西(Edward L. Deci)和理查德·M.瑞恩(Richard M. Ryan)提出和发展的一种动机理论。该理论认为,人类动机可以分为自主动机(自我决定的动机)和控制动机(外部控制的动机)。自主动机是指个体在没有外界压力或奖励的情况下,出于内在兴趣或价值而参与某一活动的动机。控制动机则是指个体因为外部压力、奖励或惩罚而参与某一活动的动机。

自我决定理论认为,人类有三种基本心理需求,即自主需求(指个体对自由选择和控制自己生活的能力的需求)、胜任需求(指个体对能力、成就和效能感的需求)和关联需求(指个体对与他人建立深层次联系和归属感的需求)。这些需求是内在动机产生的基础。内在动机是推动个体不断探索和超越自我的关键因素,当个体感到自主并能胜任所做的事情,同时感受到与他人的联系,他们更有可能从事有意义的活动,进而实现自我超越。

上述理论不仅强调个人的自我实现,还倡导超越自我中心的视角,关注社会的福祉和他人的幸福。理解并应用这些理论,有助于个体在个人成长与社会贡献之间找到平衡,从而实现更加充实和有意义的人生。

## 二、超越自我的途径

超越自我是每个人追求个人成长和实现理想的重要目标。通过科学的方法和策略，个体可以更好地理解自己，发挥优势，并有效控制自己的行为，从而不断迈向更高的人生境界。

### （一）客观设计理想自我

设计理想自我是实现自我超越的重要起点。理想自我代表了个体希望成为的样子，是自我发展的方向和动力。然而，设计理想自我需要建立在客观现实的基础上，不仅需要清晰的自我认知，还需要评估当前的自我状况和潜在的发展路径，以确保目标既具有挑战性，又切实可行。

首先，个体需要深入了解自己的优势、劣势、兴趣和价值观。可以通过自我反思、心理测验、寻求他人反馈等方式增进自我认知。了解自己的真实状况是设计理想自我的基础。

其次，理想自我的设计应包括明确的目标。目标的制定遵循 SMART 原则，即具体的（specific）、可衡量的（measurable）、可实现的（attainable）、相关的（relevant）和有时限的（time-bound）。例如，如果你的理想自我是成为一个在职场上更有影响力的人，那么可以设定短期目标（如提升某项技能）、中期目标（如获得相关资格证书）和长期目标（如晋升到管理职位）。

最后，个体需要制定详细的行动计划，将长远目标分解为短期行动步骤。这有助于个体保持动力。同时，定期回顾进展和调整计划也是必要的，以适应变化的环境和新的自我认识。

### （二）发挥优势才干

"尺有所短，寸有所长"，任何人都是优势与短板并存的统一体。仅以能力为例，在日常生活和工作中，我们常常发现有些事情你做起来得心应手，而其他人却感到力不从心；反之亦然。这是因为每个人的天赋和后天所受的教育及环境不同，导致能力发展和表现有所差别。个体有些能力表现得十分突出，有些却不尽如人意。对于个人而言，不可能事事皆行，但可以人尽其才。早日了解并充分发挥自己的优势，有助于最大限度地发挥潜能，收获成功和幸福，实现自我超越（见案例 2-4）。

---

**案例 2-4　放弃也可以成就人生**

杨振宁青年时期喜爱物理，而且想成为一位实验物理学家。赴美国留学时，他本来想跟芝加哥大学的恩里科·费米（Enrico Fermi）教授做实验物理学的研究，希望能在费米的指导下写一篇实验方面的博士论文。可是那个时候费米的实验室是保密的，留学生身份的杨振宁不能进入。所以费米推荐他先跟爱德华·泰勒（Edward Teller）教授做些理论研究，实验则可以到塞缪尔·艾里逊（Samuel Allison）教授的实验室去做。

然而,杨振宁的物理实验进行得非常不顺利,做实验时常常发生爆炸,以至于当时实验室里流传着这样一句笑话:哪里有爆炸,哪里就有杨振宁。此时,杨振宁不得不痛苦地承认,自己的动手能力比别人差!

一天,一直在关注着杨振宁的泰勒教授关切地问杨振宁:"你做的实验是不是不太成功?"

"是的。"面对令人尊敬的前辈,杨振宁诚恳地说。

"我认为你不必坚持一定要写一篇实验论文,你已经写了一篇理论论文,我建议你把它充实一下作为博士论文,我可以做你的导师。"泰勒直率地对杨振宁说。

杨振宁听了泰勒的话,心情十分复杂。一方面,他从心底深处感到自己做实验确实力不从心;另一方面,他又不甘服输,非常希望通过写一篇实验论文来弥补自己实验能力的不足。他十分感谢泰勒的关怀,但要他下决心打消自己的念头实实在在不是一件容易的事。"我想考虑一下,两天后再告诉您。"杨振宁恳切地说。

杨振宁认真思考了两天,回忆起自己从小就不擅长动手的经历,他最终接受了泰勒的建议,放弃写实验论文。

这个决定成为杨振宁学术生涯的转折点。他毅然将主攻方向转向理论物理研究,最终与李政道联手摘取了1957年的诺贝尔物理学奖。

青年时期的杨振宁(左)和李政道(右)

杨振宁的经历告诉我们,认识自己的优缺点,适时放弃某些不适合自己的追求,发挥自己的优势做自己擅长的事情,能够成就更有价值的人生。

资料来源:杨建邺.从杨振宁到屠呦呦:科学天空里的华人巨星[M].武汉:武汉出版社,2016:1-30.有改动.

个体通过心理测评工具、自我反思和收集他人反馈,可以识别自身的优势特质和才能。同时,在工作、学习或日常生活中,个体应主动寻找或创造能够充分发挥优势的机会,有意识地运用自身优势来解决问题或完成任务。另外,还要学会识别他人的优势,寻求合作机会。通过优势互补,个体不仅能够弥补自身的不足,还能在协作中学习新技能,拓宽视野。

**拓展阅读 2-6**

## 木桶理论与新木桶理论

木桶理论又称木桶原理、短板理论、木桶定律,该理论强调的是弥补短板。然而,

木桶理论与
新木桶理论

随着时代的发展、竞争的加剧,人们发现了木桶理论新的用法:把木桶倾斜一下,这时候决定盛水量的就不是短板,而是长板了。于是新木桶理论应运而生(扫描二维码查看详细内容)。

### (三) 有效进行自我控制

自我控制是个人对自身的心理和行为的主动掌握,是个体自觉地选择目标,在没有外界监督的情况下,适当地控制、调节自己的行为,抑制冲动,抵制诱惑,延迟满足,坚持不懈地保证目标实现的一种综合能力,表现在认知、情感、行为等方面。大量研究表明,自我控制是个体自我发展、自我完善和自我超越的前提与保证,个体自我控制水平的高低与其学业、事业发展、人际交往乃至健康问题等都有着密切的联系。

自我控制是一种可以通过练习不断提升的能力。培养自我控制能力可以从建立有规律的生活习惯开始,如规律作息、定时锻炼和健康饮食等,这些习惯有助于增强自律性和专注力。与此同时,要识别和避免诱惑,在面对手机、社交媒体或其他干扰源等容易造成工作分心的因素时,应果断采取有效的措施减少其影响,如可以设定特定时间段来处理这些事务,或在做重要事情时将手机放置在远离视线的地方。此外,还需不断提升时间管理技能,如使用日历、计划表或时间管理应用程序来规划每天的工作、学习和生活安排。将任务分解为可管理的小步骤,设定优先级,并在完成任务后给予自己适当的奖励。一般来说,有效的自我控制往往依赖于个体坚强的意志品质和追求理想自我的内在驱动力。

超越自我是一个持续不断自我革新的过程,它始于深入了解和接受真实的自己,通过制定切实可行的目标并付诸行动,逐步打破固有的思维模式和行为习惯。这一过程不仅仅是能力的提升,更是生命质量的升华。通过不断超越,个体能够更深刻地理解自我生命的意义,活出更加丰富多彩的人生。

### 📝 本章要点重述

1. 自我概念是指个体对自己的主观知觉和判断,这种知觉和判断包括对自己的身体状况、行为特点、人格特征、社会角色、过去经验等多方面的看法和观念的总和。自我概念是由一系列态度、信念和价值标准组成的有组织的认知结构。

2. 自我概念是一个多维度、多层次的综合性的高级心理活动系统,从不同的角度可以得到不同的解读。威廉·詹姆斯把自我概念的内容概括为三大类:物质自我、社会自我和精神自我。按结构要素可以把自我概念划分为自我认知、自我体验和自我调控三个方面。乔纳森·布朗认为,自我概念不仅包括当前状态下的现实自我,还包含个体对未来的想象和预期,即假定自我。心理学家杨国枢认为华人的自我分为个人取向自我、关系取向自我、家族取向自我和他人取向自我四个方面。

3. 自我概念从出现到达到相对稳定和成熟状态,需要经过自我中心时期、客观化时期和主观化时期几个阶段。

4. 认识自我的方法主要包括社会比较、他人评价和内省。

5. 积极的自我概念是指个体对自己持有的整体性正面评价和认知,其核心成分主要包括自尊、自信、自我接纳和自我效能感等心理特质。培养积极自我概念的策略有悦纳自我、合理归因和提升自我效能感等。

6. 超越自我是指个体在认识自我、悦纳自我的基础上,通过目标设定和行动实践,不断突破自身的限制和潜能边界,实现个人成长和发展的过程。马斯洛的需要层次理论、阿德勒的个体心理学理论和自我决定理论等为理解自我超越的心理机制提供了宝贵的理论基础。超越自我的途径有客观设计理想自我、发挥优势才干和有效进行自我控制等。

## 🎓 学习游乐场 2-1

### 遇见 10 年后的自己[①]

【指导语】

或许我们对未来充满憧憬,也对未知充满焦虑。接下来让我们一起穿越到 10 年后,进行一次梦想之旅,遇见 10 年后的自己。

在体验过程中要保持安静,不要说话,不要给自己压力,只需要想象。我们邀请在场的每个人都参与进来,可以吗? 请大家跟着我一起来。

(可以选择适合的背景音乐。)

好,现在随着音乐,尽可能放松,以自己最舒服的姿势坐好……轻轻地闭上眼睛……放慢呼吸……接下来,让我们一起坐上时光机,穿越到未来。

时间一直在流动,慢慢地流到了 10 年后,这时的你会是怎样的一个人呢? 请尽量想象,想得越仔细越好。

这时是清晨,你从睡梦中醒来,走下床,来到浴室刷牙洗脸,看看镜子中自己的脸,是什么样子的呢?

接着,你来到了餐厅,和你一起用餐的人是谁?

吃完早餐,准备上班。

走出家门。回头看一下自己的家,它是什么样的? 周围的环境怎样呢? 你搭乘什么交通工具上班?

到达工作的地方,先注意一下,这个地方看起来怎么样? 办公室是什么样子的? 同事和你打招呼,他们怎么称呼你呢? 工作时间其他人在做什么? 你在做什么呢? 负责哪些事务? 忙碌吗?

一天很快过去,该下班了,回忆这一天的工作,过得充实吗? 愉快吗? 你的工作带给你最大的满足是什么?

想一想,这一天,在这个世界上,有你和没有你,会有哪些不一样的地方? 你给这个世界带来了什么样的影响?

---

① 俞国良.大学生心理健康(第 2 版)[M].北京:北京师范大学出版社,2022:59-60.引用时有修改。

（此处停留一分钟。）

现在,和未来的自己说声再见,坐上时光机,渐渐地,我们回到了现在,来到了教室,慢慢地睁开眼睛,看着周围的环境,问问旁边的同学:"此行开心吗?"

体验完毕后进行思考与分享。

1. 你在冥想中经历了怎样的旅程? 10年后的你是什么样子的? 与同学分享一下。

_____

_____

2. 你对10年后的生活满意吗? 如果想要实现自己的梦想,你现在可以从哪些方面做好准备?

_____

_____

## 学习游乐场 2-2

### 形成积极自我概念的日常练习

扫描二维码,查阅相关内容。

形成积极
自我概念的
日常练习

## 心理测试 2

### 乐 观 测 验[①]

本测验不限时,一般需要约10分钟完成。答案没有对错之分。

请仔细阅读以下题目中的每一个情境,并想象你身处其中。有些情境你可能没有经历过,不过没有关系。即使你觉得没有一个答案是完全准确的,也请选一个最接近的。你可能不喜欢某些问题的答案,但请不要选择你认为应该做的或你认为别人会认可的答案,而是选择你最有可能会做的那个。

每个问题只选择一个答案,不必理会问题后面的字母(如PmB)和选项旁边的数字。

### 乐 观 测 验

| 1. 你和你的配偶(男/女朋友)在一场争吵以后和解了 | PmG |
|---|---|
| A 我原谅了他/她 | 0 |
| B 我通常是一个宽宏大量的人 | 1 |
| 2. 你忘掉了配偶(男/女朋友)的生日 | PmB |
| A 我不擅长记生日 | 1 |
| B 我太忙了 | 0 |

---

① 马丁·塞利格曼.真实的幸福[M].洪兰,译.杭州:浙江教育出版社,2020:114-119.

（续表）

| | |
|---|---|
| 3. 有人匿名送了你一束鲜花 | PvG |
| A 是因为我很有吸引力 | 0 |
| B 是因为我人缘好 | 1 |
| 4. 你竞争一个职位而且当选了 | PvG |
| A 我花了很多时间和精力在竞选上 | 0 |
| B 我对每一件事都会全力以赴 | 1 |
| 5. 你忘记了一个重要的约会 | PvB |
| A 有时候我的记性不好 | 1 |
| B 有时候我忘了检查我的记事本 | 0 |
| 6. 你的晚宴很成功 | PmG |
| A 我那天晚上特别迷人 | 0 |
| B 我是个很好的主人 | 1 |
| 7. 你欠图书馆10元罚款，因为你借的书逾期了 | PmB |
| A 我看得太入迷，忘记该什么时候还 | 1 |
| B 我忙着写报告，忘记去还书 | 0 |
| 8. 你的股票帮你赚了很多钱 | PmG |
| A 我的股票经纪人决定冒险试试新股票 | 0 |
| B 我的经纪人是一流的投资人才 | 1 |
| 9. 你赢得了一项运动比赛 | PmG |
| A 我所向无敌 | 0 |
| B 我训练很刻苦 | 1 |
| 10. 你未通过一个重要的考试 | PvB |
| A 我不够聪明，比不上其他同学 | 1 |
| B 我没有好好学习为这次考试做准备 | 0 |
| 11. 你特地为朋友准备了一道菜，但他连碰都没碰 | PvB |
| A 我不是个好厨师 | 1 |
| B 我今天准备得太匆忙了 | 0 |
| 12. 你输掉了一场准备已久的比赛 | PvB |
| A 我不是一个优秀的运动员 | 1 |
| B 我不擅长那项运动 | 0 |
| 13. 你对朋友发了脾气 | PmB |

（续表）

| | |
|---|---|
| A 他老是烦我 | 1 |
| B 他今天情绪不好 | 0 |
| 14. 你因未及时缴纳个人所得税而被罚款 | PmB |
| A 我总是拖延报税 | 1 |
| B 我今年太懒了 | 0 |
| 15. 你想与某人约会,但他拒绝了你 | PvB |
| A 我那天受到了沉重的打击 | 1 |
| B 我去约他时,紧张得说不出话来 | 0 |
| 16. 在聚会时常有人邀你跳舞 | PmG |
| A 在聚会上,我很擅长交际 | 1 |
| B 那晚我表现得很完美 | 0 |
| 17. 你在面试时表现良好 | PmG |
| A 面试时我很自信 | 0 |
| B 我很会面试 | 1 |
| 18. 你的老板没有给你足够的时间去完成那项工作,不过你还是按时完工了 | PvG |
| A 我对我的工作很在行 | 0 |
| B 我是个很有效率的人 | 1 |
| 19. 你最近感到精疲力竭 | PmB |
| A 我从来就没有休息的机会 | 1 |
| B 这个星期我实在太忙了 | 0 |
| 20. 你救了一个差点噎死的人 | PvG |
| A 我会这种急救技巧 | 0 |
| B 我知道在危险时该如何处理 | 1 |
| 21. 你的男/女朋友想暂时冷却一阵子你们的感情 | PvB |
| A 我太自我中心了 | 1 |
| B 我冷落了他,没有花很多时间在他身上 | 0 |
| 22. 朋友的一句话伤了我的心 | PmB |
| A 他每次都是这样脱口而出,不考虑对方的感受 | 1 |
| B 朋友今天心情不好,拿我撒气呢 | 0 |
| 23. 你的老板来向你寻求忠告 | PvG |
| A 我是这个领域的专家 | 0 |

(续表)

| | | |
|---|---|---|
| B 我很会提出有用的建议 | | 1 |
| 24. 你的朋友感谢你帮他度过了一段困难的时光 | PvG | |
| A 我喜欢帮助人渡过难关 | | 0 |
| B 我关心别人 | | 1 |
| 25. 你的医生告诉你,你的身体状况很好 | PvG | |
| A 我经常运动 | | 0 |
| B 我非常在意健康 | | 1 |
| 26. 你的配偶(男/女朋友)带你去度了一个浪漫的周末 | PmG | |
| A 他需要休息几天 | | 0 |
| B 他喜欢去探索新的地方 | | 1 |
| 27. 你被请去主持一个重要项目 | PmG | |
| A 我最近刚完成一个类似的项目 | | 0 |
| B 我是一个很好的项目主管 | | 1 |
| 28. 你滑雪时常摔跤 | PmB | |
| A 滑雪是项很难的运动 | | 1 |
| B 滑雪道上有冰 | | 0 |
| 29. 你赢得了一项很有声望的奖项 | PvG | |
| A 我解决了一个重要的问题 | | 0 |
| B 我是最好的员工 | | 1 |
| 30. 你的股票跌到不能再低 | PvB | |
| A 我那时不了解股票行情 | | 1 |
| B 我选错了股票 | | 0 |
| 31. 你放假时胖了,现在瘦不下来了 | PmB | |
| A 从长远来说,节食其实没什么用 | | 1 |
| B 我试的这个节食法没有用 | | 0 |
| 32. 商店不收你的信用卡 | PvB | |
| A 我有时高估了我的额度 | | 1 |
| B 我有时忘了付信用卡账单 | | 0 |

扫描二维码查看分析提示与说明。

乐观测验的
分析与结果
说明

## 课后练习

### 一、单项选择题

1. "我热爱运动,喜欢旅游,性格开朗乐观,做事认真负责"属于自我概念中的(    )。

A. 物质自我
B. 社会自我
C. 精神自我
D. 生理自我

2. 自我概念发展的"主观化时期"对应的是哪个年龄阶段?(    )

A. 从出生至3岁
B. 从3岁至青春期
C. 从青春期至成年
D. 老年期

3. 以下关于"自我概念"的表述不正确的是(    )。

A. 自我概念从出现、发展到达到相对稳定和成熟状态,通常需要超过二十年的时间
B. 自我概念天生即有
C. 自我概念的发展与语言及思维能力的发展密切相关
D. 自我概念的形成与发展是一个复杂的过程

4. 库利的"镜中我"理论属于认识自我的哪种方法?(    )

A. 社会比较
B. 他人评价
C. 内省
D. 心理测验

5. 积极的自我概念不包括以下哪一项?(    )

A. 自尊
B. 自信
C. 自我效能感
D. 自我否定

### 二、多项选择题

1. 按结构要素可以把自我概念划分为(    )。

A. 自我认知
B. 自我体验
C. 自我调控
D. 现实自我
E. 理想自我

2. 下列属于培养积极自我概念的策略的是(    )。

A. 设定现实目标
B. 悦纳自我
C. 练习自我关怀
D. 合理归因
E. 提高自我效能感

3. 马斯洛的需要层次理论包括(    )。

A. 生理的需要
B. 安全的需要
C. 归属与爱的需要
D. 尊重的需要
E. 自我实现的需要

### 三、判断题

1. 心理学家杨国枢认为华人的自我分为个人取向自我、关系取向自我、家族取向自我和他人取向自我四个方面。(    )

2. 超越自我是指个体在认识自我、悦纳自我的基础上,通过目标设定和行动实践,不断突破自身的限制和潜能边界,实现个人成长和发展的过程。(    )

3. 阿德勒认为自卑感和追求优越感是推动个人发展的重要心理动力。(    )

## 四、实训题

以你 10 年后的视角给现在的自己写一封信,字数不低于 300 字。

_____

_____

_____

_____

_____

_____

_____

_____

_____

_____

扫描二维码查看课后练习答案。

第二章课后
练习答案

## 推荐阅读书目

1. 杨国枢,陆洛.中国人的自我:心理学的分析[M].重庆:重庆大学出版社,2009.

2. 詹姆斯.心理学原理[M].唐钺,译.北京:北京大学出版社,2013.

3. 马丁·塞利格曼.认识自己,接纳自己[M].任俊,译.杭州:浙江教育出版社,2020.

4. 阿尔弗雷德·阿德勒.自卑与超越[M].曹晚红,译.北京:中国友谊出版公司,2017.

5. 斯科特·巴里·考夫曼.自我超越:马斯洛需要金字塔的新层次[M].班柏,译.北京:中信出版集团,2023.

# 在心中修篱种菊
## ——情绪及其管理

　　人非草木,孰能无情?喜怒哀乐,人皆有之。情绪就像四季的花草一样,点缀着我们的心灵庭院。有时它们如盛开的菊花,给予我们力量与美好;有时它们化作篱笆,成为保护我们免受伤害的屏障。然而,要让情绪的花园繁花似锦,需要悉心打理。情绪管理不是简单地压抑和发泄情绪,更不是做一个没有情绪的"机器人",而是要像园丁那样,细致地培土、施肥、浇灌。只有通过发现、识别、接纳、表达和调节情绪,与情绪共舞,做情绪的好朋友,才能保持内心的宁静与和谐。请记住,情绪没有绝对的好坏之分,每一种情绪都是生命的礼物,教会我们成长,使我们的生活更加丰富多彩。

## 学习目标

学完本章后,你应该能够做到:

◆ 解释情绪的概念、种类和功能
◆ 描述情商的含义
◆ 领会消极情绪的正面价值
◆ 掌握激发心流体验和积极情绪的策略
◆ 具备有效管理和调节消极情绪的能力
◆ 培养乐观的心态

在心中修篱种菊——情绪及其管理
- 赤橙黄绿青蓝紫——情绪的解析
  - 什么是情绪
  - 情绪的分类
  - 情绪状态
  - 情绪的功能
  - 情商
- 长路漫漫踏歌行——保持乐观心态
  - 乐观是幸福之源
  - 激发心流体验
    - 什么是心流
    - 产生心流的条件
  - 增进积极情绪体验
    - 培养乐观心态
    - 保持健康的生活方式
    - 与他人建立融洽关系
    - 追求个人兴趣和爱好
    - 活在当下
- 问君能有几多愁——消极情绪的自我调节
  - 了解消极情绪
    - 情绪ABC理论
    - 消极情绪的正面价值
  - 消极情绪的自我调适策略
    - 调整认知方式
    - 接受自己的情绪
    - 转移注意力
    - 合理宣泄
    - 识别情绪的引爆点

## 小南的觉醒

小南在一家汽车修理厂工作,他从事这行已经6年了。尽管生活过得去,但他不甘于现状,渴望成功。这天,他看到一则招聘启事:某汽车公司高薪聘请修理部经理。小南决定去试一试。

应聘前一天晚上,小南早早上床,但却莫名烦躁,翻来覆去难以入睡。他心里想着:"三十而立",自己快30岁了,为什么还一事无成呢?他的那些同学,有的有稳定的工作和幸福的家庭,有的薪水较高,还有两个大学同学曾经是他的老板。他自问,自己究竟哪点比不上他们?其实他们也不比自己更聪明。

经过长时间的反思,小南终于找到了问题的症结——自己情绪管理的缺陷。在这方面,他不得不承认自己与他们有很大差距。夜深了,小南依然毫无睡意,但他第一次清晰地看到了自己,意识到过去很多时候自己无法控制情绪,比如焦虑、激动、沮丧等。

于是,他下定决心要改变自我,保持积极向上的心态,提高自己的情绪管理能力,弥补这方面的不足。

第二天早上,尽管小南没睡好,但他依然满怀自信地去面试。令他惊奇的是,他真的顺利被录用了。

小南之所以能得到自己想要的工作,与他前一晚的感悟以及重新树立的积极心态密切相关。读了这个案例,你的内心是否也有所触动呢[①]?

本章首先介绍情绪的定义和种类,然后进一步分析情绪的状态和功能,并探索积极情绪的培养方法和消极情绪的调节策略。本章内容为你提供了全面的情绪解析,从基础理论到实际应用,帮助你在理解情绪的基础上,提升有效管理情绪的能力,促进心理健康。

---

① 陈荣.情绪心理学:你的情绪为何总被他人左右[M].北京:中国纺织出版社.2018:2-3.有改动.

## 第一节 赤橙黄绿青蓝紫——情绪的解析

情绪，这个看似简单却深奥的概念，是心理学、神经科学、哲学等多个学科领域共同关注的焦点。它不仅影响着我们的学习、生活和工作，更是决定我们人生方向的重要因素。然而，情绪的解析并非易事，只有深入了解情绪的本质和运作机制，我们才能更好地应对生活中的挑战，促进自我成长和心理健康。

### 一、什么是情绪

我们每个人都熟悉情绪，如喜、怒、哀、乐、爱、恶、惧，人人都曾体验过。然而，要给情绪下一个精确的定义却相当困难。由于情绪的复杂性，学界对情绪的概念至今还没有达成完全一致的意见。

一般认为，情绪是有机体反映客观事物与主体需要之间关系的态度体验[①]。也就是说当客观事物或情境符合主体的需要时，就能引起积极的、肯定的情绪，正如俗语所说："人逢喜事精神爽"。相反，当客观事物或情境不符合主体的需要和愿望时，如经历失恋、失业、失去亲人等，就会产生消极、否定的情绪。由此可见，每种情绪的背后都蕴含着个体内在深层的需求，具有其独特的心理意义。

经典名言

情绪来自环境中好的或不好的信息的生理心理反应的组织，它依赖于短时的或持续的评价。

——理查德·拉扎勒斯

理查德·拉扎勒斯
（Richard Lazarus, 1922—2002）

情绪是一种多成分的复合心理现象，主要由主观体验、外部表现和生理唤醒三个成分构成。主观体验是个体对不同情绪状态的自我感受，代表了人们的内在体验，如快乐或痛苦。外部表现通常被称为表情，是在情绪状态发生时身体各部分的动作表现，包括面部表情、姿态表情和语调表情。生理唤醒是指情绪产生的生理反应，它涉及广泛的神经结构，包括中枢神经系统的多个部位（如脑干、中央灰质、丘脑、杏仁核、下丘脑、蓝斑、松果体、前额

---

① 郭德俊，刘惠军.心理学（第2版）[M].北京：国家开放大学出版社，2021：135.

皮层)以及外周神经系统和内外分泌腺等[①]。生理唤醒反映了身体的激活水平,不同情绪状态下的生理反应各不相同(见知识链接 3-1 和知识链接 3-2)。例如,满意、愉快时心跳节律正常;恐惧或暴怒时心跳加速、血压升高、呼吸频率增加,甚至可能出现间歇或停顿;痛苦时血管容积可能缩小等。

### 知识链接 3-1　情绪地图

　　2014 年,来自芬兰的科学家劳里·努门玛(Lauri Nummenmaa)及其研究团队根据人们在经历某些情绪时感觉到的生理反应,绘制出了人体的"情绪地图",进一步确证了情绪与人体生理变化的关系。

　　研究人员在互联网上招募了超过 700 名代表西欧和东亚文化的参与者,借助地形学上的自我报告工具做了一系列实验。实验中,参与者被要求对 6 种"基本情绪"(愤怒、幸福等)和 7 种"复合情绪"(爱、焦虑等)一一做出反应。在体会某一特定情绪时,参试者将自身产生感觉变化的区域标示在电脑上的人体模型中的相应位置。标示时,红色表示身体被激活(感觉更灵敏)的区域,蓝色表示被抑制(感觉更迟缓)的区域。结果显示,来自不同区域、不同文化背景的参与者在经历相同情绪时身体的反应都极为相似。最终,研究者将所有参与者绘制的图像经过电脑运算处理后拼在一起,形成了"情绪地图"模型(见图 3-1)。

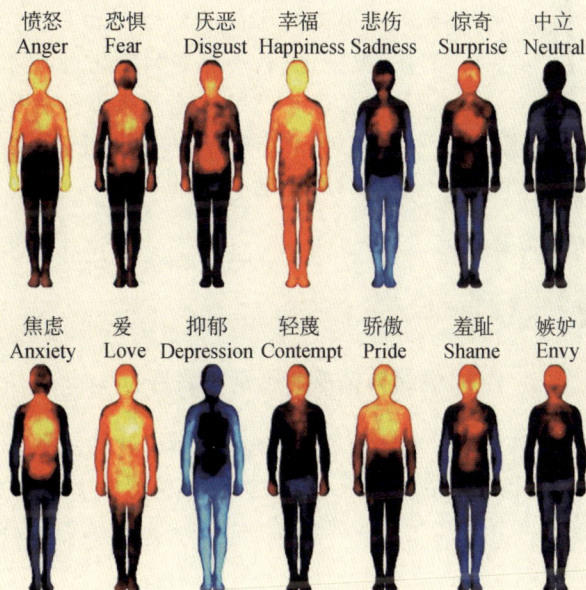

图 3-1　情绪地图

　　"情绪地图"中对应的身体部位的颜色从抑制到激活分别由浅蓝色、蓝色、黑色、红色、黄色表示。研究人员发现,在感受不同的情绪时,胸部和头部的变化是最为明显

---

①　彭聃龄.普通心理学(第 5 版)[M].北京:北京师范大学出版社,2019:368-369.

的。科学家推测这一变化可能与呼吸、心率和面部表情的改变相关。其中，幸福的图像最为显眼，其整个人形都被黄色和红色占据。"与其他情绪相比，幸福是唯一一个伴随着整个身体感觉增强的情绪。"而与之最接近的情绪是爱——有趣的是，在爱的图像中，腿部却是黑色，这似乎印证了那句"爱让人挪不开脚步"。此外，幸福、爱、愤怒和骄傲这4种情绪产生的身体反应特别集中在手臂部分，可能表明了人们接下来想要进行的动作——拥抱或是战斗。

最无力的两种情绪是悲伤和抑郁。代表"悲伤"的情绪地图里，四肢都被抑制，只有内心和眼部被激活，意味着伤心地落泪，全身无力；而"抑郁"的图像最为消极，全身都被蓝色和黑色占据，给人以非常冰冷的感觉，令人不寒而栗。

资料来源：徐思思.科学家用"情绪地图"印证——幸福是唯一激活全身的情绪[N].科教新报，2015-03-05(11).有改动.

**知识链接 3-2　测谎仪**

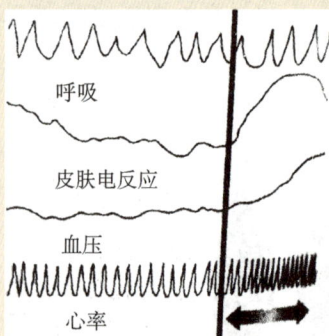

图 3-2　测谎记录的放大图

运用多道生理记录仪可以记录伴随情绪的生理变化。多道记录仪俗称测谎仪，实质上是一种"情绪检测器"，测量与情绪状态相联系的某些生理指标。人在说谎时往往感到内疚和焦虑，从而导致心率、血压、呼吸、皮电反应等的变化，因而用测谎仪可以进行检测。图 3-2 是测谎记录的放大图。

资料来源：黄希庭，郑涌.心理学导论(第3版)[M].北京：人民教育出版社，2015:489.

**拓展阅读 3-1**

### 情绪与情感的区别与联系

情绪与情感，均体现个体对事物的态度体验，属于独特的主观感受，能够真实地揭示个体的需求是否得到满足。在日常生活中，情绪与情感通常不被严格划分，但作为科学术语，二者在内涵与外延上仍有一定的差异和联系(扫描二维码查看详细内容)。

情绪与情感
的区别与联系

## 二、情绪的分类

### (一) 基本情绪与复合情绪

从生物进化的角度，可以把人的情绪分为基本情绪与复合情绪。基本情绪是人和动物所共有的，是先天的、不学而能的。每一种基本情绪都具有独立的神经生理机制、内部体验和外部表现,并有不同的适应功能。复合情绪是由两种或以上的基本情绪组合而成的情绪复合体。

我国古代思想家荀子将情绪划分为好、恶、喜、怒、哀、乐六类,倡导"六情说"。而在《礼记》中,情绪被分为喜、怒、哀、惧、爱、恶、欲七类,即"七情说",其中喜、怒、哀、乐是人们最为普遍的情绪反应。心理学家罗伯特·普拉奇克(Robert Plutchik)认为人类的基本情绪有八种,包括快乐、信任、恐惧、惊讶、悲伤、厌恶、愤怒和期待。每一种基本情绪都可以根据强度的变化进行细分。例如,强度高的愤怒是狂怒,强度低的愤怒是生气,如图 3-3 所示。一种基本情绪可与相邻情绪混合产生某种复合情绪,也可能与相距更远的情绪混合产生某种复合情绪,例如,恐惧与期待混合在一起就会产生焦虑情绪。

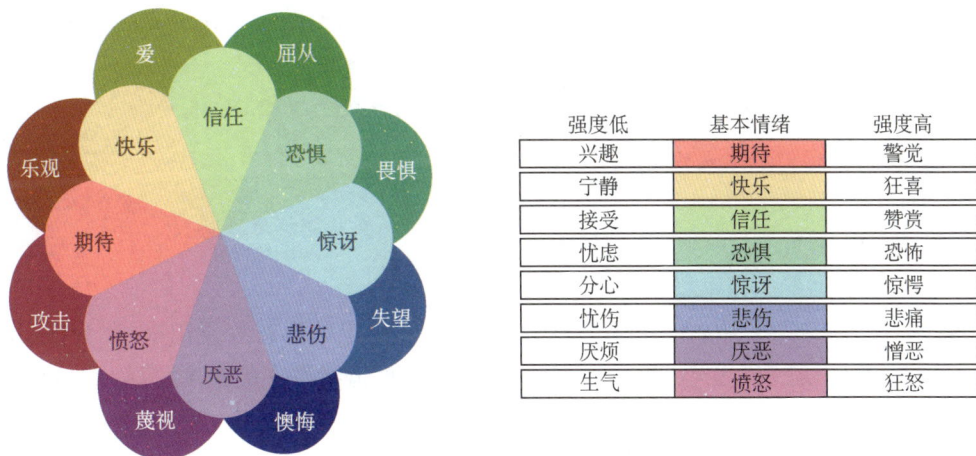

| 强度低 | 基本情绪 | 强度高 |
|---|---|---|
| 兴趣 | 期待 | 警觉 |
| 宁静 | 快乐 | 狂喜 |
| 接受 | 信任 | 赞赏 |
| 忧虑 | 恐惧 | 恐怖 |
| 分心 | 惊讶 | 惊愕 |
| 忧伤 | 悲伤 | 悲痛 |
| 厌烦 | 厌恶 | 憎恶 |
| 生气 | 愤怒 | 狂怒 |

图 3-3 基本情绪和复合情绪

### (二)积极情绪与消极情绪

根据情绪对个体造成的影响与结果的不同,可以将情绪分为积极情绪和消极情绪,也称为正面情绪和负面情绪。积极情绪是与接近行为相伴产生的情绪,包括快乐、兴趣、满足和爱等。一般认为,积极情绪有三个重要的适应功能:支持应对、缓解压力和恢复被压力消耗的资源。积极情绪能够拓宽个体的注意范围,促进更灵活和创造性的思维过程。例如,当一个人感到快乐和满足时,他的思维会更加开放,容易接受新信息并找到解决问题的新方法,能够提高行动效能。此外,积极情绪在社会互动中也起到重要作用。感受到爱和满足的人更容易与他人建立和谐的关系,这些关系反过来又能提供更多的社会支持,帮助个体更好地应对生活中的挑战和压力。

消极情绪是个体对不利或威胁性刺激产生的心理反应,通常与回避行为相伴。它包括痛苦、悲伤、愤怒、恐惧、焦虑等负面体验。消极情绪源于生活事件对个体造成的负面影响,但其产生和表达也受个人认知评价的调节。适度的消极情绪有时是有益的,有一定正面价值。例如,悲伤可以促使个体进行反思,重新审视自己的生活目标和价值观;恐惧可以提醒个体注意潜在的危险,从而采取措施进行规避;痛苦和愤怒也能成为推动个人改变和发展的动力。然而,过于强烈和持久性的消极情绪对人的健康和社会适应有害。如果个体长期陷入极度的悲伤、愤怒或恐惧中,可能会导致心理和生理上的问题,如抑郁、失眠、胃肠不适等。此外,过度的消极情绪还会影响个体的社会功能,导致人际关系紧张、工作或学习效率下降,甚至引发更多的心理健康问题。

**课堂活动 3-1**

**情绪选择课堂练习**

假如你可以自由选择自己的情绪,那么在以下这些配对的情绪中,你会选择哪些?

积极情绪:快乐、满足、轻松、无畏、振奋。

消极情绪:痛苦、忧伤、紧张、恐惧、沮丧。

请说明你的选择理由,并与同学一起讨论积极情绪和消极情绪真的存在"好"与"不好"之分吗?关于这个问题的分析可以扫描二维码查看。

资料来源:杨眉.心理学术语力[M].桂林:广西师范大学出版社,2022:84-85.

情绪选择课堂
练习分析提示

## 三、情绪状态

情绪总是在某种事件或情境的影响下产生,并以一定的形态表现出来,称为"情绪状态"。情绪状态一般分为心境、激情和应激,它们是依据情绪发生的强度、持续性和紧张度划分的。

### (一) 心境

心境是一种较微弱、平静而持续的情绪状态,构成个体一段时间内心理活动的基础色调。心境的强度较低,体验温和持久,个体有时难以察觉。心境的持续时间有很大差别,可以短至几小时、几天、几周,长则数月甚至更久。心境具有弥漫性,它不是关于某一事物的特定体验,而是在一段时间里以同样的态度体验对待一切事物。心境产生的原因是多方面的。生活中的顺境和逆境、工作中的成功与失败、人际关系是否融洽、个人健康状况、自然环境的变化等,都可能成为引起某种心境的原因。心境对学习、工作、生活和健康有重要影响。积极、乐观的心境能激发个体的主观能动性,增强勇气,提升效率,并有益于健康。消极悲观的心境则容易导致烦躁、意志消沉、效率降低,并损害健康。

### (二) 激情

激情是一种强烈的、短暂的、爆发性的情绪状态,这种情绪状态通常是由对个体有重大意义的事件引起的,如购买彩票中奖时的欣喜若狂、在体育比赛中取得金牌时的兴高采烈、亲人突然意外离世时的悲痛欲绝、被人冒犯后的怒火中烧等。在激情状态下,人们往往有强烈的生理反应和明显的外部行为表现。例如,盛怒时全身肌肉紧张、双目怒视、咬牙切齿、紧握双拳等;狂喜时眉开眼笑、手舞足蹈等。激情状态可以成为个体积极采取行动的巨大动力,同时,处在激情状态下的个体,其认识活动的范围往往会缩小,控制自己的能力减弱,容易出现冲动行为。

### (三)应激

应激是指个体在意外的紧急情况下产生的情绪状态,如当驾车突遇险情时,或遭遇地震、洪水、海啸等突发自然灾害时,个体都会体验到高度紧张而处于应激状态。应激状态会引起机体的一系列生物性反应,如肌肉紧张度、血压、心率、呼吸以及腺体活动都会出现明显的变化。这种变化有助于个体调动自身的各种能量或资源来应对重大的突发事件。在应激状态下,个体的反应可以是积极的,也可以是消极的。积极反应体现在急中生智、迅速摆脱危险、完成平时难以完成的任务。消极反应则表现为惊慌失措、意识狭窄,导致感知和注意力受限,思维迟缓,行动僵化,正常的处理事务能力大幅下降[1]。通常,应激状态下的某些消极影响是可以调节的。以往的知识经验、良好的性格特质、强烈的责任感等,都是应激状态下能够阻止行为混乱的重要因素。当然,如果个体相当长时间处于应激状态,对其健康是非常不利的。应激影响健康的研究,已受到学者的高度重视。

## 四、情绪的功能

### (一)适应功能

情绪是有机体适应生存和发展的重要方式。例如,动物在遇到危险时发出的恐惧呼救信号,就是一种求生手段。同样,情绪也是人类早期赖以生存的手段。婴儿出生时尚不具备独立生存和言语交流的能力,主要依靠情绪传递信息,与成人交流,以获取抚养和照顾。成人通过婴儿的情绪反应及时提供各种生活条件。在成人生活中,情绪与人的基本适应行为密切相关,直接反映其生存状况,是心理活动的晴雨表,如愉快表示处境良好,痛苦则表示处境困难。人们还通过情绪进行社会适应,如用微笑表示友好,用移情维护人际关系,通过察言观色了解对方的情绪状况,并采取相应的措施。总之,人们通过各种情绪了解自身或他人的处境,适应社会需求,以求更好地生存和发展。

### (二)动机功能

情绪是动机的源泉之一,是动机系统的基本成分,能够激励个体的活动并提高活动效率。适度的情绪兴奋可以使个体的身心处于最佳状态,推动其有效地完成任务。研究表明,适度的紧张和焦虑能够促使个体积极思考和解决问题。此外,情绪对于生理内驱力具有放大信号的作用,成为驱动个体行为的强大动力。例如,当个体处于缺氧状态时,会产生补充氧气的生理需要,但这种内驱力可能不足以激励行为。然而,此时产生的恐惧感和急迫感会放大和增强内驱力,使之成为强大的行为动力。

### (三)组织功能

组织功能是指情绪对其他心理活动的影响。这种组织功能表现为积极情绪的协调作

---

[1] 桑标.学校心理咨询基础理论[M].上海:华东师范大学出版社,2017:88.

用和消极情绪的破坏、瓦解作用。中等强度的愉快情绪有利于提高认知活动的效果,使个体更容易发现解决问题的新方法;消极情绪如恐惧和痛苦则容易对认知活动产生负面影响,导致思维狭窄和决策不当,抑制创造力,消极情绪激活水平越高,认知活动的效果越差。情绪的组织功能还表现在人的行为上,当个体处于积极乐观的情绪状态时,倾向于注意事物美好的一面,行为也比较开放,愿意接纳新事物,积极与他人互动。相反,当处于消极情绪状态时,个体则容易失望、悲观,可能放弃自己的愿望,或产生攻击性行为。

### (四) 信号功能

情绪在人与人之间具有传递信息、沟通思想的功能。这种功能主要是通过情绪的外部表现(如表情)来实现的。表情是思想的信号,比如微笑表示赞赏、点头表示默认等。表情也是言语交流的重要补充,手势、语调等非言语信号能够使言语信息表达得更加明确。从信息交流的发生上看,表情交流比言语交流要早得多。在前语言阶段,婴儿与成人之间交流的唯一手段就是情绪。例如,当婴儿感到饥饿时,会通过哭泣来传达需求;当他感到高兴时,会通过笑容来表达愉悦。这些情绪信号帮助照顾者迅速理解并回应婴儿的需求,从而促进了婴儿的生存和发展。情绪的适应功能也正是通过信号交流作用来实现的。在群体生活中,个体通过情绪信号来协调行动和建立社会联系。情绪的适应功能也正是通过信号交流作用来实现的。例如,在一个团队中,成员之间通过表情和语调的变化可以迅速感知彼此的情绪状态,从而调整自己的行为以维持团队的和谐与合作。当一个团队成员表现出焦虑时,其他成员会提供支持和帮助,这种情绪交流有助于增强团队凝聚力,提高工作效率。

## 五、情商

情商(emotional intelligence quotient,EQ)是情绪智力商数的简称,是情绪智力(emotional intelligence,EI)的一个量化指标,类似于智商(IQ)作为衡量智力高低的数量指标。也有学者认为,情绪智力就是情商。第一个使用这个概念的人是心理学家鲁文·巴昂(Reuven Baron),他在1988年编制了一份测量情商的问卷。根据他的定义,情商包括影响个体适应环境的情绪及社交能力,是衡量个体情绪调节能力和社会适应能力的一个指标。

20世纪末至21世纪初,国际心理学界对情绪智力进行了广泛而深入的研究,其代表人物主要有心理学家彼得·沙洛维(Peter Salovey)和约翰·梅耶(John Mayer),他们认为情绪智力是个体监控自己及他人的情绪和情感,并识别、利用这些信息指导自己的思想和行动的能力。让"情商"一词走出心理学的学术圈子,成为人们日常生活的用语,是丹尼尔·戈尔曼(Daniel Goleman)1995年出版的《情绪智力》一书的贡献,该书登上了世界各国的畅销书排行榜,在全世界掀起了一股情商热潮,他因此被称为"情商之父"。在书中,他认为情绪智力是个体的一种基本生存能力,是影响个体生活各个层面和未来人生的关键因素。

情绪智力通常包括五类能力,分别是认识自己情绪的能力、管理自己情绪的能力、自我激励的能力、识别他人情绪的能力、处理人际关系的能力。总的来说,高情商的人在情绪认知、管理和人际交往等方面都表现出较强的能力,这使他们能够更好地适应复杂的社会环境,并在工作和生活中取得成功。

### 培养情商的方法

情商的培养是一个持续的过程,需要实践、反思和耐心。扫描二维码查看培养情商的方法。

培养情商的方法

目前,情绪智力的研究无论是在理论上还是在应用上都已成为心理学领域的一个前沿课题。上述情绪智力的理论已得到广泛的传播和讨论,相关的测量工具也已迅速得到应用。情绪智力在人们成长和成功过程中的重要作用也越来越受到人们的重视。但是,由于对情绪智力的正式研究时间不长,还有诸多理论问题值得深入探讨。例如,如何更准确界定情绪智力与一般智力和人格因素的关系;情绪智力究竟是非认知因素还是非认知因素与认知因素的结合,抑或处于二者的分界点上;情绪智力到底能否准确地加以定量测量等。总之,无论是在情绪智力的含义和结构方面,还是在情绪智力于心理系统中的地位以及测量的内容、方式和指标等方面,都需要再做更深入的理论研究。同时,在情绪智力对成功的社会行为预测的假设方面,也还需要更有说服力的实证研究。

## 第二节 长路漫漫踏歌行——保持乐观心态

保持乐观心态,是人生旅途中最宝贵的财富,对个人的身心健康和幸福感有着积极的影响。乐观的人倾向于看到生活中的积极面,无论面对顺境还是逆境,都能保持内心的平静与坚定。在这个快节奏、高压力的时代,我们需要学会调整自己的心态,以积极、阳光的态度去拥抱生活,追求自己的梦想。在这一节中,我们将探索乐观的世界,学习如何创造自己的心流,体验积极的情绪,让生活更加美好。

### 一、乐观是幸福之源

乐观是一种积极的生活态度和心态,是面对挑战、困难、挫折和失败时的积极应对方式,是自信、勇气和信心的表现。乐观被认为是幸福之源,主要有以下几个方面的原因。

#### (一)积极的心态

心态是人们对待事物的一种态度。有人说:"人活的就是一种心态。心态调整好了,粗茶淡饭也很可口;心态调整不好,山珍海味也食之无味。"这些话生动形象地说明了心态的重要性。

敬之而不喜,侮之而不怒者,唯同乎天和者为然。

——庄子

庄子(约公元前 369—公元前 286)
图片资料来源:《三才图会》中的
庄子像(明代王思义、王圻)

人不可能事事顺心。遇到不顺心的事或达不到的愿望时,我们该以什么样的心态去面对呢?乐观的人倾向于以积极的心态看待生活,以豁达、宽容、愉悦和平常的心态去看待现实世界。即使面临挫折和困难,他们也自信地认为这是暂时的,不会轻言放弃,相信自己有能力克服,并积极寻找解决问题的方法。他们相信未来会更好,相信自己能不断地成长和进步,这种积极的心态可以让人们更加积极地面对生活中的各种挑战和困难,赢得更多的情感支持,收获更多的好心情。

**拓展阅读 3-3**

### 《定风波·莫听穿林打叶声》赏析

《定风波·莫听穿林打叶声》是宋代文学家苏轼的词作。此词通过野外途中偶遇风雨这一生活中的小事,于简朴中见深意,表现出作者乐观向上的人生态度(扫描二维码查看详细内容)。

《定风波·莫听
穿林打叶声》
赏析

### (二)更好的人际关系

良好的人际关系是幸福感的重要因素之一,因为它可以提供支持、陪伴和共享快乐的机会。乐观的人通常更受欢迎,他们更容易与他人建立积极的关系,不会因为一些矛盾或冲突而争吵或抱怨,而是积极寻找最佳的解决方案。他们明白"人无完人",每个人都有自己的优点和缺点,能够做到彼此理解和包容,做到换位思考,这种人际关系可以让大家更加顺利地相处。而且,情绪具有感染功能,和乐观的人在一起,传递的是正面的、积极的情绪。

### (三)更好地享受生活

乐观的人可以更好地享受生活,他们会积极地寻找生活中的乐趣与机遇,相信自己能不断发现和创造美好。这种积极的生活态度能够让人对生活有更高的满意度,更容易欣赏生活中的美好事物,感恩自己拥有的。同时,乐观的人往往更健康,他们更容易保持健康的生活方式,如适当锻炼、均衡饮食等。此外,乐观的心态也有助于减少焦虑、抑郁等心理问题的发生,从而保持身心健康,这种生活态度可以带来更强的幸福感。

综上所述,乐观作为一种积极的心态和生活态度,能够让人更好地应对生活、工作中的各种困难和挑战,更加自信、勇敢、积极地享受生活中的各种美好和快乐,对个人的身心健康、人际关系和生活满意度都有积极的影响,因此被认为是幸福之源。然而,每个人的情况都是独特的,有些人即使在面临困境时也能保持乐观,而有些人更容易感到悲观。因此,我们应该尊重每个人的不同情况,并鼓励他们在自己的生活中找到适合自己的幸福之道。

---

**拓展阅读 3-4**

### 费斯汀格法则

心理学家利昂·费斯汀格(Leon Festinger)提出了一个广为人知的观点,后来被称为"费斯汀格法则":生活中的 10% 是由发生在你身上的事情组成,而另外的 90% 则是由你对发生的事情如何反应决定(扫描二维码查看详细内容)。

费斯汀格法则

---

## 二、激发心流体验

### (一) 什么是心流

"心流"一词是心理学家米哈里·契克森米哈赖(Mihaly Csikszentmihalyi)在他的著作《心流:最优体验心理学》中提出的。"心流"是英文"flow"的译文。最初它有许多不同的翻译,比如福乐、沉浸、心流、流畅、神迷、流动、意识流和行云流水等。我国学者彭凯平将其翻译为"福流"[①]。

心流是一种经由全神贯注产生的积极心理体验,是以积极情绪为主的全身心投入带来的一种状态,包括愉悦、兴趣、忘我以及兴奋、充实等情绪,所以说,心流是一种美妙的、复合型的情绪体验[②]。"心流"隐含的意义,就是许多人形容自己表现最杰出时那种水到渠成、不费吹灰之力的感觉,也就是运动员所谓的"巅峰状态"、艺术家所说的"灵思泉涌"。运动员、艺术家等达到心流境界时,所做的事情虽然各不相同,但他们对此体验的感受描述却大同小异[③]。

心流指的是我们在做某些事情时那种全神贯注、忘我投入的状态。在这种状态下,你甚至感觉不到时间的存在,而在事情完成之后,会感到充满能量并且非常满足。契克森米哈赖概括了心流的成因与特征:第一,目标明确;第二,即时反馈;第三,挑战与能力的匹配;第四,全神贯注;第五,忘我的状态。当你面对清晰的目标,而该目标又需要一定的思考和付出,如下棋、打网球、演奏乐器、编织毛衣、编程等时,便很容易达到心流的境界。因为这些活动都有明确的目标和行动准则,参与者明白该做什么、怎么做,完成任务期间,内心会呈现一种封闭自足、全心投入的状态。

---

① 彭凯平.幸福的种子[M].北京:生活书店出版有限公司,2024:221.
② 列纳德·蒙洛迪诺.情绪:影响正确决策的变量[M].董敏,陈晓颖,译.北京:中译出版社,2022:74.
③ 米哈里·契克森米哈赖.发现心流:日常生活中的最优体验[M].陈秀娟,译.北京:中信出版社,2018:54.

### (二) 产生心流的条件

只要各项条件俱全，几乎所有的活动都能产生心流，满足以下条件，可以进入心流状态。

#### 1. 目标明确

要产生心流体验，首先需要做一件有明确目标的事情，因为目标能够引领专注，把杂乱无章的心理能量集中起来，去解决问题。一份好的工作，一些有计划、有目标的闲暇生活及爱好都符合这一点。设定目标时，要衡量其可执行性，而不仅仅是外在要求。要在日常工作中构建心流，可以将工作任务拆分，使目标更明确。

#### 2. 即时反馈

即时反馈是达到心流的一个关键点。在心流体验过程中，反馈可以让我们知道自己是否接近目标，随时掌控任务进展，判断是否需要调整，从而减少不必要的焦虑。许多人沉迷于游戏或赌博，正是因为它们提供了即时反馈，表现如何，可以立即看到效果。很多企业的员工缺乏活力，往往是因为没有即时反馈。

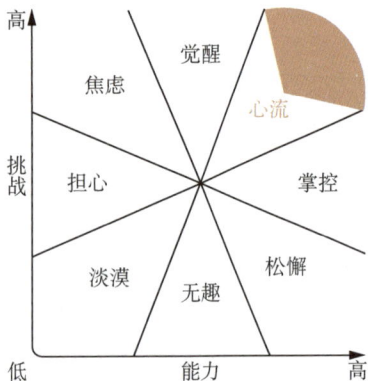

图3-4 能力与挑战的平衡

#### 3. 挑战与能力的匹配

这是心流产生的最核心因素。心流活动是能力与挑战的平衡。这种平衡并不是说能力和难度完全一致，而是设定中等难度的目标。如果挑战太难，会产生挫折感，导致抗拒、拖延和意志力消磨；如果挑战太简单，会觉得无聊，产生倦怠感。这两种情况都让人难以进入心流状态。当挑战与能力均处于较高水平时，最容易产生心流，即最优体验（如图3-4所示）[①]。适当的难度是持续投入的基础，这在体育比赛中尤为明显。工作中也是如此，长期没有挑战的工作会让人失去兴趣，最终导致效率降低。聪明的领导应懂得合理利用这一点。

#### 4. 全神贯注

排除外界干扰有助于个体更快地进入心流状态，并减少被打断的可能性。在目标清晰、反馈及时、挑战与能力相匹配的情况下，注意力会逐渐集中，进入一种专注的境界。当心流发生时，必须全神贯注，思维与行动高度一致，完全排除杂念或情绪干扰。此时，虽然自我意识暂时消失，但感知却异常敏锐，时间感也会发生变化，往往感觉时间飞逝，数小时眨眼而过。在这种高度专注的状态下，个人的潜能将得到最大程度的发挥。

#### 5. 忘我的状态

一旦身心都发挥到极致，不论做什么事都会事半功倍，而且生活本身会变成目的。在身心合一、专注的情况下，生命潜能也会充分发挥出来。处于心流状态时，我们并不会觉得快乐，因为必须专注如一；如果分心体验快乐，注意力会脱离手边的工作。攀岩者在举步维艰时分心享受快乐，可能会失足摔落谷底；手术中的外科医生也是如此。只有在任务完成

---

① 米哈里·契克森米哈赖. 发现心流：日常生活中的最优体验[M].陈秀娟，译.北京：中信出版社，2018：56.

后,才有时间回顾刚刚发生的事情,体验内心涌现的快乐[①]。

现今,许多人将闲暇时间用于玩游戏、浏览娱乐新闻、看短视频等娱乐活动,无法自拔,甚至废寝忘食。这种状态不会带来真正的振奋或满足,反而会使人体验到更多的失落和空虚。这种被动吸引而非主动进入的情绪状态不能称为真正意义上的"心流"。对此,心理学家布莱恩·萨顿-史密斯(Brian Sutton-Smith)提出的解决办法是:不需要改变玩的游戏,只需要专注于游戏如何让你进步。任何人只要开始思考游戏如何让他们变得更好,就能够在面对艰难挑战时,在精神和情绪上变得更有适应力[②]。

## 三、增进积极情绪体验

积极情绪,我们会自然而然想到快乐,但除了快乐,还有十种常见的积极情绪形式,包括喜悦、感激、宁静、兴趣、希望、自豪、逗趣、激励、敬佩和爱。积极情绪能令你眼神更为明亮,面庞更显柔和,微笑也更常出现在脸上。要增进积极情绪体验,可以尝试以下几种方法。

### (一)培养乐观心态

保持乐观的心态是增进积极情绪的关键。法国大作家维克多·雨果(Victor Hugo)曾经说:"世界上最宽阔的是海洋,比海洋更宽阔的是天空,比天空更宽阔的是人的胸怀。"的确,人的胸怀能包容万物,乐观的心态离不开宽容,宽容他人,也是放过自己。宽容是一种做人的雅量,也是一种生存的智慧,包括"容人之过"和"容人之异",落实到行动上就是包容。同时,要相信自己有能力应对困难,相信未来会有好的事情发生。学会从积极的角度看待问题,关注生活中的美好事物,并感恩自己所拥有的。

### (二)保持健康的生活方式

一个人是否快乐,并不在于他拥有什么,而在于他能否合理安排生活,并掌控自己的情绪。积极的生活方式可以带来积极的情绪体验,保持充足的睡眠、均衡的饮食和适度的运动都有助于维护身心健康,提升积极情绪。同时,要定期整理情绪。情绪就像我们的衣柜一样,需要定期清理,丢弃那些消极的情绪。当你的生活井然有序时,你的情绪也会随之顺畅,帮助你发现生活中的快乐和乐趣。如此一来,无论面对好事还是挑战,我们都能冷静应对(见案例 3-1)。

> **案例 3-1　让生活有头绪**
>
> 小艺是一个崇尚精致生活的女孩,但最近因多重压力感到无暇顾及生活。她的工作单位接了一个大项目,需要她全力以赴三个月。同时,她的婆婆突然住院要接受心

---

[①] 米哈里·契克森米哈赖. 发现心流:日常生活中的最优体验[M]. 陈秀娟,译. 北京:中信出版社,2018:57.
[②] 列纳德·蒙洛迪诺. 情绪:影响正确决策的变量[M]. 董敏,陈晓颖,译. 北京:中译出版社,2022:4.

脏支架手术,爸爸因脑出血住进 ICU,妈妈在赶往医院时摔伤了腿,而丈夫又被派往外地工作。面对这些挑战,小艺感到焦头烂额。

在一个无助的午后,小艺决定整理思绪,写下所有困难,逐一安排解决。她为婆婆雇了护工,安排大姨父照顾爸爸,大姨照顾妈妈,并将孩子送往学校寄宿,减少接送麻烦。她坚持工作,下班后为家人准备饭菜,送到医院,并在夜晚替换大姨和姨父回家休息。通过合理安排,小艺不仅解决了家庭问题,还能继续工作,感到如释重负。

资料来源:陈荣.情绪心理学:你的情绪为何总被他人左右[M].北京:中国纺织出版社.2018:39-41.有改动.

### (三) 与他人建立融洽关系

与他人建立融洽的关系是增进积极情绪的重要途径。在平时的工作、学习和生活中,要与他人保持良好的沟通,关注他人的需求和感受,多看他人的优点和长处,并尽力提供支持和帮助。同时,也要学会接受他人的帮助和支持,互帮互助,建立良好的人际关系。此外,要避免盲目与他人攀比。攀比往往导致对当前状况的不满,从而降低幸福感和生活满意度,还会因嫉妒和不满影响与他人的关系。因此,要与人为善,建立和谐的人际关系,找到适合自己的生活方式。

### (四) 追求个人兴趣和爱好

"兴趣是最好的老师。"一个人一旦对某事物产生了浓厚的兴趣,就会主动去求知、去探索、去实践,并在求知、探索、实践中享受愉快的情绪体验。对于一项个体热爱并愿意投入的活动,不管是唱歌、跳舞、绘画、书法,还是跑步、打球、滑雪、冲浪,当个体沉浸其中时,外界的一切烦扰好像都被屏蔽,全身的力量会被调动起来,精力充沛,内心也充满和谐、相容的感觉。这一时刻的奇妙感受就是进入心流状态。个体能够从兴趣爱好中感受生命的活力,享受美好的幸福时光。

### (五) 活在当下

有一个小故事形象地阐述了"活在当下"的理念。在一座寺庙中,有一位老和尚和一个小和尚,他们每天都做着相同的事情:挑水、砍柴、诵经。小和尚渐渐感到厌倦,心中充满了烦闷,而老和尚却始终保持愉悦。有一天,小和尚忍不住问老和尚:"我们每天都在做相同的事情,为什么你看起来这么快乐,而我却感到无聊呢?"老和尚微笑着回答:"因为你在挑水时想着砍柴,砍柴时又想着诵经,而我专注于当下,挑水时只想着挑水,砍柴时只想着砍柴,诵经时只想着诵经。"这个故事告诉我们,幸福来自专注于当下的每一刻。真正的快乐在于我们如何体验当下的生活,无论是享受一顿美食、安享一夜好眠、学习新知识,还是与家人共度时光,这些普通的日常小事中都蕴含着深刻的意义和幸福感。专注于眼前的每一个瞬间,才能切实体会到生活的美好。

总之,培养积极情绪是一个需要持续努力的过程。乐观的心态使个体能够从积极的角度看待问题,而健康的生活方式为情绪提供了坚实的基础。通过建立和谐的人际关系,个体可以获得必要的支持与理解;追求个人兴趣,有助于在心流体验中找到内心的平静。最终,专注于当下,人们能更深刻地体会到生活的美好与满足。这些方法不仅帮助个体应对生活中的挑战,还能有效提升幸福感。

## 第三节  问君能有几多愁——消极情绪的自我调节

每个人都有情绪,喜、怒、哀、惧是我们生活中的常态。情绪能把我们带到快乐的巅峰,也能把我们带到悲伤的深渊,它们是我们作出选择和采取行动背后的主要驱动力,也是我们制定和实现目标的原因[①]。在这个快节奏、高压力的现代社会,我们每个人都难以避免地会遭受消极情绪的困扰。工作、学业、人际关系等方面的压力,往往让我们感到力不从心,甚至陷入自我怀疑和绝望的泥沼。然而,消极情绪并非无法战胜,关键在于我们如何正确地认识它、面对它,并学会自我调节。在这一节,我们一起了解消极情绪的产生以及消极情绪的正面价值,进而掌握一系列有效的自我调节策略。让我们一起努力,学会情绪管理,迈向更加美好、充实的人生!

### 一、了解消极情绪

#### (一) 情绪 ABC 理论

尽管许多人常常认为消极情绪是由某个特定的不利事件或情境引发的,但实际情况不是如此简单。那么,问题的根源究竟在哪里呢? 我们可以通过情绪 ABC 理论来了解一下消极情绪产生的原因。情绪 ABC 理论由心理学家阿尔伯特·艾利斯(Albert Ellis)在20 世纪 50 年代提出。他认为,人的情绪不是由某一诱发事件本身引起的,而是由经历这一事件的人对这一事件的解释和评价引起的。

在 ABC 理论中,A(activating event)指诱发事件;B(belief)指个体在遇到诱发事件后所产生的信念、看法、解释及评价;C(consequence)指个体的情绪及行为结果。通常情况下,人们会认为由 A 引起 C(即人的情绪是由诱发事件引起的)。而 ABC 理论则认为,A 是间接原因,对诱发事件的信念、解释、看法(B)才是引起 C 的直接原因,如图 3-5

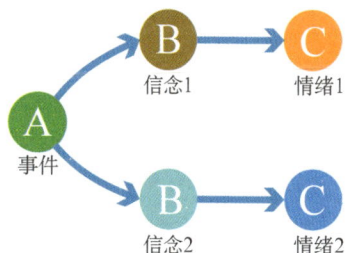

图 3-5  情绪 ABC 理论

① 列纳德·蒙洛迪诺. 情绪:影响正确决策的变量[M]. 董敏,陈晓颖,译. 北京:中译出版社,2022:4.

所示。

艾利斯认为：个体正是由于常有的一些不合理信念才产生情绪困扰。通过找出误导自己的惯性思维，转换看待问题的视角，修正不合理的信念，个体可以避免或减少负面情绪的产生。

## 课堂活动 3-2

### 纠正不合理的认知

1. 请同学们拿出一张纸，制成"ABC 三栏目表"（见表 3-1）。

2. 请你把最近生活中发生的消极事件及当时的想法和情绪体验记录在表 3-1 中。

3. 进行小组讨论，与其他同学讨论遇到的消极事件、对事件的看法，描述当时的情绪体验。

4. 进行小组讨论后，请从第二栏中找出哪些是合理的想法，哪些是不合理的想法；针对这些想法，你合理的反应应该是怎样，你当时的反应又是怎样。

表 3-1　ABC 三栏目表

| A. 情绪事件<br>当时发生了什么事？ | B. 认知<br>我是如何看待此事的？ | C. 当时的反应<br>我的情绪怎样？我都做了些什么？ |
|---|---|---|
| | 不合理： | 不合理： |
| | 合理： | 合理： |

5. 将表 3-1 填写完整，了解情绪引发的事件，讲述你对该事件的真实看法，了解究竟是哪些认知导致你的情绪与行为反应，找出在你对事件的认知过程中哪些想法是不合理的，哪些是合理的，最终帮助你纠正不合理的认知，达到调控情绪的目标。

表格填写范例：

| A. 情绪事件<br>当时发生了什么事？ | B. 认知<br>我是如何看待此事的？ | C. 当时的反应<br>我的情绪怎样？我都做了些什么？ |
|---|---|---|
| 女朋友约会迟到 | 不合理：<br>她老是这样，总是故意迟到，下次我也迟到给她看 | 不合理：<br>愤怒、伤心 |
| | 合理：<br>可能她太忙了，或者有其他更重要的事情耽搁了 | 合理：<br>可以理解她，罚她请客 |

资料来源：谭华玉，马利军.大学生心理健康教育——积极心理学的运用[M].广州：华南理工大学出版社，2020：167-168.有改动.

### (二) 人们回避消极情绪的原因

人们总是会低估他们之前经历的积极事件的次数和强度,却能够常常记起他们经历的消极事件。而且相比增强积极感受的能力,人们有着更多方法来减少、消除和容忍消极情绪[1]。了解人们回避消极情绪的原因有助于我们更好地应对和处理这些情绪,以及帮助他人有效地管理他们的情绪。人们回避消极情绪的原因通常有以下几点。

#### 1. 回避不愉快的体验

消极情绪本身就是令人讨厌、不舒服的,如悲伤、愤怒、焦虑和恐惧往往与不愉快的身体和心理体验相关联,让我们感到不安、压抑甚至痛苦,人们倾向于避免这些感受以保持心理舒适。但实际上,消极情绪并没有多数人想得那么难受,我们都经历过愤怒和恐惧两种情绪的感觉,但这些感觉过去了也就消失了,再说起,我们并没有这两种感觉。

#### 2. 效能感的缺失

有时候,我们相信这些消极情绪,一旦陷进去,很难出来,当感到无法控制或改变导致消极情绪的情境时,我们可能会选择回避,以减少无能为力的感觉。比如抑郁,一般人就觉得是很难改变的状态,而且持续时间越长,就越难好转,但实际上,多数长期抑郁的人并没有陷入无法逃脱的情绪监狱,他们中很多人会在少数几次抑郁症发作后得到解脱[2]。

#### 3. 害怕消极情绪失控

很多人回避消极情绪,主要是因为害怕消极情绪会让人失去控制,进而做出一些平时不会做的事情,影响了周围人尤其是家人、同事、朋友等的心情。例如,愤怒并不会让你成为罪犯,但它确实有着惊人的影响力,如果你经常在上班时爆发怒火,那么其他人肯定会在你走过时避开你。

#### 4. 社会文化和个人经历的影响

社会文化和个人经历会影响我们对消极情绪的态度。在某些社会文化中,消极情绪可能被视为软弱或不可取的表现,这会导致我们更加倾向于回避它们,如"男儿有泪不轻弹"就让很多男士不敢轻易流泪。个人的成长经历也可能让我们形成对消极情绪的抵触心理,尤其是在童年时期受到过伤害或压抑的人,更容易对消极情绪产生恐惧和回避。

总之,回避消极情绪并不是解决问题的办法,消极情绪是我们内心的一种反应,它们能够告诉我们当前所处的状态和问题所在。如果我们一直回避它们,就无法真正面对和解决这些问题,也无法实现内心的成长和进步。因此,我们应该学会正视和处理消极情绪,找到适合自己的方式去应对它们,让自己变得更加坚强和成熟。

### (三) 消极情绪的正面价值

每个人都有情绪,有我们喜欢的、不喜欢的。判断哪些是积极情绪,哪些是消极情绪,主要是依据情绪对人产生的是促进、增力作用,还是削弱、减力作用。在一般情况下,兴奋、愉快、开心、欢乐、激动等情绪属于积极情绪,而紧张、慌乱、伤感、痛苦、生气、心悸等情绪属

---

① 托德·卡什丹,罗伯特·比斯瓦斯-迪纳.消极情绪的力量[M].王索娅,王新宇,译.杭州:浙江人民出版社,2018:53.
② 同上书,第60页。

于消极情绪。我们通常会认为,消极情绪会影响我们的学习、生活和工作,甚至影响我们的身心健康,所以,大家都希望自己是乐观的、积极向上的。但消极情绪对我们的生活就没有一点点积极的作用吗?如果消极情绪对我们的生活毫无帮助,那么在人类进化的过程中,消极情绪怎么没有消失呢?从更全面的角度来看,消极情绪也有其积极意义。

### 1. 促进改变

消极情绪往往提示我们某些方面可能需要改变,当我们情绪低落的时候,我们更能以沉着冷静的头脑和谨慎的态度去分析和判断形势,综合处理各种信息,并找出合理的解决方案,这会对我们渡过难关起到有效的帮助作用。澳大利亚的新南威尔士大学的心理研究人员对此做了大量实验。实验的结果证明,心情愉悦、情绪积极的人更为冲动,流言能够轻易取得他们的信任;而悲观、情绪低落的人对于流言的态度则更为谨慎,不会轻易相信。也就是说,消极情绪能够有效提高人的判断力[1]。可见,适度的消极情绪有时会让我们在决策时更加审慎,深入思考问题的本质,考虑到各种可能的风险和后果,而不是草率作出决定。这也就表明,适度的消极情绪能够帮助我们改变现状,取得新的进步。

### 2. 更加注重细节

研究人员发现,当志愿者的情绪处于消极、低落的状态时,他们在讲述自己经历的事件时,能够更清楚地说出事件的细节,而且很少出错。但情绪处于兴奋状态的人不太善于陈述自己的情况,对于事件的细节印象比较模糊。这表示当人们处于消极情绪的状态时,记忆力会有所强化[2]。这就是为什么当你和爱人吵架时(一个消极事件),你甚至会发现他行为中最微小的变化,而你在心情好的时候就不会注意到这些变化。

### 3. 提高应对能力

消极情绪可以激励我们寻找解决问题的方法。例如,考前焦虑可能促使学生更加专注于眼前的状况,为即将到来的考试做准备。在某些情况下,消极情绪能激发出创造力和灵感,很多艺术家和创作者在经历情感上的低潮时创作出了伟大的作品。适当的消极情绪经历可以增强个人的适应能力,学会如何处理这些情绪之后,个体在面对未来挑战时会变得更加坚韧。同时,消极情绪会及时提醒个体状况异常,要立刻纠正。比如,当个体感到不满时,这种不满情绪可能激发个体去寻找新的机会或改善现状。

### 4. 增强同理心

同理心又被称为"共情",是指个体站在他人立场,设身处地替他人着想的能力。经历消极情绪能让人更容易理解和同情他人的痛苦,这有助于建立更紧密的人际关系和社会联系。同时,消极情绪的存在使得积极情绪更加明显和令人珍惜,没有对比,就难以体会到快乐的真正价值。

总之,虽然消极情绪通常不受欢迎,但它们是人类情感的一部分,对个人和社会都有其独特的作用。在日常生活中,确实有一些人因为消极情绪的影响而堕落,比如说,有人因为嫉妒而去陷害他人,有人因为过度焦虑而伤害自己,还有人因为失败而自暴自弃,但有些人能够用适度的消极情绪去努力改善现状、改变自己。所以,消极情绪未必不能发挥积极作

---

① 王小军. 情绪心理学[M]. 北京:西苑出版社,2020:140.
② 同上。

用,关键在于学会如何平衡和管理这些情绪,以便我们能够从中受益,而不是被它们控制。

## 二、消极情绪的自我调适策略

中医说喜伤心、怒伤肝、思伤脾、忧(悲)伤肺、恐(惊)伤肾,可见中医很早就重视人的情绪与健康的关系。当人情绪变化时,往往伴随着生理变化。虽然消极情绪本身并不一定是有害的,但长期处于消极情绪状态显然对健康不利。因此,我们需要学会对消极情绪进行管理,让它们发挥正面价值。如果通过调适,将负面情绪转化为积极的力量,则对我们身心健康都会有很大帮助。

### (一) 调整认知方式

有这样一个笑话:三个人去抽签,他们都抽到了下下签。第一个人抽完了以后很难过,回去在家里休养了二十多天才慢慢恢复过来。第二个人抽完之后直接就把下下签扔出去,重新抽。第三个人抽完说:"怪不得我最近老倒霉了,原来是这个原因,今天抽完了以后就会好了。"同样是下下签,为什么三个人的感受会如此不同呢? 根据情绪 ABC 理论,就是这三个人对下下签的认识不同。其实,世界上任何事情都是一分为二的,没有绝对的好与坏,关键是人们站在哪个角度来看。抽到下下签,第三个人从积极的角度看,看到希望,第一个人从消极的方向看,只能看到失望。因此,遇事多往积极方面想,这样即使身处困境,也会具备乐观的思维模式,把挫折当成历练,选择迎难而上。

### (二) 接受自己的情绪

首先,要识别自己的情绪,明确自己当前处于消极情绪状态。其次,接纳自己的情绪,理解消极情绪的出现是正常现象,避免压抑或否认它们,因为消极情绪宜疏不宜堵。接着,直面情绪,正确察觉内心的声音,冷静思考,找到产生消极情绪的原因。只要能够清晰地看待事情,识别原因,问题就已解决了一半。我们要成为自己情绪的主人,而不是让消极情绪一直困扰自己。

### (三) 转移注意力

我们往往因为遇到了自己难以解决的问题而深陷情绪危机。面对一个暂时无法解决的问题,最有效的方法就是把注意力先从这个问题上转移出去,而且以一种长期来看也不会让事情变糟的方式。你可以列一张能够分散和转移注意力的活动清单,让自己从情绪中跳出来。因为在某种程度上,哪怕是处于极端情绪化状态当中,分散注意力也能让自己感觉好受些,哪怕只是暂时的[①]。比如去散步、听音乐、看电影等,让自己从消极情绪中暂时抽离出来。

---

① 谢里·范·狄克.高情商是练出来的:美国大学里的高情商训练课[M].程静,译.北京:北京联合出版公司,2017:151-152.

知识链接 3-3　　白熊效应

白熊效应又称反弹效应或白象效应,是社会心理学家丹尼尔·魏格纳(Daniel Wegner)在实验中发现并命名的一个心理学概念。

魏格纳要求实验参与者尝试不要想象一只白色的熊,结果发现人们的思维出现强烈反弹,大家很快在脑海中浮现出一只白熊的形象。白熊效应说明当个体试图压制某种想法时,大脑会不断检查自己是否真的停止了那种想法,反而加深了对那种想法的关注。比如,失眠的人努力让自己不要想事情,结果大脑反而更加兴奋,没有睡意。

白熊效应揭示了人类思维的复杂性和不可控性,在情绪管理领域具有重要意义,提示人们在面对负面情绪时,应采用更加温和的接纳和转移注意力的方法,而不是强行压制。

拓展阅读 3-5

### 转移注意力的技巧

二维码中的内容是一个分散和转移注意力的清单,其中也许有一种或几种能帮你将注意力从面临的问题和自己的感受上转移开。请你拿出手机或拿一张纸,为自己量身打造一张类似的清单并且随身携带,每当情绪危机出现时,就利用它帮助自己转移注意力。

转移注意力
的技巧

### (四) 合理宣泄

心中的不快一定要发泄出来,在生活中难免有不如意的事情,生气、苦恼也无可厚非,只是如果一直在这种生气的情绪中,身体精神都会备受折磨,有百害而无一利。这时,与亲朋好友倾诉是个好方法,他们的支持和理解能给你带来很大的安慰。最重要的是,要学会自我解脱,如反省一下自己生气的原因,是习惯逃避还是不想面对现实,生气不如争气,调整心态,积极面对问题,相信自己可以做得更好。如果不好意思开口和别人说,或者怕说了让人笑话,可以找个陌生人宣泄,也可以找个没有人的地方自言自语地叨咕一阵,可以想哭就哭,什么解恨说什么。此外,还可以掌握一些舒缓消极情绪的方法,尝试进行深呼吸或冥想,这有助于放松身心,减少焦虑和压力。

此外,还可以借物宣泄。当你受了委屈或屈辱后,可以回到家关起门来用力捶打你的被子、枕头,待捶打到累了时,你会觉得心里轻松了许多;也可以把毛绒玩具举过头顶,然后用力摔到床上,这样做也挺出气的。总之,我们要学会及时化解不良情绪,使自身的精神堤坝坚不可摧。

### (五) 识别情绪的引爆点

在日常生活中,当我们说"那个人让我很生气""那首歌令我很悲伤""这件事让我很内疚"时，就可以说是触到情绪的引爆点。情绪的引爆点可以分为外部引爆点和内部引爆点。外部引爆点由外部触发，如交通堵塞、阴雨绵绵、疾病或死亡等，是客观发生的事情；内部引爆点由内部触发，来自内心世界，如回忆、想法、感受等，是个体主观的臆想和判断，缺少客观的依据。往往是这些没有依据的内部引爆点，让我们的情绪与现实脱节，失去控制。

如果我们能够识别情绪的引爆点，就能够更好地管理它们以及它们可能引发的情绪，对情绪失控防患于未然。外部引爆点相对容易识别，内部引爆点要通过对自己的想法和感受进行观察，客观地把握自己在意的事情及思考的习惯，让自己摆脱原来的想法和感受，牢记回忆、想法和感受仅仅是回忆、想法和感受，并不是事实。

到底我们该怎么做才能远离负面情绪，让自己在遇到问题的时候保持积极的心态呢？这里，我们先分享一个简单的方法：紫色手环法。这个方法最早是由威尔·鲍温（Will Bowen）在《不抱怨的世界》一书中提到的，非常简单也非常有效。首先，将一个紫色手环戴在你的手腕上，当然，如果你不喜欢紫色，也可以选择其他颜色。记录戴上手环的日期，接着，当你发现你正在抱怨、讲闲话或批评别人时，就把手环移到另一只手上，并重新开始记录天数，直到完成 21 天不换手，也就是 21 天不抱怨的目标[①]。记住，消极情绪管理是一个持续的过程，需要耐心和实践摸索，找到适合自己的方式。相信消极情绪只是生活的一小部分，在其余的时间里，尽量让自己情绪平稳。

当然，如果深陷消极情绪而难以自我调节时，主动寻求心理咨询师的帮助是一个明智的选择。相比于家人或朋友的支持，他们的帮助更具专业性和有效性。

## 📝 本章要点重述

1. 情绪是有机体反映客观事物与主体需要之间关系的态度体验。情绪是一种多成分的复合心理现象，主要由主观体验、外部表现和生理唤醒三个成分构成。

2. 根据不同分法，情绪可以分为基本情绪与复合情绪、积极情绪与消极情绪等几种。情绪状态一般分为心境、激情和应激。情绪的功能有适应功能、动机功能、组织功能和信号功能。

3. 情商是情绪智力商数的简称，是情绪智力的一个量化指标。情绪智力通常包括五类能力，分别是认识自己情绪的能力、管理自己情绪的能力、自我激励的能力、识别他人情绪的能力、处理人际关系的能力。

4. 乐观被认为是幸福之源，因为乐观的人保持着积极的心态，有更好的人际关系，能更好地享受生活。

5. 心流是一种经由全神贯注产生的积极心理体验，是以积极情绪为主的全身心投入带来的一种状态，包括愉悦、兴趣、忘我以及兴奋、充实等情绪，是一种美妙的、复合型的情绪体验。个体可以通过明确目标、即时反馈、挑战与能力匹配、全神贯注以及忘我的状态来获得心流体验。

---

① 杨昊.不抱怨的世界真美[J].工友，2022(2)：44-45.

6. 增进积极情绪体验的方法包括：培养乐观心态、保持健康的生活方式、与他人建立融洽关系、追求个人兴趣和爱好以及活在当下等。

7. 情绪 ABC 理论由心理学家艾利斯提出。他认为，人的情绪不是由某一诱发事件本身引起的，而是由经历这一事件的人对这一事件的解释和评价引起的。

8. 人们之所以回避消极情绪是因为回避不愉快的体验、效能感的缺失、害怕消极情绪失控、社会文化及个人经历的影响等。消极情绪的正面价值主要包括促进改变、更加注重细节、提高应对能力、增强同理心等。消极情绪的自我调适策略有调整认知方式、接受自己的情绪、转移注意力、合理宣泄、识别情绪的引爆点等。

## 学习游乐场 3

### 情 绪 传 递

**一、游戏目的**

通过游戏帮助学生识别、表达和管理自己的情绪。

**二、游戏准备**

教师提前在小纸片或卡片上写下各种表示情绪的词语，如快乐、悲伤、愤怒、惊讶等。

**三、游戏步骤**

1. 分组：将学生分成若干小组，每组 4～6 人。

2. 情绪选择：每组随机抽取一张情绪卡片，并记住该情绪。

3. 情绪表达：组员轮流用肢体语言、面部表情或声音来表达他们抽到的情绪，而其他组的组员则尝试猜测这种情绪。

4. 讨论与反思：在每个小组完成后，进行简短讨论，让参与者分享在表达和猜测情绪时的感受，以及如何在日常生活中识别和管理这些情绪。

**四、游戏总结**

在游戏结束后，教师引导学生理解不同人对同一种情绪的不同表达方式，强调情绪管理的重要性，并鼓励学生经常反思自己的情绪管理技巧。

## 心理测试 3

### 测测你的情商是多少[①]

这组测试题共 33 题，测试时间为 25 分钟。

**第 1—9 题：在下面的问题中，每一题请选择一个和自己最切合的答案。**

1. 我有能力克服各种困难：_____

　A. 是的　　　　　　　　B. 不一定　　　　　　　　C. 不是的

2. 如果我能到一个新的环境，我要把生活安排得：_____

————

① 丹尼尔·戈尔曼.情商：从"情商更重要"到如何提高情商[M].杨春晓，译.北京：中信出版社，2018：417-422.

A. 和从前相仿          B. 不一定          C. 和从前不一样

3. 一生中,我觉得自己能达到我预想的目标:_____

A. 是的          B. 不一定          C. 不是的

4. 不知为什么,有些人总是回避或冷淡我:_____

A. 不是的          B. 不一定          C. 是的

5. 在大街上,我常常避开我不愿打招呼的人:_____

A. 从未如此          B. 偶尔如此          C. 有时如此

6. 当我集中精力工作时,假如有人在旁边高谈阔论:_____

A. 我仍能专心工作          B. 介于A与C之间          C. 我不能专心且感到愤怒

7. 我不论到什么地方,都能清楚地辨别方向:_____

A. 是的          B. 不一定          C. 不是的

8. 我热爱学的专业和从事的工作:_____

A. 是的          B. 不一定          C. 不是的

9. 气候的变化不会影响我的情绪:_____

A. 是的          B. 介于A与C之间          C. 不是的

**第10—16题:请如实回答下列问题,将答案填入右边横线处。**

10. 我从不因流言蜚语而生气:_____

A. 是的          B. 介于A与C之间          C. 不是的

11. 我善于控制自己的面部表情:_____

A. 是的          B. 不太确定          C. 不是的

12. 在就寝时,我常常:_____

A. 极易入睡          B. 介于A与C之间          C. 不易入睡

13. 有人侵扰我时,我:_____

A. 不露声色          B. 介于A与C之间          C. 大声抗议,以泄己愤

14. 在和人争辩或工作出现失误后,我常常感到震颤、精疲力竭,而不能继续安心工作:
_____

A. 不是的          B. 介于A与C之间          C. 是的

15. 我常常被一些无谓的小事困扰:_____

A. 不是的          B. 介于A与C之间          C. 是的

16. 我宁愿住在僻静的郊区,也不愿住在嘈杂的市区:_____

A. 不是的          B. 不太确定          C. 是的

**第17—25题:在下列问题中,每一题请选择一个和自己最切合的答案。**

17. 我被朋友、同事起过绰号挖苦:_____

A. 从来没有          B. 偶尔有过          C. 这是常有的事

18. 有一种食物使我吃后呕吐:_____

A. 没有          B. 记不清          C. 有

19. 除去看见的世界外,我的心中没有另外的世界:_____
　　A. 没有　　　　　　　　B. 记不清　　　　　　　　C. 有

20. 我会想到若干年后有什么使自己极为不安的事:_____
　　A. 从来没有想过　　　　B. 偶尔想到过　　　　　　C. 经常想到

21. 我常常觉得自己的家庭对自己不好,但是我又确切地知道他们的确对我好:_____
　　A. 否　　　　　　　　　B. 说不清楚　　　　　　　C. 是

22. 每天我一回家就立刻把门关上:_____
　　A. 否　　　　　　　　　B. 不清楚　　　　　　　　C. 是

23. 我坐在小房间里把门关上,但仍觉得心里不安:_____
　　A. 否　　　　　　　　　B. 偶尔是　　　　　　　　C. 是

24. 当一件事需要我做决定时,我常觉得很难:_____
　　A. 否　　　　　　　　　B. 偶尔是　　　　　　　　C. 是

25. 我常常用抛硬币、翻纸、抽签之类的游戏来预测吉凶:_____
　　A. 否　　　　　　　　　B. 偶尔是　　　　　　　　C. 是

　　**第26—29题**:下面各题,请按实际情况如实回答,回答"是"或"否"即可,在你选择的答案上打"√"。

26. 为了工作我早出晚归,早晨起床时我常常感到疲惫不堪:是　　否
27. 在某种心境下,我会因为困惑陷入空想,将工作搁置下来:是　　否
28. 我的神经脆弱,稍有刺激就会使我战栗:是　　否
29. 睡梦中,我常常被噩梦惊醒:是　　否

　　**第30—33题**:本组测试共4题,每题有5种答案,请选择与自己最切合的答案,在你选择的答案上打"√"。答案标准如下:**1.**从不;**2.**几乎不;**3.**一半时间;**4.**大多数时间;**5.**总是。

30. 工作中,我愿意挑战艰巨的任务。1　2　3　4　5
31. 我常发现别人好的意愿。1　2　3　4　5
32. 我能听取不同的意见,包括对自己的批评。1　2　3　4　5
33. 我时常勉励自己,对未来充满希望。1　2　3　4　5
扫描二维码查看情商分析提示与说明。

情商测试分析
提示与说明

## 课后练习

**一、单项选择题**

1. 当人们经历海啸、洪灾等意外事件时,出现的高度紧张、极其焦虑的情绪状态是(　　)。

A. 心境　　　　　B. 应激　　　　　C. 情感　　　　　D. 激情

2. "欣喜若狂""暴跳如雷"等强烈而短暂的情绪状态是（　　　）。

A. 心境　　　　　B. 应激　　　　　C. 情感　　　　　D. 激情

3. 关于情绪管理，以下哪项描述是错误的？（　　　）

A. 情绪管理是指识别、理解并调整自己的情绪状态。

B. 情绪管理是指完全控制自己的情绪，避免出现消极情绪。

C. 情绪管理可以帮助我们更好地应对生活中的挑战。

D. 情绪管理包括调整自己的思维方式和行为模式。

4. 当你感到愤怒时，以下哪种调整方法是不推荐的？（　　　）

A. 进行深呼吸和冥想，尝试冷静下来。

B. 尝试从他人的角度看待问题，理解对方的立场。

C. 压抑自己的愤怒，避免表达出来。

D. 寻找适当的方式来发泄自己的愤怒，如进行体育运动。

5. 关于积极情绪的体验，以下哪项描述是正确的？（　　　）

A. 积极情绪是指感到愉悦、满足和兴奋的情绪状态。

B. 积极情绪是指感到消极、沮丧和焦虑的情绪状态。

C. 积极情绪只能通过外部的刺激来引发，无法主动产生。

D. 积极情绪是一种不稳定的情绪状态，很难维持。

## 二、多项选择题

1. 情商是情绪智力商数的简称，是情绪智力的一个量化指标。情绪智力通常包括（　　　）。

A. 认识自己情绪的能力　　　　　　B. 管理自己情绪的能力

C. 自我激励的能力　　　　　　　　D. 识别他人情绪的能力

E. 处理人际关系的能力

2. 增进积极情绪体验的方法包括（　　　）。

A. 培养乐观心态　　　　　　　　　B. 保持健康的生活方式

C. 与他人建立融洽关系　　　　　　D. 追求个人兴趣和爱好

E. 活在当下

3. 消极情绪的正面价值主要包括（　　　）。

A. 忽略细节　　　B. 促进改变　　　C. 更加注重细节　　D. 提供应对能力

E. 增强同理心

4. 消极情绪的自我调整策略有（　　　）。

A. 调整认知方式　　　　　　　　　B. 接受自己的情绪

C. 转移注意力　　　　　　　　　　D. 合理宣泄

E. 识别情绪的引爆点

5. 面对消极情绪时，正确的调节方式有（　　　）。

A. 暴饮暴食　　　B. 疯狂购物　　　C. 打架斗殴　　　D. 打球跑步

E. 唱歌跳舞

### 三、判断题

1. "怒发冲冠""火冒三丈"等情绪状态是心境。 （　　）

2. 心流是一种经由全神贯注产生的积极心理体验，是以积极情绪为主的全身心投入带来的一种状态，包括愉悦、兴趣、忘我以及兴奋、充实等情绪，是一种美妙的、复合型的情绪体验。 （　　）

3. 情绪ABC理论由心理学家艾利斯提出。他认为，人的情绪不是由某一诱发事件本身引起的，而是由经历这一事件的人对这一事件的解释和评价引起的。 （　　）

扫描二维码查看课后练习答案。

第三章课后
练习答案

## 推荐阅读书目

1. 彭凯平. 生活中的情绪心理学：来自内心深处的福流[M]. 北京：清华大学出版社，2024.

2. 傅小兰等. 情绪心理学：研究与应用[M]. 上海：华东师范大学出版社，2023.

3. 米哈里·契克森米哈赖. 发现心流：日常生活中的最优体验[M]. 陈秀娟，译. 北京：中信出版社，2018.

4. 丹尼尔·戈尔曼. 情商：从"情商更重要"到如何提高情商[M]. 杨春晓，译. 北京：中信出版社，2018.

5. 托德·卡什丹，罗伯特·比斯瓦斯-迪纳. 消极情绪的力量[M]. 王索娅，王新宇，译. 杭州：浙江人民出版社，2018.

# 遇见更好的自己
## ——人格及其完善

　　哲学家戈特弗里德·威廉·莱布尼茨（Gottfried Wilhelm Leibniz）说："天地间没有两片完全相同的树叶。"同理，天地间也绝没有两个完全相同的人，人与人之间的差异不仅表现在身高、体重等生理特征方面，还表现在人格特征方面。在日常生活中，我们可以明显地观察到人们的人格差异，如：有的人内向安静，喜欢独处；有的人外向活泼，擅长社交；有的人心态平和，行事稳健；有的人时常感到紧张和焦虑。临床心理学的大量研究发现，人格与心理健康之间联系非常紧密。具备积极的人格特质，如自信、乐观、热情等，有助于促进个体的心理健康。相反，具有消极的人格特征，如自卑、偏激、冷漠等，则可能会对心理健康构成威胁。因此，注重培养健全的人格，对于维护心理健康至关重要。

## 学习目标

　　学完本章后，你应该能够做到：

◆ 解释人格、健全人格及人格偏差的含义
◆ 描述健全人格者的特点
◆ 了解一些常用的人格测验
◆ 明确如何正确对待和使用人格测验
◆ 掌握健全人格的培养路径
◆ 培养积极的人格品质

遇见更好的自己——人格及其完善

人格差异面面观——人格概述

人格的界定

人格的特点

自然性与社会性的统一

独特性与共同性的统一

稳定性与可变性的统一

独立性与整体性的统一

人格的结构

气质

性格

信不信与准不准——人格测验

什么是人格测验

常用人格测验介绍

自陈量表

投射测验

正确对待和使用人格测验

正确地对待人格测验

科学地使用人格测验

人格的毕生发展——健全人格的培养

健全人格的内涵与特征

人格发展的偏差及表现

自卑与自负

抱怨

狭隘

过度焦虑

健全人格的培养路径

建立积极的自我概念

增强情绪管理能力

磨砺顽强的意志品质

构建良好的人际关系

保持乐观的人生态度

## 梁启超的挚爱家书

梁启超不仅是中国近代史上的百科全书式学术巨匠和启蒙思想家,还是一位优秀的教育家和成功的父亲。《宝贝,你们好吗?》是山西人民出版社 2012 年出版的图书。书中收录了梁启超写给子女的 400 余封书信,内容涉及子女的学业、职业、交友、恋爱、健康、理财等问题[①]。这些书信既充满着温暖的父爱,又蕴含着深明通达的思想智慧,同时闪耀着"人格教育"的理论光辉,对子女的成长极有帮助。梁启超的家书与曾国藩、傅雷的家书并称 20 世纪中国"三大家教典范文本"。

梁启超的每封家书都没有教训式的话语,也没有居高临下的严父姿态,而是跟子女娓娓道来,大到事业人生,小到穿

梁启超(1873—1929)

衣吃饭,事无巨细,无不关怀备至。在表达浓浓亲情的字里行间,他以和风细雨的方式,润物无声地向子女们传播着"少年强则中国强"的理念,让子女们从小就树立起"中华兴亡,匹夫有责"的济世思想;他用绵绵不绝的慈爱和饱含家国情怀的大义担当,培育着孩子们拳拳爱国热情、强烈的社会责任感、坚韧不拔的意志品质、乐观向上的精神风貌和正确的人生观,引导每个孩子在心灵深处筑起了一座坚不可摧的人格长城。

在梁启超的教育下,他的孩子们虽然性格和人生境遇各不相同,但都拥有回报社会的爱国之情,自强不息,顺境不惰,逆境不馁,最终在各自的领域取得了令人瞩目的成就,创造了"一门三院士,个个皆俊才"的家教传奇。梁启超的孩子们无一例外地成为国家各领域的栋梁,这既与他们自身的勤奋努力相关,也离不开梁启超厚重而深沉的父爱和平时潜移默化的细细叮咛。梁启超写给子女的 400 余封家书把家庭教育的职责诠释得淋漓尽致,那就是:家庭教育的主要任务是培养孩子健全的人格,使孩子学会做人。健全人格的养成教育在孩子一生的发展过程中起着奠基作用,决定着孩子未来能抵达的高度。

俗话说,多高的墙多深的基,根基不牢,地动山摇。建筑如此,人格对人的影响亦如此。如果将一个人比作一座建筑物,那么人格就是这座建筑物的地基,地基决定着这座建筑物能建成高耸入云的摩天大厦还是低矮的简易平房。毫不夸张地说,人格影响着我们生活的方方面面,如学习、工作、恋爱、婚姻、家庭、身心健康等,即影响个体的人生命运。那么,到底什么是人格?如何对人格进行评估?怎样培养健全的人格?在这一章里,我们将探讨这些问题。

---

① 穆卓.宝贝,你们好吗?:梁启超爱的教育·给孩子们的 400 余封家书[M].太原:山西人民出版社,2012.

**人格差异面面观——人格概述**

一提起中国名著,人们马上就会想到《水浒传》《红楼梦》《西游记》《三国演义》,同时大部分人都能描述作品中各具风采的人物形象,如:林冲的隐忍与谨慎,李逵的耿直与鲁莽;宝玉的多情与叛逆,黛玉的聪慧与孤傲;悟空的机智与果敢,八戒的憨厚与懒惰;曹操的多谋与奸诈,关羽的勇猛与忠诚……一个个栩栩如生的人物形象能够流传数百年,是因为他们各自都具有独一无二的特质。这种独特性正是心理学家长期关注和研究的人格差异,也是现实生活中每个人都非常感兴趣的话题。

## 一、人格的界定

人格是一个含义极为丰富的概念,现代汉语中的"人格"在不同学科领域有不同的解读。"某某人格高尚,某某人格卑鄙",是从道德的角度对一个人的操守进行评价;"公民的人格尊严不受侵犯",则是从法律的层面确认保障公民的权利。这些说法与心理学上人格的内涵相去甚远。

心理学中的"人格"(personality)一词来源于拉丁文"persona",最初意指舞台上演员佩戴的面具,它代表了演员在戏里扮演的角色与身份,类似于我国京剧表演中根据剧情需要画的脸谱(见图4-1),如红脸代表忠勇、白脸代表奸邪、黑脸代表耿直。心理学沿用这个词,但包含两个层面的意思。一是指一个人在人生舞台上表现出来的种种言行,即人遵从社会文化习俗的要求而做出的反应。也就是说人格具有的"外壳",就像舞台上根据角色要求戴的面具,表现出一个人外在的人格品质。二是指一个人由于某种原因不愿展现的人格成分,即面具后的真实自我,这是人格的内在特征。

**图4-1 京剧脸谱示例**

人格的内涵在心理学界一向缺乏统一的共识,不同的心理学家由于各自的研究方向不同,其对人格的界定存在明显的差异,可谓众说纷纭,各执己见,至今没有一个公认的定义。例如,人格心理学家戈登·威拉德·奥尔波特(Gordon Willard Allport)曾于20世纪30年代就发现在诸多心理学著作中竟有近50个不同的人格定义,他自己将人格定义为"个体内部决定其特征行为和思想的心理物理系统的动态组织"①。到了 20 世纪 90 年代,学者还在争论人格的内涵与本质,劳伦斯·A. 普汶(Lawrence A. Pervin)指出,人格是个体认知、情感及行为过程中的复杂组织,它赋予个人生活的倾向性和一致性,像身体一样,人格包括结构与过程,并且反映着天性(基因)和教养(经验)的共同作用。我国学者黄希庭和郑涌认为,人格是一个人的才智、情绪、愿望、价值观和习惯的行为方式的有机整合,它赋予个人适应环境的独特模式,这种知、情、意、行的复杂组织是遗传与环境交互作用的结果,包含着一个受过去影响以及对现在和将来的建构②。

　　综合中西方学者的观点,可以将人格界定为:构成一个人的思想、情感及行为的特有的统合模式,这个独特的模式包含了一个人区别于他人的稳定而统一的心理品质。通俗地说,人格就是让个人在不同情境中和不同时期都保持一贯的心理品质。确实,人格是一个具有丰富内涵的概念,也是一个复杂的组织或系统,它存在于(自)己而区别于(别)人,"蕴蓄于中,形之于外"可以作为人格的最好概括。在一些心理学书中,经常运用"个性"一词表达人格的概念,如《中国大百科全书·心理学》中就有"人格即个性"的提法。

## 二、人格的特点

　　虽然恰当的、统一的、有严格界定的人格定义在心理学文献中很难找到,但对人格以下几个方面特点的分析,却得到了大多数心理学家的认同。

### (一)自然性与社会性的统一

　　人格是在先天遗传的自然素质基础上,通过后天的学习、教育与环境的作用逐渐形成的。因此,人格首先具有自然性。人们与生俱来的感知器官、运动器官、神经系统和大脑在结构与机能上的一系列特点,是人格形成的物质基础与前提条件。大量的遗传学研究表明,人格的发展受遗传因素的影响。2002 年,基因学家在实验中取得大量的证据证明:人体有特定的基因控制着如焦虑和抑郁等情绪。但个体的人格并不单纯是自然的产物,它总是要深深地打上社会的烙印。刚刚出生的婴儿作为一个自然的实体,还谈不上有人格。

　　人格是在个体生活过程中逐渐形成的,它在很大程度上受社会文化、教育教养内容和方式的塑造。可以说,每个人的人格都打上了他所处社会的烙印,即是个体社会化的结果。正如马克思(Marx)所说:"'特殊的人格'的本质不是人的胡子、血液、抽象的肉体的本性,而是人的社会特质。""人的本质并不是单个人所固有的抽象物,实际上,它是一切社会关系的总和。"由此可见,人格是遗传因素与社会因素交互作用的结果,是自然性与社会性的统一。

### (二)独特性与共同性的统一

　　地球上没有两个指纹完全相同的人,也没有两个心理特征完全一样的人。每个人都有不同于他人的心理特点,每个人都以自己独特的思维方式与行为习惯来适应周围的环境。

① 杰斯·费斯特,格雷戈里·J. 费斯特,托米-安·罗伯茨. 人格理论:从心理动力学理论到学习-认知理论(第 9 版)[M]. 徐说,译. 北京:人民邮电出版社,2023:319.
② 黄希庭,郑涌. 心理学导论(第 3 版)[M]. 北京:人民教育出版社,2015:586.

例如,有的人粗枝大叶,有的人细致入微;有的人坚毅果断,有的人犹豫不决等。所谓"人心不同,各如其面"即是对人格独特性的描述,独特性是人格最显著的特征。

然而,强调人格的独特性,并不是排除人格的共同性。人格的共同性是指某一群体、某个阶层或某个民族在一定的群体环境、生活环境、自然环境中形成的共同的典型的心理特点。比如什么事物令人感到美的欢愉、什么东西令人厌恶、什么原因引起悲伤,处在共同文化背景下的人们对这些情境会做出相似的反应。当然,某些行为准则对全人类都同样适用。正是人格具有的独特性和共同性才组成了一个人复杂的心理面貌。但从整体上来讲,每个人的人格都是独一无二的。

### (三) 稳定性与可变性的统一

人格是一个人内在的比较稳定的心理特征,偶尔的和一时的某种心理现象,不能代表一个人的人格,只有那些一贯的、经常且持久出现的心理特征,才能反映一个人的人格。这种稳定性从时间上讲就是始终一贯性,从空间上讲就是前后一致性。例如,一个性格内向的中学生,他不仅在老师面前表现得三缄其口,在参与同学们的活动时也比较沉默寡言;他在中学时如此,大学时大致也是如此,毕业工作几年后同学聚会时,他还是如此。俗话说"江山易改,禀性难移","禀性"就是指人格特点来说的。正是那些惯常的行为方式才有可能使我们对一个人的未来行为做出具有一定准确性的预测(见案例4-1)。

---

**案例 4-1　空城计**

山东潍坊杨家埠木版年画《空城计》

空城计是《三国演义》最为著名的计谋。

诸葛亮出兵汉中伐魏,不料连失街亭、列柳城两个军事咽喉要地。诸葛亮见形势严峻,急忙安排全军撤退。这时魏国骠骑大将军司马懿带领精兵十五万直奔诸葛亮所在西城而来,诸葛亮身边别无大将,只有一班文官和二千五百名军士,众官听到这个消息,都大惊失色。诸葛亮传令:诸军将旌旗全部收藏,各守城上岗棚,不准走动和高声说话;大开四门,每一门用二十个军士,扮作百姓,清扫街道,如魏军到来,不可惊慌妄动。司马懿带领军队来到城下,只见诸葛亮稳坐城楼之上,身披鹤氅,头戴纶巾,笑容可掬,焚香抚琴。左有一童子,手捧宝剑;右有一童子,手执拂尘。城门内外,有二十余百姓,低头洒水扫街,旁若无人。

司马懿大生疑惑,他的儿子司马昭说:"莫非诸葛亮身边无重兵,故作此态?"司马懿说:"诸葛亮平生谨慎,从来不做冒险的事。眼下大开城门,必有埋伏。我军若进城,就中其计,宜速退兵!"于是魏军尽皆退去。诸葛亮抚掌而笑,众官无不由衷叹服诸葛丞相的胆略与智谋。

当然,强调人格的稳定性并不意味着它在人的一生中是一成不变的,人格的稳定性是与人所处的环境、身体状况等密切相关的。例如,一个热情乐观的人由于巨大的挫折或严重的疾病而变得郁郁寡欢,这种现象可以在生活或工作情境中被观察到。因此,人格的稳定性是相对的,随着环境的改变或本人主观的努力,人格也是可以改变的(见知识链接 4-1)。

### 知识链接 4-1　　"历史的终结"错觉

2013 年,三位心理学家——乔迪·奎德巴赫(Jordi Quoidbach)、丹尼尔·T.吉尔伯特(Daniel T. Gilbert)和蒂莫西·D.威尔逊(Timothy D. Wilson)在《科学》(Science)杂志上发表了一项研究成果。他们对超过 19 000 名年龄从 18 岁到 68 岁的参与者进行人格、价值观和偏好的测量,并要求这些参与者报告过去十年的变化程度和/或预测未来 10 年的变化程度。结果显示,无论是年轻人、中年人还是老年人,都认为自己在过去发生了很多变化,但未来的变化会相对较少。例如,当一个 40 岁的人回顾过去时,他会说:"我的人格、价值观还有爱好都发生了很多变化。"但当一个 30 岁的人展望未来时,他会说:"我并不认为这些方面会有太大改变"。人们似乎将现在视为一个分水岭,总是倾向于认为过去的经历已经完成了对自己的塑造,而 10 年后的自己与现在相比变化不大,即成长的过程到现在为止已经差不多完成了。然而,该研究显示,这种看法与事实并不相符。事实上,人们一直在变化,未来唯一确定的也就是变化。三位心理学家将这种习惯性低估未来变化的倾向称为"历史的终结"错觉。

吉尔伯特指出,这种误判可能会对生活带来现实的影响。在面临很多人生选择的时候,它有可能扭曲我们做出重要决策的判断。不过,"历史的终结"错觉也提醒人们,一个人的过去并不能决定其未来,这一点既可以让人感到宽慰,也可能令人感到担忧。如果我们对未来持有一种乐观的态度,积极地接受变化而不是逃避,努力培养与时俱进的能力,我们就能更好地应对生活中的挑战,并创造出属于自己独一无二的生命华章。

资料来源:Jordi Quoidbach, Daniel T. Gilbert, Timothy D. Wilson. The End of History Illusion[J/OL]. Science, 2013, 339(6115):96 - 98. https://www.science.org/doi/10.1126/science.1229294[2024-03-25].有改动.

### (四)独立性与整体性的统一

人格由许多成分和特质构成,某一种成分或特质是相对独立的,如:某人暴躁,某人平和;某人活泼,某人稳重;某人自信,某人自卑;某人善于合作,某人喜欢竞争等。我们可以根据人格的某一特质大致了解某人对特定情境的反应。

但组成人格的各种成分和特质在个体身上并不是孤立存在的,而是互相制约、互相影响、互相联系的一个有机整体。可以说整体性是人格的一个重要特性,它不是简单的"总和",而是一种整合(综合)的结果。这一整体的综合水平,决定着人格发展的高度,甚至在一定程度上也决定着一个人的命运。如果一个人在认知过程方面发展水平很高,而情感过程发展水平很低,变得智力超群而喜怒无常,其人格发展的整体水平就不可能很高。

## 三、人格的结构

人格具有复杂的结构,不同的心理学家对人格结构的观点有所不同。目前,心理学界存在两种对人格结构的理解:广义和狭义。广义的人格结构观认为,人格包括两个方面:一是人格倾向性,包括需要、动机、兴趣、理想、信念、价值观等;二是人格心理特征,包括能力、气质和性格等。狭义的人格结构观将人格简化为气质和性格的组合。当我们谈论人格时,通常是指狭义的人格结构观,即气质和性格的综合。

### (一) 气质

#### 1. 气质的含义

气质(temperament)在心理学中是一个重要概念,用来描述个体心理活动动力方面的比较稳定的特征。它包括心理活动的速度、强度、灵活性和指向性等方面的特点和差异的组合。气质与个体的遗传因素密切相关,早在个体出生时即可观察到气质方面的差异。例如,一些新生儿表现出活泼多动且哭声响亮的特点,而另一些比较安静、声音微小。研究发现,同卵双生子之间的气质特征比异卵双生子之间更为接近,即使在不同的环境下长大,他们的气质特征也有较高的相似性。因此,气质在很大程度上受到先天遗传因素的影响,但同时会受到后天环境的塑造。

#### 2. 气质类型特点及其行为表现

气质类型是由神经过程的基本特性按照一定的方式结合而成的气质结构。最早将气质进行分类的是古希腊医生希波克拉底(Hippocrates)和古罗马医生克劳迪亚斯·盖伦(Claudius Galen)。希波克拉底认为,人体内有四种基本体液:血液、黏液、黑胆汁、黄胆汁;机体的状态就决定于四种体液的混合比例。盖伦根据希波克拉底的学说,将人体内的体液混合比例用拉丁语命名为"temperamentum",这就是近代"气质"概念的来源。盖伦将人的气质分成13种,后人又将之简化为4种:胆汁质、多血质、黏液质和抑郁质。每种气质都是某种体液占优势的结果,并有特定的心理表现。把体液看作气质形成的原因和基础是缺乏根据的,故其观点的科学性受到后人的怀疑和批评。后来又有人从体形、血型、内分泌腺等方面解释气质的本质,仍然不能令人信服。

苏联生理学家伊万·彼得罗维奇·巴甫洛夫(Иван Петрович Павлов)提出了高级神经活动类型学说,用以解释不同气质类型之间的差异机制。通过大量的实验研究,巴甫洛夫发现高级神经活动的基本过程包括兴奋过程和抑制过程。两个过程的作用相反,却又相互依存和转化。这两个过程有三个基本特性,即强度、平衡性和灵活性。神经过程的强度是指个体的大脑皮层细胞经受强烈刺激或持久工作的能力;神经过程的平衡性是指个体的兴奋过程和抑制过程之间的强度是否相当;神经过程的灵活性是指个体对刺激的反应速度以及兴奋过程与抑制过程相互转换的速度。这三种特性的独特结合构成四种高级神经活动类型,即兴奋型、活泼型、安静型和抑制型。巴甫洛夫认为,神经系统的类型是气质的生理基础,兴奋型相当于胆汁质,活泼型相当于多血质,安静型相当于黏液质,抑制型相当于抑郁质(见表4-1)。

表 4-1 高级神经活动类型与气质类型对照表

| 神经过程的特征 | | | 高级神经活动类型 | 气质类型 | 气质类型的主要心理特征 |
|---|---|---|---|---|---|
| 强度 | 平衡性 | 灵活性 | | | |
| 强 | 不平衡 | | 兴奋型 | 胆汁质 | 直率、果断、热情、内心外露、心境变化剧烈、精力充沛、反应迅速、易激动 |
| | 平衡 | 灵活 | 活泼型 | 多血质 | 活泼好动、敏捷乐观、喜欢与人交往、注意力容易转移、兴趣易变更、轻率、浮躁 |
| | 平衡 | 不灵活 | 安静型 | 黏液质 | 安静、稳重、善于忍耐、脚踏实地、反应缓慢、情绪不外露、注意稳定但难以转移 |
| 弱 | | | 抑制型 | 抑郁质 | 富于联想、善于觉察他人不易觉察的细节、情绪体验深刻、孤僻、胆小、多愁善感 |

应当指出,并不是所有的人都可按照四种传统气质类型来划分,只有少数人是四种气质类型的典型代表,多数人是介于各类型的中间类型。因此,在判断某个人的气质时,并非一定要把他划归为某种类型,主要是观察和测定构成他的气质类型的各种心理特性以及构成气质生理基础的高级神经活动的基本特性。

3. 气质在实践活动中的作用

(1) 气质类型无好坏之分。气质作为人类心理活动过程表现出来的动力特点,虽然有不同的表现类型,但并没有好与坏的区别,任何一种气质类型都有优点和缺点,而且其优点和缺点几乎是相伴而生的。例如,多血质的人情感丰富、反应灵活、易接受新事物,但是情绪不稳定、精力易分散;胆汁质的人直率热情、精力旺盛、反应迅速而有力,但是脾气急躁、易于冲动、准确性差;黏液质的人安静稳重、善于自制与忍耐,但对周围事物冷淡、反应缓慢;抑郁质的人情感体验深刻而稳定、观察敏锐、办事细致认真,但过于多愁善感、行为孤僻、反应迟缓。因此,气质只能给人们的言行涂上某种色彩,但不能决定人的社会价值,与人的道德品质也无必然联系。

(2) 气质类型不能决定一个人的成就。由于气质在很大程度上受到遗传因素和神经系统活动过程的影响,所以它只是人格和能力发展的一个前提,不能决定人的成就高低,每一种气质类型的人都有可能在事业上取得成就。有研究发现,俄国四位著名文学家就是四种不同气质类型的代表。亚历山大·谢尔盖耶维奇·普希金(Александр Сергеевич Пушкин)属于明显的胆汁质,亚历山大·伊万诺维奇·赫尔岑(Александр Иванович Герцен)是典型的多血质,伊万·安德烈耶维奇·克雷洛夫(Иван Андреевич Крылов)是黏液质,尼古拉·瓦西里耶维奇·果戈理(Николай Васильевич Гоголь)则是抑郁质。四个人气质类型各不相同,并不影响他们都在文学上取得杰出的成就。在现实生活中,同样气质类型的人对社会贡献可能差别极大,而不同气质类型的人在成就上也可能相差无几。

(3) 气质类型影响人的职业适应性。虽然气质在人的各项实践活动中不起决定作用,但它会影响活动的性质和效率。例如,要求做出迅速灵活反应的工作对于多血质和胆汁质的人较为合适,黏液质和抑郁质的人则较难适应;反之,要求持久、细致的工作对黏液质和抑郁质的人较为合适,而多血质和胆汁质的人又较难适应这类工作。当然,气质类型与职业选择的关系只是相对而言的,许多职业如教师和作家,各种不同气质类型的人都可以从事,并且都能取得很好的成就。各国心理学家通过对气质类型与群体协同活动之间关系的研究发现,两个气质类型不同的人在协同活动中,比气质类型相同的两个人配合取得的成绩要好,气质特征相反的两个人合作,不仅合作效果好,而且有利于团结。

## (二) 性格

### 1. 性格的概念

"性格"这一术语来自希腊文,原意是"特征""标志""属性"或"特性"。我国心理学界比较一致的看法为:性格是指个人对现实稳定的态度以及与之相适应的习惯化了的行为方式上的心理特征。比如,一位教师在各种场合都表现得热情、谦虚、严于律己、坚毅果断、深谋远虑。这种对人、对己、对事的稳定态度和习惯化了的行为方式,就是这位教师的性格特征。

但是,在某种情况下,那种属于一时的、情境性的、偶然的表现,不能构成人的性格特征。例如,一个人在偶然的场合表现出胆怯行为,不能就此认为这个人具有怯懦的性格特征。也就是说,性格必须是经常出现的、习惯化的、从本质上最能代表一个人人格特征的那些态度和行为。例如,在案例 4-1 的"空城计"中,诸葛亮由于掌握了司马懿多疑寡断的性格,才敢于空城设疑等待援兵,而司马懿正是由于了解诸葛亮一贯谨慎的特点,才认为他不会做冒险之事。

人生来并不具有某种性格。性格是在个体后天的社会生活实践过程中逐渐形成的,同时也受到个体生物学因素的影响。与气质相比较,气质仅影响个体行为的动力特征,如速度、强度、灵活性等,与行为的内容无关,因此气质无好坏善恶之分;性格则涉及行为的内容,表现个体与环境的关系,如有的人乐于助人、有的人自私自利等,因此性格有好坏善恶之分。

世界上没有两个性格完全相同的人,只能说性格相似性的程度有大小,性格的特征是多种多样的,其组合后的特征就更多了。很明显,性格差异是最核心的人格差异。

经典名言

播下一个行动,你将收获一种习惯;播下一种习惯,你将收获一种性格;播下一种性格,你将收获一种命运!
——威廉·詹姆斯

威廉·詹姆斯(William James, 1842—1910)

### 2. 性格的结构

性格是一个十分复杂的心理特征系统,从结构上看,它包含了多个方面,并在每个个体身上形成了独特的组合。一般对性格结构的分析,着眼于性格的态度特征、性格的意志特征、性格的情绪特征和性格的理智特征四个方面。

（1）性格的态度特征。人对现实的态度体系是性格最主要的组成部分，也是性格最直接的表现。它与人的社会属性相关。具体可分为三个方面（见表4-2）。

表4-2 性格的态度特征及其主要表现

| 性格的态度特征 | 积极的特征表现 | 消极的特征表现 |
| --- | --- | --- |
| 对社会、集体、他人的态度特征 | 热爱祖国，关心社会，热爱集体，具有社会责任感与义务感，乐于助人，待人诚恳，正直等 | 不关心社会与集体，缺乏社会公德，为人冷漠、自私、虚伪等 |
| 对学习、劳动和工作的态度特征 | 认真细心，勤劳节俭，富于创新精神等 | 马虎粗心，拈轻怕重，奢侈浪费，因循守旧等 |
| 对自己的态度特征 | 严于律己，谦虚谨慎，自强自尊，勇于自我批评等 | 放任自己，骄傲自大，自负或自卑，自以为是等 |

（2）性格的意志特征。性格的意志特征是指个体在调节自己行为方式的过程中表现出来的个人特点。性格的意志特征主要表现为四个方面（见表4-3）。

表4-3 性格的意志特征及其主要表现

| 性格的意志特征 | 积极的特征表现 | 消极的特征表现 |
| --- | --- | --- |
| 对行为目的明确程度的意志特征 | 在行动前，有明确的目的；在行动过程中，有独立的见解等 | 在行动前，没有明确的目的；在行动过程中，易受他人暗示等 |
| 对行为自觉控制的意志特征 | 有自制力，行为主动等 | 行为被动，好冲动等 |
| 在长期工作或学习中表现出来的意志特征 | 持之以恒，坚忍不拔，有始有终等 | 见异思迁，半途而废，虎头蛇尾等 |
| 在紧急或困难情况下表现出的意志特征 | 勇敢、镇定、果断等 | 胆小、紧张、犹豫等 |

（3）性格的情绪特征。性格的情绪特征是指一个人在情绪活动中经常表现出来的强度、稳定性、持久性以及主导心境方面的特征（见表4-4）。

表4-4 性格的情绪特征及其主要表现

| 性格的情绪特征 | 基本内涵 | 主要表现 |
| --- | --- | --- |
| 强度特征 | 人的情绪对工作和生活的影响程度和情绪受意志控制的程度 | 有的人情绪反应强烈、明显、易受感染；有的人反应微弱、隐晦、不易受感染 |
| 稳定性特征 | 情绪的起伏和波动程度 | 有的人情绪稳定；有的人情绪容易波动 |
| 持久性特征 | 情绪对人身心各方面影响的时间长短 | 有的人情绪产生后很难平息；有的人情绪虽来势凶猛但转瞬即逝 |
| 主导心境 | 不同的主导心境在一个人身上表现的稳定程度 | 有的人终日精神饱满、乐观开朗；有的人整日愁眉苦脸、烦闷悲观 |

（4）性格的理智特征。人们在感知、记忆、思维、想象等认识过程中表现出来的个别差

异就是性格的理智特征(见表 4-5)。

表 4-5　性格的理智特征及其主要表现

| 性格的理智特征 | 主要表现 |
|---|---|
| 在感知方面 | 有主动观察型和被动观察型,记录型和解释型,快速型和精确型,罗列型和概括型等 |
| 在思维方面 | 有的人善于独立思考,有的人喜欢人云亦云;有的人善于分析,有的人善于综合等 |
| 在记忆方面 | 有的人记忆快速,过目成诵,有的人记忆较慢,需反复记忆方能记住;有的人记忆牢固且难以遗忘,有的人记忆不牢且遗忘迅速等 |
| 在想象方面 | 有的人想象丰富、奇特,富有创造性;有的人想象贫乏;有的人想象主动,富有情感色彩,有的人想象被动、平淡寻常等 |

以上性格结构的四方面不是独立存在的,它们相互联系,相互影响,构成一个统一体存在于每个人身上。要了解一个人,就应对其性格的各个方面进行全面分析。

### 课堂活动 4-1

#### 性格特征的自我评估

(1) 根据性格结构的分析框架,写出自己性格中明显的优点和缺点,至少各写5 种,并制订一个简单的行动计划,包括打算如何利用自己的性格优势,以及如何优化自己的性格。

优点:_____

_____

_____

缺点:_____

_____

_____

行动计划:_____

_____

_____

(2) 进行小组讨论,每个同学轮流分享自己的性格分析结果及行动计划,小组成员提供反馈,指出观察到的该同学的性格特点,并给予发挥性格优势和进一步优化性格的建议。

(3) 教师每组随机邀请一位同学在全班范围内分享自己的性格特点和行动计划,同时进行适当点评,提供专业意见,帮助学生全面认识和了解自己的性格特点。

### 3. 性格的类型

性格的类型是指一类人身上共有的性格特征的独特结合。按一定原则和标准把性格加以分类,有助于了解一个人性格的主要特点和揭示性格的实质。由于性格结构的复杂性,在心理学的研究中,至今还没有大家公认的性格类型划分的原则与标准。现将有代表性的观点加以简介。

（1）机能类型说。英国心理学家亚历山大·贝恩（Alexander Bain）和法国心理学家泰奥迪尔-阿尔芒·里博（Théodule-Armand Ribot）根据理智、情绪、意志三种心理机能在性格结构中所占优势不同，将性格分为理智型、情绪型、意志型。理智型的人通常用理智来衡量一切和支配行动，处事冷静；情绪型的人通常用情绪来评估一切，言谈举止易受情绪左右，不能三思而后行；意志型的人行动目标明确，主动、积极、果敢、坚定，有较强的自制力。以上三种是日常生活中极典型的性格类型，实际上大多数人都是混合类型。

（2）向性说。瑞士心理学家卡尔·古斯塔夫·荣格（Carl Gustav Jung）按照个体的心理活动倾向于外部还是内部，将人的性格分为外向型和内向型两大类。外向型的人心理活动倾向于外部，开朗活泼，情感外露，独立性强，对外部事物有兴趣，善于交际，不拘小节；内向型的人心理活动则倾向于内部，做事谨慎，感情含蓄，自制力较强，富有想象力，情感体验深刻，不善社交，应变能力较弱。多数人属于内向与外向的中间类型。

（3）社会生活类型说。德国哲学家和心理学家爱德华·斯普兰格（Eduard Spranger）以人们的社会生活方式为出发点来划分性格类型，他把人的性格分为经济型、理论型、审美型、宗教型、政治型、社会型等六种类型。经济型的人以追求财富和获取利益为生活的出发点；理论型的人对认识客观事物与追求真理有极大的热情，但在解决实际问题时往往无能为力；审美型的人以感受事物美为人生最高价值，不太关心现实生活；宗教型的人把宗教信仰作为生活的目的；政治型的人很重视权力，总想指挥或命令别人；社会型的人以爱社会和关心他人为自我实现的目标，并有志于从事社会公益事业。在现实生活中，某个人的性格往往是多种类型特点的组合，但常以一种类型特点为主。

**拓展阅读 4-1**

### 认知风格与人格

人格差异不仅表现在气质和性格上，还表现在认知风格上。认知风格是指个体偏好的信息加工方式。例如，有些人喜欢与他人讨论问题，从中获取启发；有些人则更喜欢独立思考。认知风格具有跨时间的稳定性和跨情境的一致性，无高低与好坏之分。认知风格种类繁多，主要有场独立型和场依存型、冲动型和沉思型、同时性和继时性等（扫描二维码查看详细内容）。

认知风格与人格

人格研究一直是心理学中一个极具挑战性的领域。多年来，不同的心理学家和学派对人格的定义、内涵、结构、形成和发展有着不同的理论观点，因而出现了多种不同的人格理论。具体来说，精神分析学派强调个体心理的深层结构和潜意识对人格的影响；行为主义注重外部环境对个体行为的塑造；人本主义关注个体的自我实现和积极向上的发展；特质理论试图通过分析人格特质来理解个体差异；认知心理学重视思维和认知过程对个体心理风格的影响；生物进化理论从进化的角度解释人格的形成和发展[①]。这些理论的存在为我

---

① 杰斯·费斯特，格雷戈里·J.费斯特，托米-安·罗伯茨.人格理论：从心理动力学理论到学习-认知理论（第9版）[M].徐说，译.北京：人民邮电出版社，2023：3（推荐序一）.

们理解人格提供了多元视角，丰富了我们的思考维度。关于各学派人格理论的详细介绍可以阅读本章推荐书目。

第二节 **信不信与准不准——人格测验**

在日常生活中，人们往往凭感觉来描述和评价他人的人格特征。然而，单纯依靠感觉了解一个人的人格特征容易导致各种偏差。为了在较短的时间内迅速了解个体的人格特点，国内外常用的方法是运用科学的手段对人格进行评估。目前，人格测验已经发展到数百种。

## 一、什么是人格测验

人格测验是根据客观的标准化程序来测量个体人格特征的方法或工具。与学业考试不同，人格测验经过标准化设计，包括对测验项目的选择、建立常模以及验证信度和效度等程序（见知识链接4-2）。标准化确保了在不同情境下测验的使用、评分和解释都能保持一致和可靠。

尽管存在多种类型的人格测验，但只有少数经过科学验证并被心理学家和研究者认可为有效的测验，如明尼苏达多相人格调查表（Minnesota Multiphasic Personality Inventory，MMPI）、卡特尔十六种人格因素问卷（16 Personality Factor Questionnaire，16PF）、大五人格量表（NEO Personality Inventory，NEO-PI）等。然而，即使是这些经过系统的设计、开发和评估的客观测验也并非完美。一些研究表明，它们在某些方面是可靠和有效的，但在对特定个体未来行为的准确预测方面仍然存在诸多挑战。

**知识链接4-2** **人格测验的技术指标**

信度：指测量结果的一致性、稳定性及可靠性。信度反映了个体在同一测验中反复测量时，得分的一致程度。信度越高，说明测量结果越可靠。信度不合要求的量表是不能使用的。例如，用标准钢尺去测量桌子的高度，只要操作方法得当，无论何时，也无论是谁去测量同一张桌子的高度，其结果应是基本一致的，这说明其信度很高。

效度：指测量的有效性。一个测验的效度越高，表明它测得的结果越能代表预测特质的真正水平。例如，测量身高用的钢尺用来测量体重则必定是无效的。

常模：指人格测验中的比较标准，即在人格测验中常用的标准化样本的平均分数。一个测验的常模是在编制时建立的，如果缺乏常模，测验结果就难以解释和比较。

标准化：指对测验的内容、施测方式、计分规则、结果解释等各个环节制定统一的标准和规范，以确保测验结果的可比性。

## 二、常用人格测验介绍

如前文所述,虽然存在许多不同类型的人格测验,但经过科学验证并被广泛接受的有效测验相对较少。一般来说,人格测验主要可分为自陈量表和投射测验两大类。

### (一) 自陈量表

自陈量表通常由一系列的问题组成,要求被试按照自己的真实情形来回答。自陈量表都经过标准化处理。一个人格自陈量表通常用来测量多个人格特质。下面介绍几种主要的人格自陈量表。

1. 明尼苏达多相人格调查表

明尼苏达多相人格调查表问世于 1943 年,由明尼苏达大学教授斯塔克·哈撒韦(Starke Hathaway)和约翰·查恩利·麦金利(John Charnley McKinley)合作编制而成。到目前为止,它已被翻译成 100 余种文字,广泛应用于人类学、心理学和医学领域,是世界上最常引证的人格量表。中国心理学家宋维真、张建新等人在 20 世纪 80 年代引进 MMPI,20 世纪 90 年代完成了 MMPI-2 的标准化。

MMPI 有 10 个临床子量表,分别测疑病、抑郁、癔症、男子气或女子气、妄想狂等 10 种人格特质,还有 4 个与效度有关的量表,以考察被试的态度。MMPI 采用的是自我评估形式的题目,实际上是 550 题,因为加了 16 个重复内容的题目,所以变成 566 题。题目的内容范围很广,包括身体各方面的情况(如神经系统、心血管系统、消化系统、生殖系统等情况)、精神状态及对家庭、婚姻、宗教、政治、法律、社会等的态度。MMPI 施测时要求被测验者根据自己的真实情况对所有题目作出"是"或"否"的回答。该量表适用范围为年满 16 岁、初中以上文化水平及没有什么影响测验结果的生理缺陷的人群。施测时间约90~120 分钟。

目前临床和研究领域更多使用 MMPI-2 版本,MMPI-2 为了更好地反映当代的问题,进行了语言和内容的更新,并根据新的数据制定了常模。同时,MMPI-2 还新增加了 15 个内容量表,分别是焦虑紧张量表、恐惧担心量表、强迫固执量表、抑郁空虚量表、关注健康量表、古怪思念量表、愤怒失控量表、愤世嫉俗量表、逆反社会量表、A 型行为量表、自我低估量表、社会不适应量表、家庭问题量表、工作障碍量表、反感治疗量表,这 15 个新增内容量表使 MMPI-2 能够更全面地评估个体的心理状况。

MMPI 一直都在改良中。2008 年,MMPI-2-RF 面世(RF 是 restructured form 的缩写,代表重组版),由约瑟夫·本-波拉斯(Yossef Ben-Porath)和奥克·特勒根(Auke Tellegen)两位心理学家编制。MMPI-2-RF 是根据现代理论对 MMPI-2 的一次修订和重构,施测时间约为 35~50 分钟,目的是提高测量的简洁性和针对性。

2. 卡特尔十六种人格因素问卷

卡特尔十六种人格因素问卷是由心理学家雷蒙德·卡特尔(Raymond Cattell,见图 4-2)于 1949 年编制的人格测量工具。该量表采用因素分析统计方法,从 16 个相对独立

图 4-2　雷蒙德·卡特尔
(Raymond Cattell, 1905—1998)

的人格特质因素对被测者进行评估,具有良好的信度和效度,是国际上最具影响力的人格测验之一。

卡特尔十六种人格因素由 187 道题组成,测量 16 个主要人格特质因素,如乐群、聪慧、敏感、独立、敢为、怀疑等(见表 4-6),根据这些因素的不同组合,可以全面评价被测者的人格特征,并预测其在心理健康、适应能力、工作表现等方面的潜力。

卡特尔十六种人格因素适用于 16 岁以上各类人群,不受年龄、性别、职业、文化程度的限制。测试时间约为 35～50 分钟。卡特尔十六种人格因素自问世以来一直在不断修订与完善中,该量表被广泛应用于人员选拔、职业咨询、婚姻辅导等领域。

表 4-6　卡特尔十六种人格因素

| 序号 | 人格因素 | 低分者特征 | 高分者特征 |
|---|---|---|---|
| A | 乐群性 | 缄默、孤独、冷漠 | 外向、热情、乐群 |
| B | 聪慧性 | 迟钝、学识浅薄、抽象思维能力弱 | 聪慧、富有才识、抽象思维能力强 |
| C | 稳定性 | 情绪化、情绪不稳定、易气恼 | 情绪稳定、成熟、能面对现实、平静 |
| E | 恃强性 | 谦逊、顺从、随和、宽容 | 武断、咄咄逼人、顽固、竞争 |
| F | 兴奋性 | 严肃、审慎、冷静、寡言 | 轻松、兴奋、随遇而安 |
| G | 有恒性 | 权宜敷衍、不顾规则 | 坚持、克己、负责 |
| H | 敢为性 | 害羞、拘束、畏怯、退缩 | 冒险敢为、少有顾忌 |
| I | 敏感性 | 理智、着重实际、自信 | 敏感、依恋、感情用事 |
| L | 怀疑性 | 随和、易与人相处 | 多疑、固执己见 |
| M | 幻想性 | 现实、合乎常规 | 幻想、狂放不羁 |
| N | 世故性 | 直率、单纯、天真 | 精明、俗气、世故 |
| O | 忧虑性 | 安详、沉着、自信 | 忧虑、抑郁、烦恼 |
| Q1 | 激进性 | 保守、尊重传统观念与行为标准 | 自由、思想开放 |
| Q2 | 独立性 | 依赖、随群附众 | 自立、当机立断、足智多谋 |
| Q3 | 自律性 | 矛盾冲突、不顾大体 | 知己知彼、自律严谨 |
| Q4 | 紧张性 | 心平气和、松弛、宁静 | 紧张、气馁、被动 |

### 3. 大五人格量表

16 种因素对于探讨一个人的人格而言还是太多了,后续研究者尝试将特质维度的数量减少到可控的程度,许多研究者发现了 5 种主要的人格特质维度。这 5 个维度就是著名的人格五因素模型(见表4-7)[1]，或称"大五"人格。大五人格理论是当今最有影响力的人格理论之一。1985年，保罗·科斯塔(Paul Costa)和罗伯特·R.麦克雷(Robert R. McCrae)编制了最初版本的大五人格量表[2]；1992年又推出了修订版的大五人格量表(Revised NEO Personality Inventory, NEO-PI-R)[3]和简版的大五人格量表(NEO Five-Factor Inventory, NEO-FFI)。

表4-7 人格五因素及其相关特征

| 因素 | 高分特征 | 低分特征 |
| --- | --- | --- |
| 神经质(N) | 自寻烦恼、焦虑、害羞、感情用事 | 冷静、不温不火、自在、情感淡漠 |
| 外向性(E) | 喜欢参加集体活动、健谈、主动、热情 | 孤独、不合群、安静、被动、缄默 |
| 开放性(O) | 富于想象、创造性强、见解独到、有好奇心 | 刻板、创造性差、墨守成规、缺乏好奇心 |
| 宜人性(A) | 信任、宽容、心软、好脾气 | 多疑、刻薄、无情、易怒 |
| 尽责性(C) | 认真、勤奋、井井有条、守时 | 马虎、懒惰、杂乱无章、不守时 |

NEO-PI-R包括5个维度(层面)量表，它们是神经质、外向性、开放性、宜人性和尽责性。每个维度量表下面分别包括6个特质分量表，全量表共有30个特质分量表。例如，神经质维度包括焦虑、愤怒性敌意、抑郁、自我意识、冲动性和脆弱性特质分量表，外向性维度包括热情性、乐群性、自我肯定、活跃性、刺激追寻和正性情绪特质分量表，开放性维度包括幻想、美感、情感、行动、观念和价值特质分量表，宜人性维度包括信任、坦诚、利他性、顺从性、谦虚和温存特质分量表，尽责性维度包括胜任感、条理性、责任心、事业心、自律性和审慎性特质分量表，每个维度或特质分量表评价人格的不同方面特征[4]。NEO-PI-R包括240个条目，每个特质分量表均为8个条目。采用李克特5级评分法，从"最不赞同"到"非常赞同"，240个条目中106个为反向评分条目。NEO-FFI为包含60个条目的简化版。NEO-PI-R与NEO-FFI是目前使用最广泛的人格评定量表之一，已被用于人格的测量和研究、临床心理学、工业与管理心理学等许多领域。

### (二) 投射测验

投射测验是利用某些模糊或不确定的刺激材料，要求被试对这些材料进行解释或描述，让他们自主地表达自己的思想、态度、愿望和情感，从而确定其人格特征。最常用的投射测验有主题统觉测验和罗夏墨迹测验。

1. 主题统觉测验

主题统觉测验(thematic apperception test, TAT)是由心理学家亨利·默里(Henry Murray)和克里斯蒂娜·摩根(Christiana Morgan)在20世纪30年代编制的。测验材料由

---

① 丹尼斯·库恩，约翰·米特雷尔. 心理学导论——思想与行为的认识之路(第13版)[M]. 郑钢，等译. 北京：中国轻工业出版社，2014：477.
② NEO-PI最初聚焦神经质(neuroticism)、外向性(extraversion)和开放性(openness)三个维度。
③ NEO-PI-R新增宜人性(agreeableness)与尽责性(conscientiousness)维度，完整覆盖大五人格模型。
④ 戴晓阳，姚树桥，蔡太生，等. NEO个性问卷修订本在中国的应用研究[J]. 中国心理卫生杂志，2004(3)：170-174.

类似图 4-3 的意义模糊的图片组成。被试被要求根据每张图片讲述一个故事,告知施测者图片场景中的人物在做什么、想什么(现在视角),故事是怎么开始的(过去视角),又是怎么结束的(未来视角)。

图 4-3　主题统觉测验图片示例

　　TAT 没有标准化的施测规程,进行一次全面的分析需要大量时间,通常 4～5 个小时才能评定一份测验,这是典型地把 TAT 当作一个测验来使用的情况。有的研究人员实际上是把 TAT 当作采集当前研究关心的个人资料的工具。若想了解个体的攻击性倾向,则主要留意被试解释中的攻击性行为表征;若想考察个体的焦虑,就主要捕捉被试解释中与焦虑有关的迹象。能够做完全套测验的人不多,主试往往根据自己关心的问题来选择其中的部分图片施测。但无论如何使用,分析的基本原理是一样的。

　　2. 罗夏墨迹测验

　　罗夏墨迹测验(Rorschach inkblot test)由精神病学家赫尔曼·罗夏(Hermann Rorschach)于 1921 年首创。测验材料包括 10 张对称的墨迹图(见图 4-4),其中 5 张为黑白水墨墨迹图,2 张为黑白和红色混合的墨迹图,3 张为彩色墨迹图。这些图片在被试面前出现的次序是有规定的。主试的问题很简单,如"这看上去像什么""这可能是什么""这使你想到什么"。主试要记录的有被试反应的语句,从每张图片出现到被试开始第一个反应所需的时间,被试各反应之间较长的停顿时间,被试对每张图片反应总共所需的时间,被试的附带动作和其他重要行为等。其目的都是诱导出被试的生活经验、情感、人格倾向等。被试在不知不觉中便会暴露自己的真实心理,因为他在讲述图片上的故事时,已经把自己的心态投射入情境之中了。

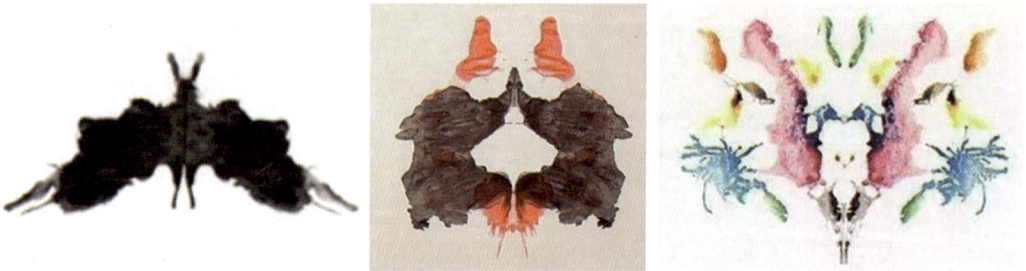

图 4-4　罗夏墨迹测验题目示例

　　投射测验最大的优点在于主试的目的藏而不露,这样创造了一个比较客观的外界条件,使测试的结果比较真实,对心理活动的了解比较深入。其缺点是分析比较困难,主观性较大。如今投射测验的使用已不如以往多了,主要是它在测量人格的个体差异时缺乏一致性和准确性,这很令人失望。

## 三、正确对待和使用人格测验

人格测验作为心理学研究的重要成果,是一种科学的方法。然而,在其发展过程中,曾出现两种极端观点。一种是"测验万能论",认为人格测验可以广泛应用于各种情况,存在对测验的过度信赖,甚至以一次测验结果就预测一个人的终身命运,这种盲目崇拜导致人格测验泛滥成灾;另一种是"测验无用论",认为人格测验有较大误差,怀疑其科学价值,进而对其全盘否定。心理学专家呼吁,应以客观和审慎的态度对待人格测验:既要充分重视人格测验的应用价值,也要对人格测验的局限性有所认识;既不应无差别地接受所有测验结果,也不应一概否定测验的科学性。

### (一) 正确地对待人格测验

#### 1. 人格测验是研究个体人格特征的重要工具

人格测验的编制过程十分严谨,并且经过标准化和鉴定,因此,测验结果具有一定准确可靠性。相比观察或访谈等其他人格评估方法,人格测验由于减少了评估者的主观性,结果也更为客观。同时,人格测验还可以在较短时间内搜集到大量数据资料,有助于心理学家更好地了解个体的人格结构和特点。人格测验作为研究个体人格不可或缺的工具,不仅可以用于预测个体的行为,还在人才管理、教育培训、心理健康等多个领域发挥着重要作用。

#### 2. 人格测验存在不可忽视的局限性

人格测验不是评估人格的唯一方法,更不是万能的方法,它有着不可忽视的局限性。首先,不同的人格测验依据的理论基础不尽相同,所测特质的定义、观点及概念系统也不同,因此,同样性质的测验测量的人格特质可能存在差异。其次,人格测验是对人格特质的间接测量与取样推论,不可能完全准确。再次,作为指导测验编制的"测量理论"有一些比较脆弱的假设,这些假设在实际应用中并不总是成立。最后,测验过程中的一些无关因素的干扰很难完全排除,如环境噪声、被试的情绪状态等,会影响到测验结果的稳定性和准确性。总之,人格测验无论在理论上还是方法上都有不完善的地方。因此,要相信人格测验能提供有价值的资料,但需要注意的是,不能完全迷信人格测验,在利用人格测验结果作辅助决策时,还必须结合其他信息进行全面分析。在对测验分数进行解释,尤其是用于个体预测时,必须极为谨慎。

### (二) 科学地使用人格测验

为了准确地把握个体的人格特点,必须正确使用人格测验,如果使用不当,不仅无法达到了解他人的目的,反而可能导致不良后果。为了确保人格测验最大限度地发挥其功效,使用时需特别注意以下两个问题。

### 1. 使用标准的人格测验

人格测验质量参差不齐。在实际应用中,不能使用报纸、杂志及网络上带有游戏性质的非正式人格测验,而应采用经过科学验证、标准化处理和专家鉴定的人格测验工具。同时,由于社会文化和环境等因素的影响,不同地区的常模可能存在差异。因此,测验的常模应与被测个体的背景相匹配,以确保评估结果的准确性和适用性,不应将一个测验不分时间和地区而到处乱用。

### 2. 由专业人士施测

人格测验是一项专业技术很强的工作,测验人员必须是经过专门训练并具备相应资格的人。测验的选择、施测、结果的解释等都必须由训练有素的专业工作者来完成。只有专业人士施测,才能把误差控制在最小的范围内,才能提高测试结果的科学性、可靠性、客观性和有效性。

---

**拓展阅读 4-2**

#### 使用人格测验应注意的问题

在使用人格测验时,为了确保结果的准确性和有效性,需要注意几个关键问题(扫描二维码查看详细内容)。

使用人格
测验应注意
的问题

---

在心理学领域的权威文献和专家著作中,对于经过科学验证和标准化处理的人格测验,已达成广泛的共识。首先,人格测验作为一种评估工具是可信的,但测验结果并非完全准确,需要谨慎解释。其次,人格测验是可用的,但不应将测验结果作为评估个体人格特质的唯一依据,而应结合个体的具体情况、行为观察、历史纪录等多方面的信息进行综合分析。总的来说,以审慎的态度对待人格测验,可以最大程度地利用它来了解和评估个体的人格特质,同时也能够避免过度依赖和误用测验结果,确保评估的全面性和准确性。

## 第三节　人格的毕生发展——健全人格的培养

人格的发展受生物遗传、家庭环境、学校教育、社会文化和个体的主观能动性等多种因素影响。目前心理学家的共识是:一些与个人身体或生理有密切关系的人格特质,如情绪、气质、容貌方面的自我概念等,受遗传影响较大;另一些较为复杂的人格特质,如兴趣、态度、价值观、性格等,受环境的影响较大。也就是说,个体的人格是在遗传与环境的交互作用下逐渐形成的。由于人的一生总是在不断地适应环境变化,因此,人格也会随着个体社会生活的变化而不断变化、充实和发展。由此可见,人格的发展过程贯穿于整个生命历程,是一个终生持续的动态过程。

人格发展的理想状态是健全人格。健全人格是个体在人格发展过程中努力追求的目标,它代表了个体在自我认识、自我调节和社会互动等方面的最高成就。健全人格通常与良好的心理健康状态相关联,但这并不意味着个体必须在所有时刻都保持完美无缺。相反,健全人格是一个动态的、不断发展的过程,个体在追求这一理想状态的过程中,会经历成长、变化和适应。

## 一、健全人格的内涵与特征

在心理学领域,许多学者认为健全人格是个体人格发展的终极目标。因此,自 20 世纪 50 年代以来,心理学家们越来越重视对健全人格的研究。他们通过系统地回顾相关文献,结合临床经验,以及运用标准化的心理测验工具,对那些表现出较高心理健康水平的个体进行了深入研究,从不同角度对健全人格的含义与特征进行了描述。

### (一) 马斯洛的"自我实现者"人格观

自我实现理论是亚伯拉罕·马斯洛(Abraham Maslow)人格理论的核心内容,该理论是基于他对最有创造力、最健康和最成熟的人的研究。通过对许多当时在世的和历史上的优秀人士进行调查研究,其中包括阿尔伯特·爱因斯坦(Albert Einstein)、路德维希·凡·贝多芬(Ludwig van Beethoven)、亚伯拉罕·林肯(Abraham Lincoln)、约翰·沃尔夫冈·冯·歌德(Johann Wolfgang von Goethe)等杰出人士,马斯洛提出具有健全人格的人是达到自我实现层次的人。"自我实现"一词意味着一个人成为他能够成为的一切,去实现或激发自己的全部潜能[①]。他认为,自我实现是一种过程而非结果。马斯洛列出了自我实现者的 15 个典型人格特征[②]:能完整准确地知觉现实;悦纳自己、他人和周围世界;内心生活、思想、行为自然率真;以问题为中心,而不是以自我为中心;有独处的需要;具有独立自主的特征;接受并欣赏新事物且不厌烦平凡的事物;具有高峰体验;热爱人类并具有帮助人类的真诚愿望;与志同道合的人建立持久而深入的人际关系;有民主的性格,能尊重他人人格;道德标准明确,能分辨目的与手段的区别;有卓越的幽默感;富有创造力,不墨守成规;具有批判精神,不容易被社会诱惑。

拓展阅读 4-3

**马斯洛的建议**

马斯洛给那些希望自己也能达到或趋于自我实现境界的人提出了一些建议(扫描二维码查看详细内容)。

马斯洛的建议

### (二) 奥尔波特的"成熟者"人格观

在马斯洛的自我实现概念流行之前,戈登·威拉德·奥尔波特(Gorden Willard Allport,图 4-5)曾对成熟人格的属性开展过深入研究,他把心理健康水平高的人称为"成熟

① 杰斯·费斯特,格雷戈里·J.费斯特,托米-安·罗伯茨.人格理论:从心理动力学理论到学习-认知理论(第 9 版) [M].徐說,译.北京:人民邮电出版社,2023:243.
② 许燕.人格心理学(第 2 版)[M].北京:北京师范大学出版社,2020:255-257.

者"，并提出"成熟者"应具备下面的几个条件：具有自我扩展的能力；能与他人建立温暖的相互关系；情绪安定和自我接纳；具有实际的现实知觉；对自身具有客观的了解；具有统一整合的人生观[①]。奥尔波特将这些条件作为衡量健全人格的指标。

图 4-5 奥尔波特（1897—1967）　　图 4-6 罗杰斯（1902—1987）

### （三）罗杰斯的"功能完善者"人格观

卡尔·兰塞姆·罗杰斯（Carl Ransom Rogers，图 4-6）对心理健康个体的兴趣只有马斯洛能与之比肩。马斯洛首先是一位研究者，罗杰斯则首先是一位心理治疗师——他对心理健康者的关注来自他的一般治疗理论[②]。罗杰斯认为，人类的基本动机是实现自我的成长与发展，人性是美好的并且具有无限发展的潜能。罗杰斯强调，健全人格不应理解为人的状态，而应理解为过程或趋势。罗杰斯把"功能完善者"的特征概括为五个方面：他们的社会经验都能进入意识领域，对一切经验持开放态度；协调的自我；以自己的内在评价机制来评价经验；自我关注；乐意给他人以无条件的关怀，能与其他人高度协调[③]。

### （四）彼得森和塞利格曼的积极人格观

彼得森和塞利格曼是积极心理学的代表人物。积极心理学是相对较新的心理学领域，是一门将对希望、乐观和幸福感的强调与科学研究和评价相结合的学科。积极心理学家考察的许多问题直接源自马斯洛和罗杰斯[④]。彼得森和塞利格曼基于文献综述与分析，总结出世界上广泛推崇的六种美德（智慧与知识、勇气、仁爱、正义、节制和精神超越），并具体提出了每种美德包含的积极人格品质（详细内容见第一章第三节）。他们认为，具有健全人格的人就是拥有积极人格的人，即能够发挥个体积极人格品质和美德特征的人。积极人格的

---

① 许燕.人格心理学（第 2 版）[M].北京：北京师范大学出版社，2020：319-320.
② 杰斯·费斯特，格雷戈里·J.费斯特，托米-安·罗伯茨.人格理论：从心理动力学理论到学习-认知理论（第 9 版）[M].徐说，译.北京：人民邮电出版社，2023：272.
③ 黄希庭，郑涌.大学生心理健康教育（第 3 版）[M].上海：华东师范大学出版社，2020：46.
④ 杰斯·费斯特，格雷戈里·J.费斯特，托米-安·罗伯茨.人格理论：从心理动力学理论到学习-认知理论（第 9 版）[M].徐说，译.北京：人民邮电出版社，2023：249.

特征概括起来主要包括三个方面：积极的主观体验（快乐、愉悦、满意、实现感）；积极的个人特质（性格优势、发展良好的个人兴趣和职业兴趣、价值观）；积极的社会关系（家庭、学校、单位、社交圈、社会圈）[①]。

### （五）黄希庭等学者的健全人格观

我国学者黄希庭等人经过多年的研究，提出了健全人格的五条标准：对世界抱开放态度，乐于学习和工作，不断吸取新经验；以正面的眼光看待他人，有良好的人际关系和团队精神；以正面的态度看待自己，能自知、自尊、自我悦纳；以正面的态度看待现在和未来，追求现实而高尚的生活目标；以正面的态度对待挫折，能调控情绪，心境良好[②]。他们认为，健全人格就是以正面的态度对待世界、他人、自己、过去、现在与未来、顺境与逆境，做一个自立、自信、自尊、自强和幸福的进取者。

拓展阅读 4-4

#### 我国传统文化中的理想人格思想

理想人格也叫人生境界，是指人们一生追求的自我完善的目标。我国古代有很多关于理想人格的论述，特别是影响中国几千年的儒家文化。从《周易》开始，中国古代的一些思想家，如儒家的代表人物孔子和孟子以及道家的代表人物老子和庄子都设计出自己的理想人格模式（扫描二维码查看详细内容）。

我国传统文化中的理想人格思想

不同心理学家对于健全人格的解释各有侧重，相互补充，每一种理论都提供了一种理解健全人格的独特视角。综合各种观点，可以将健全人格界定为：健全人格是指个体各种积极人格特征的有机整合。健全人格的内容结构参见图 4-7[③]。健全人格者的基本特征包括拥有正确的自我意识、良好的情绪调控能力、和谐的人际关系、坚韧不拔的意志、乐观向上的生活态度和良好的社会适应能力。总之，健全人格是一个人在生理、心理、道德和社会适应等各方面都达到了相对平衡和协调的理想状态，能充分发挥个体的潜能。需要说明的是，健全人格的标准不仅是衡量人格健康的尺度，同时也是个体优化人格的具体努力方向。

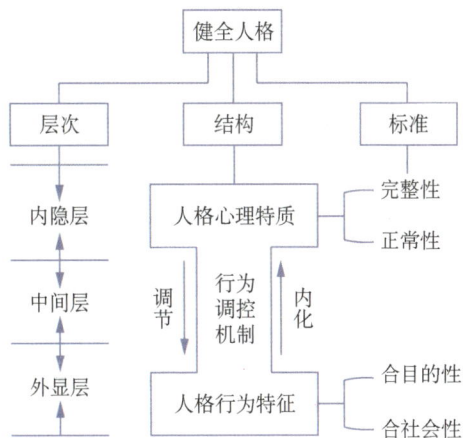

图 4-7　健全人格的内容结构

① 克里斯托弗·彼得森. 打开积极心理学之门[M]. 侯玉波，王非，等译. 北京：机械工业出版社，2010：10.
② 黄希庭，郑涌，李宏翰. 学生健全人格养成教育的心理学观点[J]. 广西师范大学学报（哲学社会科学版），2006(3)：90-94.
③ 葛明贵. 健全人格的内涵及其教育[J]. 安徽师范大学学报（人文社会科学版），2003(4)：469-473.

## 二、人格发展的偏差及表现

人格的发展是一个复杂的过程，它受到个体内在因素与外部环境的共同影响。首先，遗传因素为人格发展奠定了生理基础。其次，家庭氛围、父母的教养方式及家庭成员间的关系对人格发展起着至关重要的作用。最后，学校教育和社会文化环境也显著影响个体的自我认同和社会适应能力。当这些因素中存在不利条件时，便会阻碍个体人格的健康发展，导致人格特征的偏差或功能上的缺陷。

人格偏差是指个体在认知、情感、行为等方面与常态相比，存在一定的持久性偏离。这些偏差既非健全人格的表现，也未达到人格障碍的程度，只是在人格发展中表现出来的一些不完善的人格特征。这些不完善的人格特征不仅会对个体的学习、生活和工作等活动效率产生负面影响，而且会妨碍个体的正常人际交往，容易引发适应不良或心理健康问题。常见的人格偏差包括但不限于以下四种。

### （一）自卑与自负

正确地认识自我和悦纳自我是心理健康的重要条件，也是人格发展完善的关键环节。然而，个体在自我认知过程中常出现两种偏差：自卑和自负。自卑是指个体对自己的能力或价值持有过低的评价，认为自己在各方面都不如他人。这种自我认知不仅会严重阻碍个体的社交生活，使其感到孤立和疏离，还会抑制自信心和荣誉感的发展，进而限制能力的发挥和潜能的挖掘。自负则表现为个体对自己的能力或成就持有过高的评价，认为自己远优于他人，孤芳自赏。自负的人在人际交往中往往表现得咄咄逼人，导致他人避而远之，结果是身处人群却备感孤单。自卑和自负代表了自我价值感的两个极端。自卑通常与低自尊、缺乏自信和社交焦虑相联系，自负则与自恋特质、自我中心和缺乏同理心有关。

### （二）抱怨

抱怨是通过言语表达不满情绪，是个体面对环境压力或内心冲突时的一种情绪宣泄途径。尽管适度的抱怨可以暂时缓解压力，释放负面情绪，但长期或过度的抱怨会对个体的心理健康和社会关系带来不良影响。例如，有些人常常抱怨社会、家人、朋友、同事，抱怨社会不公、家人无能、工作辛苦、生活乏味。频繁抱怨是一种消极的自我对话，它强化了个体对负面事件的关注，忽视了积极体验。这种思维习惯不仅会降低生活质量和幸福感，还可能导致抑郁和焦虑等心理问题，同时容易使周围的人感到厌烦，引发社会排斥和信任缺失。

### （三）狭隘

狭隘即常说的"小心眼"，主要表现为个体在认知上倾向于绝对化和片面化地看待问题，缺乏开放性和包容性，对与自己观点不一致的信息持排斥态度，心胸狭窄，难以容纳他人，凡事斤斤计较、耿耿于怀，挑剔、嫉妒。这类个体常对他人的意图持怀疑态度，容易将中立或友好的行为解读为威胁或阴谋。他们倾向于过度解读他人的言论和行为，即使在缺乏明确证据的情况下也会形成不信任感。这种具有人格偏差的个体难以适应复杂多变的环境，在社交中易与他人产生争执和冲突，导致人际关系紧张甚至被孤立。

### （四）过度焦虑

焦虑是个体主观上预料将会有某种不良后果或模糊威胁出现的一种不安感，并伴有忧虑、烦恼、害怕和紧张等情绪体验。在竞争激烈的社会环境中，每个人都可能经历一定程度的焦虑。适度的焦虑对于保持生命活力是必要的，但这里所指的是过度焦虑。过度焦虑的特征是个体在没有明显诱因的情况下，持续地体验到过度且难以控制的担忧，表现出对未来的悲观预期、对日常琐事的过度敏感以及对潜在威胁的持续关注。长期的过度焦虑状态会对个体的日常生活、工作表现和社交活动产生消极影响，并可能增加心理健康问题的风险。

## 三、健全人格的培养路径

一个人的一生，其成就大小、价值高低以及幸福感如何，与是否拥有健全的人格密切相关。个体健全人格的培养不仅关系到其自身的健康成长和成才，也会对社会的整体氛围、发展和进步产生积极影响。健全人格的自我培养可以从以下五方面努力。

### （一）建立积极的自我概念

积极的自我概念是个体对自身价值、能力和特质的正面认知与评价。它包括自我接纳、自尊、自信以及自我效能感。一个具有积极自我概念的人能够客观全面地认识自我，既看到自身的优势，也能正视不足之处。正如墨子所言："甘瓜苦蒂，天下物无全美。"这句话说明世界上没有十全十美的事物。同样，人也没有完美无缺的，每个人都有长处和短板，这是客观存在的事实。李白也说："天生我材必有用。"每个人都有独特的天赋和潜能。具备积极自我概念的人能减少心理冲突。

建立积极自我概念的方法包括：正确认识自我，客观评价自我，愉快接纳自我，自觉完善自我。在日常生活、学习和工作中，充分发挥自己的优势，欣赏自己的独特性，与自身的不完美和谐相处。拥有积极自我概念的个体能够自信地迎接机遇和挑战，谱写属于自己的华美乐章，成为最理想的自己。

### （二）增强情绪管理能力

常言道："人非草木，孰能无情？"情绪在生活中无处不在，喜怒哀乐人皆有之。各种各样的情绪体验使我们的内心世界色彩斑斓、五味俱全。每一种情绪的背后，都隐藏着我们内在深层的需求，有其独特的心理意义。情绪本身没有绝对的好坏之分，消极情绪也有积极意义，如恐惧帮助我们避开风险，焦虑激发我们采取行动，悲伤促使我们寻求支持……

人有喜怒哀乐,犹天之有春夏秋冬也。

——董仲舒

董仲舒(公元前179—公元前104)
　图片资料来源:中国历史博物馆保管
部.中国历代名人画像谱[M].福州:海峡
文艺出版社,2003:12.

管理情绪并不是要去消除或否定消极情绪,而是要敏锐觉察、平和接纳、合理表达以及使用恰当的策略调节负面情绪。同时,情绪管理的另一个重要目标是关注和体验积极情绪,即活在当下,品味生活中随处可见的快乐与幸福。

### (三) 磨砺顽强的意志品质

顽强的意志品质是个体在面对困难和挑战时表现出的坚持不懈和坚韧不拔的精神,是心理健康的关键因素之一。它不仅帮助个体克服生活中的各种障碍,还能使个体在挫折和失败面前保持积极的心态,不轻言放弃。"宝剑锋从磨砺出,梅花香自苦寒来。"意志品质如同宝贵的矿石,只有经过不断磨砺,才能释放出耀眼的光芒。

磨砺顽强的意志品质需要日积月累的努力,可以从几方面入手。首先,制定合理的目标和切实可行的计划,明确的目标和清晰的计划能提供前进的方向和动力,使个体在困难面前坚定信念。其次,形成良好的行为习惯,如规律作息、坚持锻炼、专注学习等,这些习惯能够增强自律性和持久力。最后,积极面对挫折也是磨砺意志品质的重要途径,每一次迎难而上的经历都是对意志力的锤炼和考验。长期坚持,个体的意志品质会变得更加顽强,面对任何艰难险阻都不会轻易退缩。

古之立大事者,不惟有超世之才,亦必有坚忍不拔之志。

——苏轼

苏轼(1037—1101)
图片资料来源:(元)赵孟頫,《苏东坡小像》

### （四）构建良好的人际关系

人是高度社会化的。有人估计，个体每天除 8 小时睡眠以外，其余 16 个小时中有 70% 的时间是在进行人际交往。暂且不论这个数据是否准确，但不可否认的是每个人都处在亲子关系、兄弟姐妹关系、夫妻关系、邻里关系、师生关系、同学关系、上下级关系等各种各样的社会关系之中，这种人与人之间在社会生活中形成的直接的相互关系，就是大家常说的人际关系。和谐融洽的人际关系会使人感到温暖、幸福和喜悦，激发其对生活的热爱和对事业的追求；紧张失调的人际关系则会导致烦恼、痛苦和失望。良好的人际关系对个体的身心健康和生活质量有着深远的影响。

建立和谐的人际关系既是一门科学，也是一门艺术。一方面，人际关系的建立和发展依赖于一定的心理学原理和社会学规律。通过系统学习和训练，人们可以掌握这些理论和方法，比如使用有效的沟通策略、理解非语言信息以及掌握识别和处理冲突的技术等。另一方面，由于每个人的人格特质、生活环境等都不尽相同，所以人际关系的处理也需要一定的艺术技巧和创造力，即通过敏锐的感知力和情感智慧，在复杂多变的互动中与他人建立和谐美好的关系。建立良好的人际关系的策略请参见第五章第四节。

### （五）保持乐观的人生态度

随着积极心理学的发展，乐观作为一种积极的人格特质逐渐引起了学术界的广泛关注。研究发现，乐观的人往往能够积极地看待挫折，辩证地对待得失，不仅身心较为健康，而且婚姻生活较为幸福，事业上也较易获得成功。

乐观是一种处世哲学，也是一种积极的生活态度，它会对个体的认知、情感和行为产生深刻而持久的影响。在日常生活中，即便是天性乐观的人也总会遇到各种各样的困难或挫折，"人言不如意，十事常八九"。个体需要掌握一些方法保持积极向上的乐观心态，比如转换看待问题的视角、关注生活中的美好事物、参与有意义的活动、坚持健康的生活方式和与积极乐观的人交往等。乐观的人格特质可以帮助个体在面对挑战和逆境时保持希望和信心，从而增强心理韧性和适应能力，提高生活质量。

健全人格的自我培养过程，就是个体维护自身心理健康的过程。但健全人格的培养不是一朝一夕的事情，需要长期坚持不懈的努力。只要保持开放包容的心态，积极发挥自身优势，并在需要时寻求专业帮助，每个人都能够逐步培养出健全的人格。

### 📖 本章要点重述

1. 人格是构成一个人的思想、情感及行为的特有的统合模式，这个独特的模式包含了一个人区别于他人的稳定而统一的心理品质。通俗地说，人格就是让个人在不同情境中和不同时期都保持一贯的心理品质。

2. 人格具有复杂的结构。广义的人格结构观认为，人格包括两个方面。一是人格倾向性，包括需要、动机、兴趣、理想、信念、价值观等；二是人格心理特征，包括能力、气质和性格等。狭义的人格结构观则将人格简化为气质和性格的组合。当我们谈论人格时,通常是指狭义的人格结构观,即气质和性格的综合。

3. 气质是个体心理活动动力方面的比较稳定的特征。它包括心理活动的速度、强度、灵活性和指向性等方面的特点和差异的组合。气质类型有胆汁质、多血质、黏液质和抑郁质四种。只有少数人是四种气质类型的典型代表,多数人是介于各类型之间的中间类型。气质在人的各项实践活动中不起决定作用,但它会影响活动的性质和效率。

4. 性格是指个人对现实稳定的态度以及与之相适应的习惯化了的行为方式上的心理特征。性格的结构主要包括性格的态度特征、性格的意志特征、性格的情绪特征和性格的理智特征四个方面。性格影响个体生活的方方面面。

5. 人格测验是根据客观的标准化程序来测量个体人格特征的方法或工具。人格测验必须具备信度、效度、常模和标准化几个技术指标。常用的人格测验主要有自陈量表和投射测验。人格测验是研究个体人格特征的重要工具,但人格测验存在不可忽视的局限性,必须正确使用人格测验,由专业人士施测,才能把误差控制在最小的范围内。

6. 人格的发展受生物遗传、家庭环境、学校教育、社会文化和个体的主观能动性等多种因素影响。人格发展的理想状态是健全人格。健全人格是指个体各种积极人格特征的有机整合。健全人格的培养路径主要包括建立积极的自我概念、增强情绪管理能力、磨砺顽强的意志品质、构建良好的人际关系和保持乐观的人生态度等。

## 学习游乐场4

### 漫画欣赏

图4-8是享誉世界的漫画家赫尔卢夫·皮德斯特鲁普(Herluf Bidstrup,缩写名为Bid.,皮德,1912—1988)的作品。图4-8非常形象地描述了不同气质类型的人在面对别人不小心坐了他的帽子时的不同反应。请你根据图4-8中的人物的表现,分别指出他们属于哪种气质类型。

A. 你没长眼睛啊,坐坏我的帽子了!

B. 算了吧,别人也不是故意的!

C. 这,这,这可怎么办啊?

图 4-8　一顶帽子

扫描二维码查看分析提示。

漫画欣赏
分析提示

## 心理测试 4-1

### 气质的自我测量[①]

下面 60 道题可以帮助你大致确定自己的气质类型。请认真阅读下列各题,根据你的实际情况,在每个题目后面所附的 5 个备选项中选出一个答案。

| 题目序号 | 题目内容 | 非常符合 | 比较符合 | 不能确定 | 比较不符合 | 完全不符合 |
|---|---|---|---|---|---|---|
| 1 | 做事力求稳妥,不做无把握的事 | 2 | 1 | 0 | −1 | −2 |
| 2 | 遇到可气的事就怒不可遏,把心里话全说出来才痛快 | 2 | 1 | 0 | −1 | −2 |
| 3 | 宁可一人做事,不愿很多人在一起 | 2 | 1 | 0 | −1 | −2 |
| 4 | 到一个新环境很快就能适应 | 2 | 1 | 0 | −1 | −2 |
| 5 | 厌恶那些强烈的刺激,如尖叫、噪声、危险的镜头等 | 2 | 1 | 0 | −1 | −2 |
| 6 | 和人争吵时,总是先发制人,喜欢挑衅 | 2 | 1 | 0 | −1 | −2 |
| 7 | 喜欢安静的环境 | 2 | 1 | 0 | −1 | −2 |
| 8 | 善于和人交往 | 2 | 1 | 0 | −1 | −2 |
| 9 | 羡慕那种善于克制自己感情的人 | 2 | 1 | 0 | −1 | −2 |
| 10 | 生活有规律,很少违反作息制度 | 2 | 1 | 0 | −1 | −2 |
| 11 | 在多数情况下,情绪是乐观的 | 2 | 1 | 0 | −1 | −2 |
| 12 | 碰到陌生人觉得很拘束 | 2 | 1 | 0 | −1 | −2 |
| 13 | 遇到令人气愤的事,能很好地自我克制 | 2 | 1 | 0 | −1 | −2 |

[①] 张拓基,陈会昌.关于编制气质测验量表及其初步试用的报告[J].山西大学学报(哲学社会科学版),1985(4):73-77.

（续表）

| 题目序号 | 题目内容 | 非常符合 | 比较符合 | 不能确定 | 比较不符合 | 完全不符合 |
|---|---|---|---|---|---|---|
| 14 | 做事总是有旺盛的精力 | 2 | 1 | 0 | −1 | −2 |
| 15 | 遇到问题时常常举棋不定,优柔寡断 | 2 | 1 | 0 | −1 | −2 |
| 16 | 在人群中从不觉得过分拘束 | 2 | 1 | 0 | −1 | −2 |
| 17 | 情绪高昂时,觉得干什么都有趣;情绪低落时,又觉得什么都没意思 | 2 | 1 | 0 | −1 | −2 |
| 18 | 当注意力集中于某一事物时,别的事物很难使我分心 | 2 | 1 | 0 | −1 | −2 |
| 19 | 理解问题总比别人快 | 2 | 1 | 0 | −1 | −2 |
| 20 | 碰到危险情况时,常有一种极度恐惧感 | 2 | 1 | 0 | −1 | −2 |
| 21 | 对学习、工作、事业怀有很高的热情 | 2 | 1 | 0 | −1 | −2 |
| 22 | 能够长时间做枯燥、单调的工作 | 2 | 1 | 0 | −1 | −2 |
| 23 | 符合兴趣的事,干起来劲头十足,否则就不想干 | 2 | 1 | 0 | −1 | −2 |
| 24 | 一点小事就会引起情绪波动 | 2 | 1 | 0 | −1 | −2 |
| 25 | 讨厌做那种需要耐心、细心的工作 | 2 | 1 | 0 | −1 | −2 |
| 26 | 与人交往不卑不亢 | 2 | 1 | 0 | −1 | −2 |
| 27 | 喜欢参加热烈的活动 | 2 | 1 | 0 | −1 | −2 |
| 28 | 爱看感情细腻、描写人物内心活动的文学作品 | 2 | 1 | 0 | −1 | −2 |
| 29 | 工作或学习时间长了,常感到厌倦 | 2 | 1 | 0 | −1 | −2 |
| 30 | 不喜欢长时间讨论一个问题,愿意实际动手干 | 2 | 1 | 0 | −1 | −2 |
| 31 | 宁愿侃侃而谈,不愿窃窃私语 | 2 | 1 | 0 | −1 | −2 |
| 32 | 别人说我总是闷闷不乐 | 2 | 1 | 0 | −1 | −2 |
| 33 | 理解问题常比别人慢一些 | 2 | 1 | 0 | −1 | −2 |
| 34 | 疲倦时只要经过短暂的休息就能精神抖擞,重新投入工作 | 2 | 1 | 0 | −1 | −2 |
| 35 | 心里有话宁愿自己想,不愿说出来 | 2 | 1 | 0 | −1 | −2 |
| 36 | 认准一个目标就希望尽快实现,不达目的,誓不罢休 | 2 | 1 | 0 | −1 | −2 |
| 37 | 同样学习、工作一段时间后,常比别人更疲倦 | 2 | 1 | 0 | −1 | −2 |
| 38 | 做事有些莽撞,常常不考虑后果 | 2 | 1 | 0 | −1 | −2 |
| 39 | 老师或师父讲授新知识、新技术时,总希望他讲慢些,多重复几遍 | 2 | 1 | 0 | −1 | −2 |
| 40 | 能够很快忘记那些不愉快的事情 | 2 | 1 | 0 | −1 | −2 |
| 41 | 做作业或完成一件工作总比别人花的时间多 | 2 | 1 | 0 | −1 | −2 |
| 42 | 喜欢运动量大的剧烈体育活动,或参加各种文娱活动 | 2 | 1 | 0 | −1 | −2 |
| 43 | 不能很快地把注意力从一件事转移到另一件事上去 | 2 | 1 | 0 | −1 | −2 |

（续表）

| 题目序号 | 题目内容 | 非常符合 | 比较符合 | 不能确定 | 比较不符合 | 完全不符合 |
|---|---|---|---|---|---|---|
| 44 | 接受一个任务后，希望把它迅速完成 | 2 | 1 | 0 | −1 | −2 |
| 45 | 认为墨守成规比冒风险好一些 | 2 | 1 | 0 | −1 | −2 |
| 46 | 能够同时注意几件事 | 2 | 1 | 0 | −1 | −2 |
| 47 | 当我烦闷的时候，别人很难使我高兴起来 | 2 | 1 | 0 | −1 | −2 |
| 48 | 爱看情节起伏跌宕、激动人心的小说 | 2 | 1 | 0 | −1 | −2 |
| 49 | 对工作抱认真严谨、始终一贯的态度 | 2 | 1 | 0 | −1 | −2 |
| 50 | 和周围人的关系总是相处不好 | 2 | 1 | 0 | −1 | −2 |
| 51 | 喜欢复习学过的知识，重视做已经掌握的工作 | 2 | 1 | 0 | −1 | −2 |
| 52 | 希望做变化大、花样多的工作 | 2 | 1 | 0 | −1 | −2 |
| 53 | 小时候会背的诗歌，我似乎比别人记得清楚 | 2 | 1 | 0 | −1 | −2 |
| 54 | 别人说我"出语伤人"，可我并不觉得这样 | 2 | 1 | 0 | −1 | −2 |
| 55 | 在体育活动中，常因反应慢而落后 | 2 | 1 | 0 | −1 | −2 |
| 56 | 反应敏捷，头脑机智 | 2 | 1 | 0 | −1 | −2 |
| 57 | 喜欢有条理而不甚麻烦的工作 | 2 | 1 | 0 | −1 | −2 |
| 58 | 兴奋的事常常使我失眠 | 2 | 1 | 0 | −1 | −2 |
| 59 | 老师讲新的概念，常常听不懂，但是弄懂以后就很难忘记 | 2 | 1 | 0 | −1 | −2 |
| 60 | 假如工作枯燥无味，马上就会情绪低落 | 2 | 1 | 0 | −1 | −2 |

扫描二维码查看气质自我测量的计分标准与分析。

气质自我测量
的计分标准
与分析

心理测试 4-2

## 大五人格量表简化版

扫描二维码查看大五人格量表。

大五人格量表

课后练习

## 一、单项选择题

1. "人心不同,各如其面"是对人格什么特点的描述?(    )

   A. 自然性       B. 社会性       C. 共同性       D. 独特性

2. "江山易改,禀性难移"指的是(    )。

   A. 气质       B. 性格       C. 需要       D. 动机

3. 具有不爱与人交往、孤僻、多愁善感、富于联想等特征的人属于(    )。

   A. 胆汁质       B. 多血质       C. 黏液质       D. 抑郁质

4. 勇敢、坚韧、自制、果断等属于性格的什么特征?(    )

   A. 态度       B. 意志       C. 情绪       D. 理智

5. 人格测验量表的一致性、稳定性及可靠性被称作(    )。

   A. 常模       B. 信度       C. 效度       D. 区分度

6. 谁提出了"自我实现者"的人格观?(    )

   A. 马斯洛       B. 罗杰斯       C. 奥尔波特       D. 塞利格曼

## 二、多项选择题

1. 根据巴甫洛夫的高级神经活动类型学说,安静型的特点是(    )。

   A. 强       B. 弱       C. 平衡       D. 不平衡

   E. 不灵活

2. 气质是心理活动在哪些方面特点和差异的组合?(    )

   A. 速度       B. 强度       C. 内容       D. 稳定性

   E. 指向性

3. 以下属于投射测验的是(    )。

   A. 明尼苏达多相人格调查表       B. 罗夏墨迹测验

   C. 主题统觉测验       D. 大五人格量表

   E. 卡特尔十六种人格因素问卷

4. 人格发展的影响因素主要包括(    )。

   A. 生物遗传       B. 家庭环境       C. 学校教育       D. 社会文化

   E. 个体的主观能动性

5. 人格测验存在以下哪些局限性?(    )

   A. 不同人格测验依据的理论基础不尽相同

   B. 是对人格特质的间接测量与取样推论

   C. 测量理论存在一些脆弱的假设

   D. 测验过程中难以完全排除无关因素的干扰

   E. 人格测验在不同文化环境中的适用性不同

## 三、判断题

1. 任何一种气质类型都有优点和缺点,而且,其优点和缺点几乎是相伴而生的,因此,

气质没有好坏之分。　　　　　　　　　　　　　　　　　　　　　（　　）

　　2.贝恩是性格向性说的代表人物,他按照个体的心理活动倾向于外部还是内部,把人的性格分成内倾和外倾两大类。　　　　　　　　　　　　　　　　　　（　　）

　　3.人格测验存在不可忽视的局限性,因此,测验结果没有应用价值。（　　）

　　4.只要有量表和常模,任何人都可以开展人格测验。　　　　　　（　　）

　　5.人格发展的理想状态是健全人格。　　　　　　　　　　　　　（　　）

**四、简答题**

　　1.人格的特点有哪些?

　　2.健全人格者的基本特征是什么?

**五、实训题**

　　主题:人格成长之旅体验活动

　　目的:体验不同人格特质对生活的影响,了解自己人格特质的长处和需要改进的地方。

　　活动流程:

　　1.每位参与者写下自己的三个主要人格特质(正面或负面)。

　　2.将这些特质随机分配给其他参与者,每人至少获得一个特质。

　　3.参与者需要扮演拥有分配给他们的人格特质的角色,并与其他人互动。

　　4.在互动过程中,每个人都要努力展现自己扮演的人格特质。

　　5.活动结束后,大家分享扮演不同人格特质的体会,探讨如何培养积极的人格特质。

　　扫描二维码查看课后练习答案。

第四章课后
练习答案

## 推荐阅读书目

　　1.许燕.人格心理学(第2版)[M].北京:北京师范大学出版社,2020.

　　2.郑雪.人格心理学(第3版)[M].广州:暨南大学出版社,2022.

　　3.王芳.我们何以不同:人格心理学40讲[M].北京:北京日报出版社,2023.

　　4.黄希庭.人格心理学[M].重庆:西南大学出版社,2021.

　　5.杰斯·费斯特,格雷戈里·J.费斯特,托米-安·罗伯茨.人格理论:从心理动力学理论到学习-认知理论(第9版)[M].徐说,译.北京:人民邮电出版社,2023.

## 第五章

# 相逢即是缘

## ——人际关系的建立与发展

在人生的旅途中，谁都不是独自前行，而是会邂逅许多人。最初遇到的是父母，他们给我们这一生最大的呵护和依靠。接下来是兄弟姐妹，他们与我们一起成长。然后是同学、老师、同事、恋人……人生就是一场又一场的相遇。出现在我们生命中的人，有的是为了教会我们成长，有的则是为了帮助我们蜕变。相逢即是缘，一切遇见都是命运最好的安排。惜缘，是对生命的深刻理解与热切关爱。如此，不可预知的生命才会变得充实与安详。哲学家亚里士多德（Aristotle）曾说："离群索居者，不是野兽，便是神灵。"确实，人类既不具备猛兽的力量，也没有神灵的法力，自古以来都是群居动物。研究表明，个体长期孤独寂寞会导致大脑功能下降和社交能力退化等问题，从而对心理健康造成不利影响①。因此，保持适度的社交活动，培养良好的人际关系，对于维护身心健康至关重要。

### 学习目标

学完本章后，你应该能够做到：

◆ 领会人际关系、印象管理、人际吸引和沟通的含义
◆ 描述人际关系的基本理论
◆ 明确印象管理策略的分类与人际吸引的影响因素
◆ 掌握有效沟通的方法
◆ 培养良好的人际交往意识和技能
◆ 树立正确的人际交往观念

① 任俊.积极心理健康：幸福快乐的科学[M].北京：开明出版社，2019：159.

相逢即是缘——人际关系的建立与发展

没有人是一座孤岛——人际关系的多维透视

揭开人际关系的神秘面纱

人际关系的基本理论

人际关系的功能

提供情感与心理支持

获得幸福感

促进个人成长

一块无形的"磁石"——印象管理与人际吸引

解读印象管理的奥妙

印象管理的概念

印象管理策略的分类

探寻人际吸引的真相

人际吸引的含义

人际吸引的影响因素

良言一句三冬暖——沟通能力的培养

沟通概述

沟通障碍

有效沟通的途径

投桃报李情谊深——人际关系的促进

遵循人际交往的原则

洞悉人际交往的心理效应

领悟人际交往的艺术

# 沉默的尊重

顾颉刚(1893—1980)

顾颉刚有口吃,再加上浓重的苏州口音,说话时很多人都不易听懂。

有一年,顾颉刚因病从北大休学回家,同寝室的室友不远千里坐火车送他回苏州。室友们忧心顾颉刚的病,因而情绪不高。在车厢里,大家显得非常沉闷,都端坐在那儿闭目养神。顾颉刚为了打破沉闷,率先找人说话。顾颉刚把目光投向邻座一位和自己年纪相仿的年轻人身上,主动和对方打招呼:"你好! 你也……是……是去苏州的吗?"

年轻人转过脸看着顾颉刚,却没有说话,只是微笑着点点头。

"出去……求学的?"顾颉刚继续找话。

年轻人仍是微笑着点点头。一时间,两个人的谈话因为一个人的不配合而陷入僵局。

"你什么……时候……到终点站呢?"顾颉刚不甘心受此冷遇,继续追问着。

年轻人依旧沉默不语。而这时,坐在顾颉刚不远处的一位室友看不过去了,生气地责问道:"你这个人怎么回事? 没听见他正和你说话吗?"年轻人没有理他,只是一个劲儿地微笑着。

顾颉刚伸手示意室友不要为难对方。室友见状,便不再理这个只会点头微笑的木疙瘩,而是转过身和顾颉刚聊起来。

当他们快到站准备下车的时候,顾颉刚突然发现那个年轻人不知什么时候已经走了,只留下果盘下压着的一张字条。那是年轻人走时留下的:"兄弟,我叫冯友兰。很抱歉我刚才的所作所为。我也是一个口吃病患者,而且是越急越说不出话来。我之所以没有和你搭话,是因为我不想让你误解,以为我在嘲笑你。"[①]

冯友兰(1895—1990)

顾颉刚是著名的历史学家和民俗学家,冯友兰是杰出的哲学家和教育家,他俩在1948年同时被评为"中央研究院"的首届院士。案例中描述的是两人第一次见面时的情形。不久后,冯友兰考上北大,恰巧又分到顾颉刚所在的学院。顾颉刚再次见到冯友兰,十分开心,便对他格外看重与照顾,经常一起讨论学问。两位大师的交往,成为一段佳话。

在两位大师第一次见面时,沉默的尊重不仅让顾颉刚的心灵充满阳光和温暖,也给冯友兰带来了真挚的友谊与和谐的人际关系。本章将揭示人际关系的本质,分析其重要性以及对心理健康的影响,并探讨建立和谐人际关系的方法与途径,旨在帮助学习者提升人际交往能力。

---

① 罗斯.沉默有时也是一种尊重[J].高中生,2013(1):48.

## 第一节　没有人是一座孤岛——人际关系的多维透视

电视连续剧《编辑部的故事》片头曲中有一句歌词是"人字的结构就是相互支撑"。这句歌词曾引发很多人的共鸣，成为至今无数人脑海中无法忘却的记忆。其广泛流传的原因在于它诠释了一个真理：作为万物之灵的人类，从呱呱坠地到撒手人寰，始终离不开他人直接或间接的物质与精神支撑，同时也在支撑着他人。正如约翰·多恩（John Donne）所言："没有人是一座孤岛，在大海里独踞；每个人都像一块小小的泥土，连接成整个陆地。"每个人都是社会的一部分，与他人建立联系是人类生存和发展的基础。本节将从人际关系的概念、人际关系的相关理论和人际关系的重要性等方面进行阐述。

经典名言

奥诺雷·德·巴尔扎克（Honoré de Balzac, 1799—1850）

精神生活和肉体生活一样，有呼也有吸，灵魂要吸收另一颗灵魂的感情来充实自己，然后以更丰富的感情送回给人家。人与人之间要是没有这点美妙的关系，心灵就没有了生机。

——奥诺雷·德·巴尔扎克

### 一、揭开人际关系的神秘面纱

#### （一）人际关系的含义

人际关系是指人与人在相互交往过程中形成的心理关系。它表现为人与人之间的心理距离，主要是通过人与人之间的相互认知、情感交流和行为互动形成和发展起来的。当人际关系和谐融洽时，会使人感到温暖、幸福和喜悦，从而产生对生活的热爱和对事业的追求；当人际关系紧张、失调时，会给人带来烦恼、痛苦和失望，影响心理健康，甚至导致抑郁、焦虑等心理问题的发生。

#### （二）人际关系的构成因素

人际关系的构成涉及认知、情感和行为三个核心要素，这三者相互交织，共同塑造着人际关系的品质和动态变化。在认知层面，个体对他人及自己的认识，是人际知觉的产物。情感层面则关乎交往双方的情绪倾向，以及他们对交往状态的满意度，包括情绪的敏感性和对成功感的评价。行为层面，则体现在认知和情感的实际行动中，包括言语和非言语的交流。

1. 认知要素

认知是人际关系的基石，涉及个体对自我、他人以及双方关系的认知过程。这包括对他人特质、行为意图的理解，以及对自己在关系中的角色和地位的认识。个体如何感知对方的行为，并对其背后的原因进行解释，将直接影响对对方的态度和后续行为。此外，个体对关系的预期和信心，也会影响个体的满意度和关系的稳定性。个体的自我概念和社会身份，即他们如何看待自己以及在特定关系中所扮演的角色，将影响他们与他人的互动方式。

2. 情感要素

情感是人际关系的主要调节力量，包括人际交往中的各种情绪体验，如喜爱、厌恶、满意或不满等。共享正向情感体验（如快乐、爱）可以增强关系的亲密度，而负向情感（如愤怒、悲伤）若未妥善处理，可能损害关系。个体在关系中的安全感和依恋模式深深影响着情感的表达和接收。个体对关系的整体评价及其带来的幸福感，直接影响着关系的持久性和质量。

3. 行为要素

行为是认知和情感的外在表现，包括言语交流、非言语交流以及具体行动。有效的沟通能够传达认知和情感信息，减少误会，增强理解与合作。合作、竞争、支持、分享等行为模式，直接反映了关系的性质和深度。在对方需要时提供援助，互相帮助和支持的行为，可以增强互惠互利和关系的稳定性。

综上所述，认知、情感和行为这三个要素相互依赖、相互作用。健康、高质量的人际关系需要准确的认知、正向的情感流动以及积极的互动行为相互促进。在实践中，理解并优化这些元素间的相互作用，是提升人际关系质量的关键。

## 二、人际关系的基本理论

### （一）社会交换理论

社会交换理论由乔治·霍曼斯（George Homans）提出，其核心观点是人际交往本质上是一种资源交换的过程。个体在建立和维护人际关系时，会基于成本与收益的考量。当预期收益超过成本时，个体更倾向于维持这种关系。社会交换理论为我们揭示了在日常生活中，人们如何评估和维护人际关系，以及如何通过这些关系满足个人目标和需求。在职场中，这一理论体现为员工间的合作基于互惠互利的原则。例如，一个经常帮助他人完成工作的同事，在需要帮助时也会得到其他人的支持。这种交换不仅限于物质帮助，还包括情感支持、信息分享等。友谊同样遵循这一原则，朋友间的支持、忠诚和信任是相互的，一旦一方发现成本超过收益，他们可能会减少甚至终止这种互动。

### （二）社会渗透理论

社会渗透理论由欧文·阿特曼（Irwin Altman）和达尔马斯·泰勒（Dalmas Taylor）提出，该理论强调人际关系的发展是一个由表及里、从浅层次互动逐渐深入到亲密层次互动的过程。随着关系的深入，个体会逐渐分享更多的个人信息和情感。社会渗透理论帮助我们理解人际关系中信息分享和亲密程度的变化，以及如何通过自我暴露和互动加深亲密度。在团队工作中，这一理论可以帮助成员通过分享个人信息和经历来建立信任。例如，团队建设活动经常包括促进自我暴露的游戏或练习，加深成员间的了解。在建立友谊时，人们通常从共同的兴趣开始，随着时间的推移，逐渐开始分享个人的经历、价值观和信念，这种由表及里的信息交流是深厚友谊的基础。

### (三) 依恋理论

依恋理论由鲍尔比提出，主要解释了个体在早期童年与主要照顾者之间的依附关系如何影响其后续的人际关系。成年后的人际关系模式往往可以追溯到早期的依附经验。依恋理论不仅帮助我们理解个人早期与照顾者之间的关系如何影响其一生的情感联系，还为改善亲子关系、提高心理健康治疗的效果以及优化教育实践提供了重要的指导。在实际应用中，心理咨询师和治疗师经常使用依恋理论来理解客户的情感和行为模式，以及这些模式如何影响他们的日常生活。通过了解客户的早期依恋经历，治疗师可以帮助他们处理深层次的情感问题，并改善他们的依恋风格。在学校环境中，教师可以通过了解学生的依恋风格来更好地满足他们的情感需求，提高学习动力和学业成绩，并通过创建安全和支持性的课堂环境来促进学生的积极依恋。

### (四) 社会认同理论

社会认同理论由亨利·塔吉费尔 (Henri Tajfel) 和约翰·特纳 (John Turner) 提出，探讨了个体如何通过社会分类建立自我认同，以及这种分类如何影响个体对不同群体的态度和行为，进而影响人际关系。社会认同理论帮助我们理解个体如何通过群体成员身份构建自我概念，以及这种身份认同如何影响他们的态度、行为和决策。在现实生活中，社会认同理论为我们提供了洞察群体动态、群体间的竞争与冲突，以及个体如何通过所属群体来形成自我认同的视角。在体育竞赛、职场环境或教育机构中，这一理论阐释了为何团队成员会展现出浓厚的团队精神以及对竞争对手的激烈对抗态度。团队成员通过共同的目标和身份认同感，加强了团队的团结，并通过与对立团队的对比来增强自我认同。在企业管理领域，社会认同理论也解释了员工为何会对自己的公司产生强烈的归属感。当员工与组织的价值观和文化理念产生共鸣时，他们往往会有更高的工作满意度和对公司的忠诚度。

这些理论为我们理解和分析人际关系的形成、发展和维护提供了重要的视角和工具。在实际应用中，这些理论往往是相互交织和补充的，帮助我们更全面地理解人际关系的复杂性。

## 三、人际关系的功能

人际关系在我们个人生活和职业生涯中扮演着至关重要的角色，它对于个人成长和发展有着深远的影响。良好的人际关系具有以下主要功能。

### (一) 提供情感与心理支持

良好的人际关系不仅可以提供情感上的安慰和激励，还能减少孤独感和抑郁情绪，提升心理健康水平。情感连接是人际关系的核心。当我们与他人建立深厚的情感联系时，我们会感到被理解、被接受和被关爱。这种情感连接可以满足我们的归属感和安全感需求，使我们感到更加安心和舒适。

同时，心理支持也是人际关系中不可或缺的一部分。当我们面临困难、挑战或压力时，得到他人的理解、支持和鼓励可以极大地减轻我们的负担。这种心理支持帮助我们更好地应对挑战,增强自信心和应对能力。

## (二)获得幸福感

良好的人际关系不仅对身体健康具有积极影响,还直接关系到个人的幸福感和整体生活质量。人与人之间的正面互动能够激发快乐的情感,增强生活的意义和价值感。当我们与亲朋好友分享快乐或困扰时,他们的陪伴和理解能够使我们感到更加幸福和满足。这种情感支持可以缓解压力、减轻焦虑,并提高我们的生活质量。因此,我们应该重视并珍惜人际关系,积极与他人建立联系,创造更多的社交机会,使自己的生活更加丰富多彩。

### 课堂活动 5-1

#### 回忆你人生中三个最有意义的瞬间

人际关系带来的影响遍及我们生活中的各个方面,它让我们的生活变得更加丰富。现在请回忆你人生中三个最有意义的瞬间,体会当时的感受(扫描二维码查看详细内容)。

回忆你人生中
三个最有
意义的瞬间

## (三)促进个人成长

人际关系不仅能够帮助我们获取更多的资源和信息,还能促进我们的成长和发展。通过与他人交往,我们可以学习新知识、技能和观点,更好地认识自己,了解自己的优缺点,从而不断完善自我。这种成长不仅提升了我们的自我价值感,也让我们更加积极地面对生活中的挑战和困难。在职场中,良好的人际关系能够产生协同效应,有助于建立信任、促进团队合作,提高工作效率,并带来潜在的商业机会。

## 第二节  一块无形的"磁石"——印象管理与人际吸引

每个人都希望在社交场合中给人留下良好的印象,而印象管理正是实现这一目标的秘诀。通过了解印象管理的过程,我们可以掌握如何在不同的社交场合中展现出最佳的自己。同时,人际吸引是我们在社交中追求的一个重要目标。人际吸引不仅仅是外表上的吸引力,还包括人格、才华等多方面的因素。探讨人际吸引的真相,揭示如何在社交中提升自己的吸引力,可以建立更加和谐、亲密的人际关系。

### 一、解读印象管理的奥妙

#### (一)印象管理的概念

印象管理又称印象整饰,是指个体努力操纵或控制他人对自己形成某种印象的过程。

这一概念最早由社会心理学家欧文·戈夫曼（Erving Goffman）提出。印象管理理论是关于人们如何以满足自身的需求和目标的方式来展示自己的理论，其核心思想是：人们为了达到某一目标，会试图管理或改变他人对自己形成的印象感知[①]。如在相亲时，人们通常会穿上正式的服装，保持整洁的发型，以更好地展现自己的魅力；在社交媒体中分享照片时，人们往往会精心挑选，一般是旅行美景、工作获得的成绩或积极生活的瞬间，以此塑造一个有趣、成功或幸福生活的形象；学者在演讲时也会注重内容和表达方式，以树立自己作为领域专家的形象，并获得同行的认可。

有人认为，人际交往应当基于诚实与真实，而通过印象管理来塑造他人对自己的看法似乎显得有些虚伪。然而，这种观点是不正确的。印象管理本身并非好坏分明，其价值取决于使用者的意图和目的。从正面来看，印象管理能够帮助调节和优化人际关系，促进持续的社交互动。然而，印象管理也存在被滥用的可能，有些人会利用这种策略来误导他人，以谋求个人私利。其实，印象管理的作用就像水一样，既能载舟亦能覆舟，关键看个人如何运用。合理的运用方式可以增强人际关系的和谐性，于人于事是有益的；但如果为了自己不可告人的目的，则是有损于他人和社会的。

### （二）印象管理策略的分类

印象管理的基本动机就是个体希望自己能被他人积极看待、避免消极看待的心理倾向。印象管理策略通常分为两大类：获得性印象管理策略和保护性印象管理策略。

1. 获得性印象管理策略

获得性印象管理策略是指个体主动塑造积极的自身形象，以便使他人对自己形成更为正面的看法。例如，在求职面试中，应聘者会通过穿着得体的服装、使用积极的肢体语言（如微笑和目光接触）、展示专业技能和工作经验、表达对公司的热情和忠诚等方式，来获得面试官的好感和认可，从而提高应聘成功的概率。在社交场合中，一个人可能会通过赞美他人，表现出友好和合作精神，以此赢得他人的青睐。

---

**拓展阅读 5-1**

#### 赢得朋友和影响他人的方法

戴尔·卡内基（Dale Carnegie）在《如何赢得朋友并影响他人》一书中，根据大量来自实际生活的成功经验，总结出印象管理的许多具体的技巧（扫描二维码查看详细内容）。

卡内基（1888—1955）

赢得朋友和
影响他人的
方法

---

① 黄丽佳，袁勤俭.印象管理理论及其在信息系统研究中的应用与展望[J].现代情报,2018,38(11):172-177.

**拓展阅读 5-2**

### 由衷地赞美他人的优点

真诚的赞扬和欣赏是抚慰人灵魂的阳光,因为赞美总能引起别人的好感。在工作和生活过程中,我们只要细心观察,很快就能发现他人身上的优点,如风度、仪表、品德、才干等。此时,一句真心的赞美不仅没有让自己略逊于他人,反而会让人觉得你慧眼识人,给对方带来快乐的同时也给自己带来一份心理满足。

赞美是一种润滑剂,它可以迅速拉近彼此的距离,但恰到好处地赞美别人也不是一件容易的事,需要了解其中的奥妙和技巧(扫描二维码查看详细内容)。

2. 保护性印象管理策略

保护性印象管理策略是指个体采取措施来维护自己已有的正面印象,避免因不当行为或信息而导致形象受损。例如,某位学生在课堂上因为迟到而引起老师的不满。为了保护自己在老师心中的形象,该学生可能会在课后主动向老师解释迟到的原因,并承诺以后会提前到达。这种行为旨在减轻老师对他的负面印象,维护自身的良好形象。在工作中,当员工错过了截止日期,他可能会解释是因为遇到了突发的家庭紧急状况,并表达真诚的歉意,以此保护自己在同事和上司心目中的可靠形象。

上述分析,可以看出获得性印象管理策略和保护性印象管理策略在目的和实施方式上存在明显的差异。前者侧重于建立新的积极形象,后者关注维护现有的形象。这两类印象管理策略在现实生活中被广泛运用,它们可以并存,并根据不同的社交场景灵活应用。通过巧妙地运用这两类策略,我们能够在各种场合中塑造积极的形象,赢得他人的认可和尊重。掌握这两类策略,无论是在职场、学校还是社交生活中,都能让我们更加游刃有余。

然而,在运用印象管理策略时,必须坚持真诚和适度的原则,避免过度包装自己和误导他人。真诚是建立长久关系的基石,适度则能够确保印象管理策略既有效又符合社交规范。因此,个体应该在实践中不断合理应用这两类策略,以实现最佳的社交效果。

**课堂活动 5-2**

### 印象管理策略分享

给人留下好印象是大多数人的一种强烈愿望。人们用什么策略来给他人留下好印象呢?哪些策略又比较有效呢?二维码中的内容是关于这些问题的部分研究结果,除此之外,你还有哪些比较有效的印象管理策略呢?请与老师和同学分享。

## 二、探寻人际吸引的真相

### (一)人际吸引的含义

人与人之间,有的一见如故,大有"相见恨晚"之感,有的却是点头之交,数十年关系仍不冷不淡。生活中也不难发现,有的人人见人爱,有的人却孤零零地被排斥在群体活动圈子之外。人际关系中的这种相容还是相斥,反映了个体的人际吸引程度。所谓人际吸引,是指个体与他人之间情感上相互喜欢、相互需要和相互依赖的状态,是人际关系中的一种肯定形式。这种吸引体现为个体间积极的情感态度,推动人们相互靠近,并期望形成更为深入的联系。人际吸引不仅表现在对他人的友好、合作、关心和情感亲密上,而且是人际关系发展的基础。

根据吸引的深度,人际吸引可以分为亲合、喜欢和爱情。亲合是较浅层次的人际吸引,表现为个体因地理位置接近、兴趣相同或价值观相似而产生的相互喜欢和亲近的倾向。喜欢则介于亲合与爱情之间,除了基于物理接近和相似性外,还包括更深层的人格特质、兴趣爱好或价值观的共鸣,从而促进个体间情感纽带的深化。爱情是最强烈的人际吸引,体现为个体间深层的情感联系和依赖,它不仅包含亲合和喜欢的元素,还涉及更深的情感承诺、相互理解与支持,以及在情感上对对方的深切依赖和需求。

这三个层次揭示了人际吸引由表及里的发展过程,从简单的物理接近和相似性开始,逐渐发展到基于更深层次情感和价值观的依赖与需求。

### (二) 人际吸引的影响因素

#### 1. 外表

外表涉及个体的外在吸引力,包括一个人的长相、穿着、仪表、风度等。俗话说:"爱美之心,人皆有之。"在现实生活中,人们对那些仪表端庄、容貌漂亮、举止优雅的人更容易产生好感,印象深刻。尽管人人都懂得"人不可貌相,海水不可斗量"的道理,但是在实际的交往过程中,外貌总是有形无形地影响着人与人之间关系的建立与发展,尤其是第一次见面时,由于第一印象的作用,外表这一因素占重要地位。不过,随着交往时间的增加,外表对人际吸引的作用将逐渐减弱,也就是说随着双方交往的深入,吸引力将会从容貌、体态等外在因素转向人品、才华、人格魅力等内在因素。

#### 2. 邻近性

邻近性是影响人际吸引的一个因素。当个体在地理位置或空间距离上靠近时,他们之间的交流和互动机会就会增加,这无疑提升了他们相互吸引的可能性,尤其是在人际交往的初期阶段。中国有句俗话,叫作"远亲不如近邻,近邻不如对门",就是说人们之间地理位置越接近,空间距离越小,交往频率就会越高,也就越容易建立密切的人际关系。当然,个体之间的距离也有一定的限制条件,当这个距离过于接近,超过了人们心理可接受的距离时,距离的作用就会适得其反。

**拓展阅读 5-3**

#### "刺猬法则"与"人际距离"

"刺猬法则"源自一个关于刺猬在寒冷冬天相互取暖的实验。"刺猬法则"表明,在人际交往中,人与人之间必须保持一个合适的距离,才能彼此依靠而不互相伤害(扫描二维码查看详细内容)。

"刺猬法则"与
"人际距离"

研究表明,随着时间的推移,邻近因素发挥的作用越来越小。邻近并非一定具有吸引力。个体喜欢的人一般是邻近的人,而讨厌的人一般也是邻近的人,因为接近增加了对对方缺点的了解,也会因为经常接触而发生矛盾,产生摩擦,妨碍人际交往。

### 3. 相似性

相似性是指个体在特质或特征上的共同之处,这种共同性能够增强个体之间的共鸣和理解。相似性涉及许多方面,如年龄、性别、学历、成长环境、处事态度、立场观点、兴趣爱好、理想信念、价值追求等,其中以态度、信念和价值观的相似最为重要。许多研究显示,相似性与喜欢之间存在直接的正相关。他人与自己越相似,越容易相互吸引和产生亲近感,从而更容易建立融洽的人际关系。人们常说的"物以类聚,人以群分""志同道合""老乡见老乡,两眼泪汪汪""美不美家乡水,亲不亲故乡人"等,说的就是因为相似性而引起的彼此投缘和相互喜欢。

在相处的初期,空间距离的邻近性往往是决定人际吸引的关键因素。然而,随着时间的推移,态度和价值观的相似性越发成为增强彼此吸引力的关键。因此,随着人际关系的深入,个体的内在相似性将变得更加重要。

### 4. 互补性

互补性指的是在人际关系中,当交往双方各自的特征、技能和需求互相补充时往往会产生强烈的人际吸引。例如,一个逻辑严谨的人和一个创意无限的人成为好朋友,一个性格外向的人和一个内向的人发展成一对恋人等。这些都是交往双方相互取长补短的结果。研究指出,短期伴侣间的相互吸引往往基于相似的价值观念,长期伴侣间的吸引更多地依赖于需求的互补。因此,为了实现互补性吸引,需要在相互理解和尊重的基础上寻找一个平衡点。

互补性因素在人际吸引中的作用是多维度的,它与个人的性格、关系发展的阶段以及周围的环境都有着千丝万缕的联系。在某些情况下,互补性可以显著提升关系的满意度,然而,过度的互补也可能导致人际关系中的不平等和冲突。另外,需要注意的是,并非所有相反的或不同的特征都能互补。例如,一个人喜欢玩,一个人喜欢学习,两人就不会形成互补关系。同时,即使可以互补的特征也未必能达成互补关系。例如,一个踏实做学问的人,很难同一个热衷于搞关系的人达成互补关系。因此,人与人之间能否实现人际吸引,关键取决于彼此是否在现有关系中有喜欢和愉快的情感体验。

### 5. 熟悉性

熟悉性是指个体对自己熟悉的人更容易产生好感。心理学家罗伯特·扎伊翁茨(Robert Zajonc)曾做过一个经典的实验,旨在研究熟悉性对吸引力的影响。在实验中,扎伊翁茨要求被试看一系列的面孔照片,有些照片只看1~2次,有些照片看25次。然后问被试对这些照片的喜好程度。实验结果显示,被试对那些被展示次数更多的照片中的人物评价更高。也就是说,照片被展示的次数越多,被试对这些人物的吸引力和喜欢程度也越高。这在心理学中被称为"曝光效应"。

曝光效应的作用只表现在积极的或中性刺激物上,对反面的东西即使增加见到的次数,也不会导致喜欢。扎伊翁茨让被试在几周内重复看一个戴手铐的人,很快人们便认为他确实是犯人而不喜欢他[1]。曝光效应的影响并非始终呈正向增长，当熟悉的程度超过一定限度不但不会引起更多喜欢，反而会出现"审美疲劳"，使人产生厌烦情绪[2]。因此，为了维持健康的人际关系，保持适当的熟悉度平衡，并与其他吸引因素如互补性、相似性等相结合，是至关重要的。

---

### 拓展阅读 5-4

#### "曝光效应"的启示

熟悉的人容易日久生情吗？曝光效应带给我们哪些心理启示呢？扫描二维码查看详细内容。

"曝光效应"
的启示

---

6. 能力

心理学研究表明，在其他条件都相同的情况下，比较有能力的人更容易受到人们的喜欢，使人们愿意与他接近、对其产生敬佩感，更容易建立人际关系。那是不是说，个人能力越强，越完美，就越容易得到别人的认可，越能产生吸引力呢？答案是否定的。心理学家艾略特·阿伦森(Elliot Aronson)在做了一系列关于人际吸引的实验后，得出的结论是：能力使一个人富有吸引力，但是一个很有才华而又有小缺点的人最有吸引力。这种现象被称为"仰巴脚效应"(参见知识链接 5-1)。

### 知识链接 5-1　仰巴脚效应

"仰巴脚"就是不小心摔了个四脚朝天，又称"出丑效应"或"犯错误效应"。心理学家艾略特·阿伦森曾做过一个实验，把四段人物访谈录像分别放给观众看，让他们从中选出最喜欢和最不喜欢的受访者。第一位受访者事业有成，接受采访时态度自然，谈吐不俗；第二位受访者也是成功人士，但他有些羞涩，当主持人向观众介绍他的成就时，他紧张得打翻了桌上的咖啡杯；第三位受访者极为普通，表现一般，没有什么出彩之处；第四位受访者同样普通，但他非常紧张，不仅打翻了咖啡杯，咖啡还溅到主持人身上。

实验结果显示，最不受观众喜欢的是第四位受访者，几乎所有的观众都选择了他，可奇怪的是，观众最喜欢的不是第一位受访者，而是第二段录像中打翻了咖啡杯的那位受访者。

"仰巴脚效应"揭示了一个重要的心理规律：人们倾向于喜欢那些既优秀又有些小瑕疵的人，因为这些瑕疵让人感到他们更加真实和可接近，从而更容易对他们产生共鸣和好感。然而，必须说明的是："仰巴脚效应"不适用于能力平庸之辈，因为这只会使人觉得他能力低下，认为他连一点小事都做不好；另外，出现的差错不能有损于人格，即不是原则性的、重大

① 桑标.大学生心理健康[M].上海：上海教育出版社，2014：223.
② 马建青.大学生心理健康教程(第4版)[M].杭州：浙江大学出版社，2022：133.

的差错。

### 7. 人格

人格是最重要的人际吸引因素。诺尔曼·安德森(Norman Anderson)1968 年曾进行了一项研究,他构建了一个包含 555 个人格描述词的列表,让被试指出他们在多大程度上喜欢一个有这些特点的人。研究结果表明:被试评价最高的品质是真诚和诚实,评价最低的是说谎和装假(见表 5-1)。

表 5-1　影响人际吸引的主要人格特质

| 最积极品质 | 中间品质 | 最消极品质 |
| --- | --- | --- |
| 真诚 | 固执 | 古怪 |
| 诚实 | 刻板 | 不友好 |
| 理解 | 大胆 | 敌意 |
| 忠诚 | 谨慎 | 饶舌 |
| 真实 | 易激动 | 自私 |
| 可信 | 文静 | 粗鲁 |
| 智慧 | 冲动 | 自负 |
| 可信赖 | 好斗 | 贪婪 |
| 有思想 | 腼腆 | 不真诚 |
| 体贴 | 易动情 | 不善良 |
| 热情 | 羞怯 | 不可信 |
| 善良 | 天真 | 恶毒 |
| 友好 | 不明朗 | 虚假 |
| 快乐 | 好动 | 令人讨厌 |
| 不自私 | 空想 | 不老实 |
| 幽默 | 追求物欲 | 冷酷 |
| 负责 | 反叛 | 邪恶 |
| 开朗 | 孤独 | 装假 |
| 信任 | 依赖别人 | 说谎 |

## 第三节　良言一句三冬暖——沟通能力的培养

在现代社会,沟通能力的培养对于个人发展至关重要。无论在家庭、学校、公司还是社交场合,个体都需要与他人进行有效的沟通。良好的沟通能力可以帮助我们更好地理解他人,表达自己的想法和感受,建立和谐的人际关系,提高生活品质。然而,许多人往往缺乏沟通技巧,导致误解、矛盾甚至冲突的产生。本节内容将围绕什么是沟通、常见的沟通障碍及有效沟通的途径展开。

## 一、沟通概述

### (一) 沟通的概念

沟通是一种信息传递与接收的行为,是发送者凭借一定的渠道,将信息传递给接收者,并寻求反馈以达到相互理解的过程。在清醒状态下,个体大约有70%的时间用于沟通,包括与他人交谈、查看手机消息、阅读书籍、观看电视等。沟通是人类的基本需求,也是建立和维护良好人际关系的重要桥梁。沟通不仅直接影响个体的学习、生活和工作,而且影响其心理健康水平。

在现实生活中,许多不愉快的经历,如误解和纠纷,常常与沟通不畅有关。通过有效的沟通,个体能够清晰地表达自己的需求和情感,同时也能更好地理解他人的观点和情绪。这种相互理解和尊重的过程,有助于减少冲突,使个体在各种社交场合中游刃有余,更好地实现个人目标,提升生活质量。因此,学会有效沟通,是实现个人幸福和成功的重要一步。

经典名言

与人善言,暖于布帛;伤人之言,深于矛戟。

——荀子

荀子(约公元前313—公元前238)
图片资料来源:荀况彩像(清殿藏本)

### (二) 沟通的过程

完整的沟通过程由信息、发送者、编码、渠道、解码、接收者、噪声和反馈等八个要素构成,如图 5-1 所示[①]。从图中可以看出,这些要素共同作用,确保信息的准确传递和接收。

信息的发送者是指具有信息并试图进行沟通的个人或组织,他们把要发送的信息(包括事实、观点、情感、需求等)进行编码,转化为信息接收者可以接受的形式,比如口语、文字、表情等。渠道是传送信息的媒介,包括直接沟通(面对面交流)和间接沟通(电话、电子邮件、社交媒体等),传送媒介的选择会影响沟通的效果和效率。

接收者是信息指向的客体。但在信息被接收之前,接收者必须先将其中加载的符号翻

---

① 斯蒂芬·罗宾斯,蒂莫西·贾奇.组织行为学(第18版)[M].孙健敏,朱曦济,李原,译.北京:中国人民大学出版社,2021:294-295.

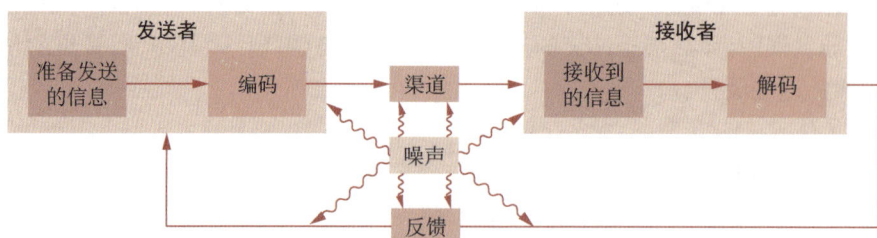

图 5-1　沟通过程模型

译成他能理解的形式,即对信息进行解码,解码过程会受到接收者的知识和经验及其与信息发送者之间关系的影响。噪声是指那些使信息失真的沟通障碍,如知觉问题、信息超载、情绪干扰、文化差异等。沟通的最后一个环节是反馈,反馈是为了确认信息的传送是否成功以及传送的信息是否符合原来意图,反馈使沟通成为一个双向的交互过程,有助于沟通者了解信息是否被正确理解,并及时调整沟通策略。

### (三) 沟通的类型

沟通的形式或类型是非常多的,可以根据不同的标准进行分类,表 5-2 是一些常见的沟通类型。

表 5-2　沟通的类型

| 分类标准 | 沟通类型 | 特点描述 |
| --- | --- | --- |
| 沟通媒介 | 口头沟通 | 通过面对面的对话或借助电话、视频会议等手段进行。口头沟通迅速、灵活、随机应变、有信息反馈、适应性强,是最常采用的沟通形式 |
| | 书面沟通 | 通过电子邮件、信函、文本报告、短信、社交网站等媒介进行。书面沟通不受时空限制,便于保存和回顾,适合传递需要详细记录或正式通知的信息,确保信息的准确性和可追溯性 |
| | 非语言沟通 | 主要是借助肢体语言、面部表情和其他非语言信号(如音量、音调、哭、笑和叹息等)进行沟通,能够传递言语难以充分表达的情感和态度 |
| 沟通方向 | 上行沟通 | 信息从组织中较低的层次流向较高层次的一种沟通。主要功能在于促进信息的双向流动,使管理层能够了解基层的实际情况,从而做出更符合实际的决策 |
| | 下行沟通 | 信息从组织中较高的层次流向较低层次的一种沟通,如传达组织的政策、目标、计划、指令和工作安排等 |
| | 横向沟通 | 又称为平行沟通,是在组织中处于相同层次的个体或部门之间进行的信息传递和交流 |
| 正式程度 | 正式沟通 | 通过组织明文规定的渠道进行的与工作相关的信息传递和交流,它与组织的结构息息相关。比如组织中上级的命令、指示逐级向下传达,下级的情况逐级向上报告,以及组织内部规定的会议、汇报、请示、报告制度等 |
| | 非正式沟通 | 在正式沟通渠道之外,基于人际关系进行的信息交流,如朋友聚会,团体成员私下交换看法、传播小道消息等 |

随着互联网技术的发展,网络沟通已经成为现代社会不可或缺的一部分。它通过社交媒体、在线论坛、视频会议等数字平台实现,特点是快速、便捷,甚至可以匿名。网络沟通特别适合远程协作和跨区域交流,但同时也面临着信息安全、真实性问题等挑战。

选择合适的沟通方式,要考虑到沟通的目的、对象、环境等因素,每种方式都有其独特的优势和局限。例如,在需要快速交流并获得即时反馈的情况下,口头沟通往往最为高效;在需要正式记录或长期保存信息的情况下,书面沟通更为适宜。非语言沟通在传递情感和态度方面尤为有效,网络沟通则以其便捷性和跨越地理界限的能力,成为远距离交流和信息共享的首选方式。

## 二、沟通障碍

沟通是一个复杂的过程,不仅仅是信息的传递,更是发送者与接收者之间的多层次互动。在这个过程中,任何一个环节出现问题,都可能影响沟通的效果。例如,在编码环节,发送者将自己的思想和情感转化为符号或语言,并通过某种通道传递给接收者。如果编码不准确,发送者发出的信息就可能失真,导致接收者误解原意。同样地,在选择传递通道时,如果选择不当,信息就可能无法有效地到达接收者,进一步增加误解的可能性。由此可见,沟通过程中的障碍是多方面的,它们可能出现在编码、传递、解码等任何一个环节,甚至可能因为反馈机制不完善而使误解无法得到及时修正。下面介绍几种常见的沟通障碍。

### (一) 选择性知觉

在沟通过程中,信息接收者往往根据自己的需要、动机、经验、背景以及其他个人特征有选择地理解信息,并将自己的期望融入其中,导致对信息的误读(参见知识链接5-2)。例如,在工作场合中,当一名员工听到领导提到"改进"一词时,他会根据自己对领导的印象和过去的经验来解读这句话。如果他曾经在类似的情况下受到批评,可能会认为"改进"意味着领导对他工作的不满,从而感到压力和不安。另一名与领导关系良好且有过积极反馈的员工,会将"改进"解读为一种鼓励性的建议,认为这是一个提升自我的机会。实际上,领导只是中立地指出需要提高的领域,但由于员工的选择性知觉,信息被赋予了不同的含义,从而影响了员工的情绪和行为反应。在日常生活中,人们对同一种信息有不同的解读,是再正常不过的了。鲁迅先生曾说过,一部《红楼梦》,"经学家看见《易》,道学家看见淫,才子看见缠绵,革命家看见排满,流言家看见宫闱秘事"。这说明,很多时候,我们并不是看到客观现实,而是对自己看到的东西进行主观解释。

**知识链接 5-2　疑人偷斧**

"疑人偷斧"是一个中国古代的寓言故事。故事讲述的是有一个人丢了一把斧子,他怀疑是邻居家的孩子偷的。于是,他开始特别留心观察那个孩子的一举一动,觉得孩子的走路姿势、面部表情和说话的语气都像是偷斧子的人。不久,他自己找到了那把斧子,是他不小心遗忘在干活的地方了。从此以后,他再看邻居家那个孩子,发现无论如何也看不出有偷斧子的迹象了。

这个寓言故事的原意在于揭示主观成见对客观事实判断的影响。"疑人偷斧"的故事告诉我们,当人们戴着"有色眼镜"去观察和判断事物时,往往会歪曲事实的本来面貌,导致错误的结论。

### (二) 信息过滤

信息过滤,指发送者有意操纵信息,以使信息显得对接收者更为有利。例如,一名管理者向上级汇报时,只传达上级想听到的信息,这就是信息过滤。通用汽车公司前总裁约翰·扎卡里·德洛雷安(John Zachary DeLorean)曾说:"从下级报上来的信息经过层层过滤,往往使领导层接触不到实际情况。下级提供的资料通常是为了获得他们希望的回应,或者是报喜不报忧,猜测领导者需要什么,然后上报什么。"信息过滤与维护形象、保持士气、避免惩罚等相关,虽然暂时避开了负面评价,但从长远来看,这种行为会导致领导层对基层工作的实际情况缺乏全面了解,从而做出错误的决策。信息过滤不仅掩盖了真实的问题和挑战,影响决策的准确性,还可能带来组织内部的信任危机,并降低沟通效率。

### (三) 情绪干扰

情绪状态对沟通的影响非常显著。强烈的情绪体验,如愤怒或焦虑,会干扰我们对信息的理解。极端的情绪体验(如狂喜或悲痛)常使我们难以冷静和客观地处理信息,取而代之的是情绪化的判断。例如,在激烈的讨论中,如果一方感到愤怒,他们可能会忽视对方试图表达的合作意图,而将其话语解读为攻击或挑衅。这种情绪化的反应不仅会妨碍有效沟通,还可能加剧冲突。

### (四) 沟通恐惧

研究表明,约有 5%～20% 的人在不同程度上存在沟通恐惧或社交焦虑。这些人在进行口头或书面沟通时,往往表现出过度的紧张和不安。比如,他们难以与他人面对面交流,或者在需要打电话时感到极度焦虑,因此更倾向于通过备忘录或电子邮件传递信息,即使打电话更为快捷和合适。研究还发现,存在口头沟通焦虑的人会尽量避免需要进行口头交流的情境,以减少沟通带来的压力。

### (五) 语义障碍

语言是信息传递的基本工具,人们的沟通主要依靠语言(包括口头和书面形式)来进行。然而,语言并非思想本身,而是表达思想的符号系统。通常情况下,年龄、教育程度和文化背景是影响个人语言风格及其对词汇理解的三个主要因素。此外,由于人们的语言能力和表达技巧存在差异,对于同一思想或概念,有些人能够清晰表达,而另一些人表达得模糊不清,这会妨碍有效沟通。因此,使用语言表达思想时不可避免地会出现语义障碍,如语言使用不当、表达不流畅、措辞模棱两可、口齿不清以及使用方言或专业术语等,都容易引起误解和曲解,从而影响沟通效果。

此外,信息超载、环境噪声、技术故障、文化差异、缺乏反馈等因素都会阻碍有效沟通,这里不再详细阐述。为了确保信息的准确传递和理解,我们需要意识到这些潜在障碍,采取相应策略,提高沟通质量,从而在生活中建立更健康的人际关系。

## 三、有效沟通的途径

如前所述,人们在沟通的过程中,会遇到许多障碍,这就使有效沟通变得异常困难和复杂。为了保证沟通的顺畅性和有效性,采取一些途径和策略来提高沟通效率就显得格外必要。常见的有效沟通途径有以下五种。

### (一) 正确使用语言文字

众所周知,语言是信息沟通的主要工具,因此,能否恰当地使用语言文字对沟通效果至关重要。在语言表达时,需要真诚动人,使用对方容易接受的词汇,同时措辞应简明易懂。此外,信息传递者应根据接收者的知识背景、经验和需求来选择恰当的表达方式。同样的内容,对不同的个体应采用不同的表达和编码方法,以适应其理解能力。许多企业的领导者具备优秀的管理理念,为了让员工能真正理解,他们经常使用简单明了的语言进行传达。例如,一家开关制造公司为了强调质量管理的重要性,提出了"99 + 1 = 0"的口号,并将其悬挂在公司门口。这一口号的含义是:即使一件产品在 99 个方面表现优秀,只要有一个方面存在问题,也会影响整体质量,所以,必须追求卓越。

### (二) 积极倾听

有句谚语说:"我们之所以有两只耳朵而只有一张嘴,是为了让我们多听少说。"事实上,在沟通过程中,听有时的确比说更重要。听不仅仅是听到对方说话的声音,更是理解其背后的情感和意图(见案例 5-1)。只有当接收者准确理解了发送者传递的信息时,沟通才是有效的。因此,进行有效沟通的前提是积极倾听。首先,积极倾听要做到全神贯注,避免分心,并确保与对方保持眼神交流,以传达对其所说内容的重视。其次,适时使用非语言反馈,如点头或微笑,来展示对说话者的关注和理解,从而鼓励对方继续表达。同时,倾听者应避免打断对方,耐心等待对方表达完毕,以便更全面地理解他们的观点。在对方发言后,可以通过复述或总结要点来验证理解的准确性,这不仅让对方感受到被尊重,还能深化双方的沟通。此外,适当的提问有助于澄清疑惑,进一步引导对话的深入。最后,保持开放的态度,尊重对方的感受和观点,即使存在分歧,也要以包容的心态进行交流。通过掌握和运用积极倾听的技巧,我们可以提升沟通质量,建立更深层次的人际关系。

> **案例 5-1　飞行梦想中的真挚回答**
>
> 一位主持人问一个立志成为飞行员的小朋友:"如果有一天,你的飞机飞到太平洋上空,所有引擎都熄火了,你会怎么办?"小朋友想了想,回答道:"我会先告诉乘客系好

安全带,然后我挂上降落伞跳出去。"现场的观众哄堂大笑,然而,出人意料的是,孩子的眼泪突然流了下来,透出一股无以言表的悲痛之情。主持人感到疑惑,便问道:"为什么要这么做呢?"孩子真挚的回答让全场瞬间安静:"我要去拿燃料,我还要回来!"

当我们听他人说话时,请一定听对方说完,既不能只听一半,也不能把自己的理解投射到别人所说的话上。

### (三) 运用反馈

许多沟通障碍源于误解或信息的不准确。在交流过程中有意识地学习和掌握一些反馈技巧,可以有效降低这些问题的发生率。反馈可以通过多种方式进行,包括语言和非语言的表达;同时,反馈也可以是积极的或消极的。通常情况下,人们对积极反馈的反应速度和准确性都高于消极反馈,且积极反馈更容易被接受,而消极反馈往往会遭到抵触,因为人们更倾向于接收好消息而非坏消息。然而,这并不意味着在沟通中应完全避免消极反馈。研究表明,当消极反馈来自可靠的信息源或较为客观时,人们也是容易接受的。

### (四) 采用恰当的沟通方式

选择恰当的沟通方式对于实现有效沟通是十分重要的。由于沟通内容的多样性,针对不同的沟通需求应采取不同的方式。从沟通速度来看,口头和非正式的沟通通常比书面和正式的方式更为迅速;从反馈的角度看,面对面的沟通能够获得即时回应,而书面沟通有时可能得不到反馈。此外,同样的信息由于传播渠道的不同,其接收效果也会有所差异。例如,正式的书面通知往往使接收者更加重视,而在社交场合中表达的意见会被对方视为随意的讨论,从而不被认真对待。因此,根据不同沟通渠道的特点,采用恰当的沟通方式,能够显著提升沟通的效果。

### (五) 注意非语言信息

在沟通过程中,非语言信息往往比语言本身更有说服力和感染力。面部表情、眼神交流、手势、姿态、语调、停顿等非语言信息,能够传递出言语无法表达的情感和态度,甚至在某些情况下,这些信息比语言更为真实和可信(见知识链接5-3)。然而,真正将非语言信息有效运用到人际沟通中并不是一件容易的事:一方面,需要理解他人的非语言信息;另一方面,要恰当地使用自己的非语言信息。同时,还要意识到,不同文化背景下,某些非语言信息的含义会有所不同。例如,中国人常常因为喜爱孩子才去摸他们的头部,而泰国人认为头部被他人触摸是一种极大的羞辱。因此,在跨文化交流中要注意区分这些差异。总之,善于捕捉和解读非语言信息能够使沟通更加顺畅。

知识链接 5-3    梅拉宾法则

在人际交往中,我们常常依赖语言来表达思想和情感。然而,心理学家阿尔伯特·梅拉宾(Albert Mehrabian)提出的梅拉宾法则(Mehrabian's rule)却揭示了非语言沟通的重要性,改变了我们对有效沟通的理解。

梅拉宾的研究表明,在面对面交流中,一个人对他人的印象,约有7%取决于谈话的语言和内容;语气、语调、语速、音量等声音要素占38%;眼神、表情、手势等肢体动作所占比例则高达55%。因此,这一法则又被称为"7/38/55"定律。

语言传达 7%
身体语言 55%
声音语调 38%

梅拉宾法则

梅拉宾法则提醒我们,沟通不仅仅依赖于言辞,语调、微笑、眼神和身体姿态等都在传递重要信息。在商业谈判、教育授课、日常对话等场合,这些非语言信息可以影响沟通的效果。需要注意的是,该法则主要适用于传递情感和态度的信息,并不适用于所有情境,尤其是在信息密集的交流中,语言内容的作用更为重要。

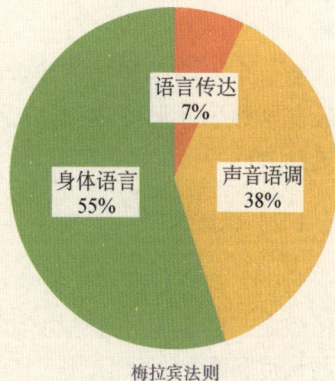

## 第四节　投桃报李情谊深——人际关系的促进

在人际关系中,每个人都扮演着重要角色,而和谐是人们共同追求的目标。融洽的人际关系不仅能让我们的生活丰富多彩,更能为我们的职业发展和社会进步提供坚实的支撑。然而,在这个快速变化的时代,人际关系也面临着前所未有的挑战,直接影响我们的心理健康、工作表现和生活质量。那么,我们该如何维护好自己的人际关系呢?本节将探讨促进和谐人际关系的关键要素,分享实用策略。无论是与同事、朋友还是家人相处,都能找到适用的方法。让我们共同努力,构建充满温暖的人际网络,创造更美好的未来。

### 一、遵循人际交往的原则

没有规矩不成方圆,人的行为都是在一定观念的指导下进行的。要改善人际关系,就必须明确和遵循人际交往的基本原则。

#### (一)平等原则

在人际交往中,平等原则是建立和维系良好关系的关键。无论是在工作场合、社交活动还是日常生活中,平等对待他人都能有效减少误解与冲突,增进彼此的理解与信任。

真正的平等并不是表面上的客气或礼貌,而是发自内心地认同他人的价值,接纳每个人独特的经验和视角,不因对方的社会地位、经济状况、年龄或教育背景等因素而有所区别对待。

当一个人感受到被平等对待时,会更容易获得归属感和安全感,心理压力与焦虑也会减轻。这种平等互动为人际关系的良性循环奠定了基础,既有助于个体的心理健康,也能促进社会的和谐发展。

### (二)尊重原则

每个人都有自己的人格尊严,并期望在各种场合得到他人的尊重。孟子说:"敬人者,人恒敬之。"尊重包括自尊和尊重他人两个方面。自尊是指个体在与他人互动时,对自身价值的认可和维护。只有当一个人能在内心深处尊重自己时,他才能以更加自信和从容的姿态与他人交往,赢得他人的尊敬。尊重他人则强调对他人独特性的理解与包容。每个人在性格、行为习惯、文化背景和价值观上都有所不同,真正的尊重是承认并接纳这些差异,而不是以自己的标准去要求他人。这种尊重不仅体现在言辞上,还体现在行为中,如倾听他人的观点、尊重他人的选择、不随意批评或干涉。尊重是人际交往的润滑剂,它使互动更加和谐而富有建设性(见案例5-2)。在人际交往中,尊重是双向的。只有自尊才能得到他人的尊重,也只有尊重他人才能赢得他人的信任与好感。如果一个人经常损害别人的尊严,不顾及他人的感受,那么往往会遭到他人的排斥,人们是不愿意与之交往的。

#### 案例5-2　甜蜜瞬间

在一家生意兴隆的蛋糕店门前,一位衣衫褴褛、气味难闻的乞丐站在那里,想要购买最小的蛋糕。店里的客人都露出厌恶的神色,店员也催促乞丐离开,担心影响生意。然而,乞丐拿出几张皱巴巴的小钞,低声说道:"我来买蛋糕。"

此时,店老板走上前来,热情地为乞丐准备了一个小巧精致的蛋糕,并向他深深鞠躬,说:"多谢关照,欢迎再次光临!"乞丐受宠若惊,匆匆离去。店老板的孙子感到困惑,问爷爷为何对乞丐如此礼貌。店老板解释说:"虽然他是乞丐,但也是顾客。为了吃到我们的蛋糕,不惜花去很长时间讨得的一点点钱,实在是难得,我不亲自为他服务怎么对得起他的这份厚爱?"孙子又问:"既然如此,为什么要收他的钱呢?"店老板说:"他今天是客人不是来讨饭的,如果我不收他的钱,岂不是对他的侮辱?"

### (三)诚信原则

"诚者信也,信者诚也"这是许慎在《说文解字》中对"诚信"的解释。"诚"与"信"的相互阐释体现了诚实守信的内在联系,即诚中有信,不诚则不信,信必见其诚。诚实守信是中华民族的优良传统,也是社会最基本的伦理价值(见案例5-3),是维系人际关系的重要纽带。中国古代将诚实守信与仁、义、礼、智四德并列。每个中华儿女都有责任继承这些传统美德。无论一个人的生命之舟驶向何方,诚信都是其不可或缺的"通行证",它让人心灵高贵,行为光明磊落。拥有诚信品质的个体在生活中更容易受到同伴的欢迎与爱戴,朋友众多。相反,缺乏诚信的人,就等于在自己的人生道路上设置了重重障碍,正如大家耳熟能详的"狼来了"寓言故事中的放羊娃一样,最终会害了自己。

> **案例5-3　岁月的承诺**
>
> 　　陈金英,一位来自浙江丽水的90岁老人,因坚持10年还清2 077万元债务的故事感动了无数网友。网友亲切地称她为"诚信奶奶"。她曾是成功的女企业家,退休后创办了生产中老年羽绒服的工厂,一度生意兴隆。然而,2011年公司遭遇资金危机,背负巨额欠款。为偿还债务,她卖掉房产、工厂,并在街头售卖羽绒服。有人劝她申请破产以规避债务,但她果断拒绝了。"这哪成啊? 欠了别人钱是一定要还的!"正是秉承这种朴素的信念,老人家无论寒暑坚持卖货还债。到2021年2月5日,她终于还清了最后一笔欠款。"诚信奶奶"给所有人上了一堂生动的诚信必修课。

### (四)宽容原则

　　宽容表现在对非原则性问题不斤斤计较,既包括"容人之过",也包括"容人之异"。宽容是不计较而不是软弱(见案例5-4),是理解而不是迁就。古人常说:"将军额上能跑马,宰相肚里好撑船。"宽容是迄今为止人类发现的化解矛盾、实现人与人融洽相处、合理交往、平衡互动、走向和谐的最有效办法。正所谓"遇事退一步,海阔天空;凡事论曲直,路窄林深。""一只脚踩扁了紫罗兰,它却把香味留在了你的脚底,这就是宽容。"生活中人与人之间需要宽容,紧握拳头,抓住的只是空气;伸开五指,触摸到的是整个世界。我们常说人生不容易。所谓容易,能容则易,容是肚量,容是睿智,有容乃大,能容则刚,能容则强。能容则能爱,能爱则事无难事,一切皆易。宇宙收容每一颗星星,故天空广阔无垠;大海收容每一条细流,故海洋浩瀚无边;大山收容每一粒石子,故能成就雄伟壮观之势。宽容已成为当今社会处理人际关系的重要准则。

> **案例5-4　从囚徒到总统**
>
> 　　1990年2月11日,纳尔逊·罗利赫拉赫拉·曼德拉(Nelson Rolihlahla Mandela)在领导反种族隔离运动中入狱27年后,以胜利者的姿态走出监狱大门。正当外界担心

一场"复仇"不可避免时,曼德拉选择用宽容与和解征服世界。1993年,曼德拉获诺贝尔和平奖。1994年,他当选为南非总统。在就职仪式上,年迈的曼德拉致辞时特别提到曾陪伴他度过艰难岁月的三位狱警。他逐一介绍并拥抱他们,坦言:"年轻时我性格暴躁,正是他们帮助我学会控制情绪。"这番话让曾虐待他的狱警无地自容,也让在场的人肃然起敬。仪式结束后,曼德拉再次走到狱警身边,平静地说:"在走出囚室,经过通往自由的监狱大门那一刻,我已经清楚,如果自己不能把悲伤和怨恨留在身后,那么我其实仍在狱中。"狱警闻言,泪流满面。

曼德拉(1918—2013)

### (五)互助原则

赠人玫瑰,手有余香。当我们帮助他人时,不仅能让对方感受到温暖与关怀,我们自己也会收获一份满足感与幸福感。现代社会提倡"我为人人,人人为我"的精神,人与人之间的关系在互助与合作中得以深化。

在人际交往中,一段关系能否长期维系,通常取决于双方是否能够在互助中实现双赢。如果一方只索取而不付出,关系往往就难以持续下去。在心理学中,互助原则被称为互惠定律,这与中国传统文化中的"来而不往非礼也"有异曲同工之处。

## 二、洞悉人际交往的心理效应

### (一)首因效应

首因效应指的是人们在初次见面时形成的印象对后续交往关系的影响,也称为第一印象效应。第一印象的好坏,往往成为双方能否继续交往的重要条件和依据。如果彼此留下良好的第一印象,那么,双方继续交往的可能性将大大增加,从而推动人际关系的发展。反之,双方可能就此打住不再往来,人际关系也就难以建立。因此,初次交往时应尽可能展现积极形象。

首因效应获取的常常是交往对象仪表风度和谈吐等方面的有限信息,未必反映真实情况。然而,最初的印象往往是最鲜明和持久的,具有先入为主的倾向,影响后续交往。所以,在人际交往中,既要适当利用首因效应,通过良好的言谈举止等方式为自己赢得好感,同时也应意识到其局限性,避免单凭第一印象判断他人。正如人们常说的"路遥知马力,日久见人心",通过长时间的接触才能真正了解一个人。

**拓展阅读5-5**

#### 首因效应实验

心理学家亚伯拉罕·萨缪尔·卢钦斯(Abraham Samuel Luchins)编写了两段描

述不同性格特征的文本,分别描写一个名叫吉姆的学生。第一段将吉姆描写成热情而外向的人,第二段则将其描写为冷漠而内向的人。实验结果证明了首因效应的存在(扫描二维码查看详细内容)。

### (二) 近因效应

近因效应是指人们在判断他人时,最近获得的信息对其印象的影响力往往超过之前的信息。就如同在观赏一部电影时,即使前半段平淡无奇,但令人震撼的结尾依然能左右你对整部电影的评价。这一现象源于记忆的更新机制:人们倾向于优先记住最新的信息,早先的内容则逐渐淡出。也就是说,当你与某人多次接触时,最后的印象往往会在你脑海中占据主导地位,甚至会掩盖以往形成的对他的评价。例如,一个长期默默无闻的人,因一场出色的表现让人刮目相看;一个一贯表现优秀的人,因一次失误而给人留下深刻的负面印象。这正是近因效应的作用。

理解近因效应,有助于个体在关键时刻把握好结尾,留下积极的印象。然而,也需警惕近因效应带来的认知偏差。比如,在现实生活中,有的人关系情同手足,以兄弟姐妹相称,但由于对某一问题各执己见,或是一场误会,或是对方无意间说错一句话、做错一件事,便以最近"过错"来否定之前的一切,导致双方断交,走向末路。为避免这种负面结果,应秉持"对事不对人"的冲突处理方式,并用历史的、动态的、发展的眼光来看待对方。

### (三) 晕轮效应

晕轮效应是指由一个人的某种特征推及其总体特征,从而产生美化或丑化该人的现象,也称"光环效应"。即在知觉他人时,人们往往根据少量的信息就将人分为好或坏两种。如果认为某人是"好"的,他就被一种好的光环笼罩,并被赋予一切好的品质(见案例5-5);相反,如果认为某人"坏",那么他就被认为一无是处。正所谓"抓住一点,不顾其余","爱屋及乌""厌恶和尚,恨及袈裟"就是晕轮效应的典型体现。

晕轮效应的主要特点是以点概面和以偏概全,影响对人评价的准确性。所以,交往中要防止晕轮效应的副作用,尽量深入了解和全面分析一个人的信息,避免因为某一突出特征而忽略了其他重要的方面。同时,也可以利用晕轮效应的影响增加自身的吸引力。例如,采用先入为主的策略,让对方了解我们的优势,从而获得以肯定积极为主的评价。

#### 案例 5-5　文学巨星的陨落

俄国著名文学家普希金在年轻时曾疯狂地爱上被称为"莫斯科第一美人"的娜塔丽娅。他的热情追求最终得以成功,二人结为夫妻。尽管娜塔丽娅拥有出众的外貌,但她与普希金在思想和追求上毫无共鸣。她不仅对普希金的作品没有兴趣,甚至要求他陪同自己参加各种奢华的社交活动,沉溺于游乐之中。每当普希金试图朗读自己的诗作时，娜塔丽娅总是掩耳拒听，大声说道："不想听！"为了取悦娜塔丽娅，普希金逐渐放弃了自己热爱的创作。随着时间的推移，他不仅彻底丧失了文学激情，还背负了巨额债务，最终在一次因娜塔丽娅引发的决斗中失去了生命。

在普希金的眼中，外表美丽的女性必定拥有卓越的智慧和高尚的品德。然而，他的信念被娜塔丽娅的真实表现所打破，这位在价值观和人生观上与他格格不入的女子，最终导致了他的悲惨结局。

普希金（1799—1837）

## （四）投射效应

投射效应是指个体把自己拥有的特质推而广之到他人身上的倾向。比如，一个不喜欢繁文缛节的人倾向于认为别人也讨厌礼节过多；一个喜欢礼节和程式化的人，倾向于认为礼多人不怪。由于投射效应的存在，人们常常可以从一个人对别人的看法中推测出这个人的真正意图或心理特征。

由于人类有某些共同的心理特征，因此有时对他人的推测是准确的，但人与人之间的差异远远超出这些共性，导致推测常常出错。例如，《庄子》中的一个故事提到，尧到华地视察时，当地官员祝愿他长寿、富贵、多子，尧却婉拒。官员不解，认为这些都是人生追求的目标，而尧解释道：长寿多忧，富贵多事，多子多恐，这些都不是他追求的美德。由此可见，个体的心理特征各不相同，哪怕是看似普遍的"福、寿"等愿望也未必适用于每个人。然而，在日常生活中，人们往往不自觉地把自己的想法和愿望投射到他人身上，导致认知偏差。比如，自己喜欢财富，就误以为别人都是为金钱而工作；自己心胸狭窄，便认为他人都不够光明磊落等。投射效应是客观存在的，通过投射效应可以发现个体的内在动机与真实想法，许多心理测验正是基于这一原理设计的。

**拓展阅读5-6**

### 苏东坡与佛印的对话

投射效应提醒我们：你如何看待别人，就反映了你如何看待自己。发生在诗人苏东坡与佛印禅师之间的一段对话恰好说明了这一点（扫描二维码查看详细内容）。

苏东坡与佛印的对话

## （五）刻板印象

刻板印象是指人们对某个群体中的个体形成的一种概括而固定的看法。刻板印象的形成与职业、地域、性别、年龄等因素相关。例如，在职业方面，人们常认为知识分子文质彬彬，会计精打细算，商人唯利是图，推销员能说会道。在地域方面，有人觉得东北人豪爽，西北人朴实,江浙人精明。在性别方面,男性被视为独立性强、果断勇敢、自信,女性则常被认为依赖性强、细心。在年龄方面,老年人容易被看作墨守成规、缺乏进取心,年轻人则被认为心态浮躁、缺乏恒心等。

刻板印象具有双重性。一方面,它可以帮助人们快速处理信息,简化认知过程;另一方面,它往往基于有限的经验,容易产生偏见和成见,甚至产生误解,从而对人际交往产生负面影响。因此,在人际交往中,应以客观、全面的态度观察和分析相关信息,通过实践深入认识他人,避免盲目推测或武断归类。

## 三、领悟人际交往的艺术

人际交往既是一门科学,也是一门艺术。作为科学,它涵盖了心理学、社会学和沟通学等多学科的知识体系;作为艺术,它讲求灵活运用人际交往的规律和技巧,因人因时而异的交流方式更能达到有效的情感联结。只有在理性认知和感性领悟的双重视角下,我们才能真正洞悉人际互动的本质与魅力,建立和谐且有效的人际关系。人际关系的基本理论和人际交往的原则等内容前文已阐述,下面分析人际交往的艺术。

### (一) 塑造良好的个人形象

良好的个人形象在人际关系建立的过程中起着非常重要的作用。塑造良好的个人形象的具体策略有以下几点。首先,要注重仪表。衣着整洁大方,举止自然得体,会给人一种亲近感;反之,过分修饰,油头粉面,浓妆艳抹,会给人一种不合时宜的印象。其次,待人要真诚热情。一般情况下,交往双方总是先接受说话的人,然后才会接受对方陈述的内容。因此,对人讲话时,态度应该诚恳,避免油腔滑调,高谈阔论,哗众取宠,垄断话题,否则会使人感到不愉快。热情而诚实的态度能够赢得信任,促进交往的深入;相反,冷漠和虚情假意的行为会阻碍进一步的交往。最后,要做一个忠实的听众。每个人都需要有自我表现的机会,尤其在初次交往中,耐心倾听并鼓励对方分享自己的想法,是维系良好关系的关键。

### (二) 主动交往

许多人之所以难以建立良好的人际关系,主要原因之一就是他们在交往中采取了消极、被动的退缩方式,总是期待友情从天而降。因此,即便他们身处热闹的社交场合,依然感到孤单。实际上,别人不会无缘无故对我们产生兴趣。所以,要想赢得别人的好感,同别人建立良好的人际关系,我们必须主动迈出第一步,首先让自己成为交往的发起者。当你主动与人打招呼或交谈时,你会发现这些尝试大多是成功的。随着成功经验的积累,你的自信心会逐渐增强,人际交往的局面也会随之改善。简而言之,只有通过主动参与交往,才能实现良好的人际关系。

### (三) 移情

人际关系的本质在于人与人之间情感上的联系。这种情感联系越密切,双方共有的心理世界范围就越宽,人际关系也就越亲密。移情正是连接人们内心世界情感的纽带。所谓移情,就是指站在他人的角度,设身处地地为对方着想,用他人的眼睛来看待世界,用他人的心来理解世界。正所谓思人所思,想人所想。在人际交往中,只有学会移情,给予他人更多的宽容与关怀,才能赢得他人的好感,从而建立更加融洽的人际关系(见案例5-6)。

> **案例 5-6　鲍叔牙与管仲**
>
> 春秋时期,管仲早年家境贫寒,曾与好友鲍叔牙合伙做小生意。管仲出资比鲍叔牙少,在分红时,他不仅拿走应得的一份,还额外要求多分一些。鲍叔牙的手下因此指责管仲贪婪,鲍叔牙则为他辩解,称管仲家里人口多,开销大,因此愿意让出一部分利润。管仲带兵打仗时表现出胆怯,手下士兵不满,鲍叔牙却说,管仲是为了照顾年迈的母亲,才会如此自惜其身,并不是因为真正害怕死亡。鲍叔牙百般袒护管仲,是因为他知道管仲是个不可多得的人才,只是还没遇到施展的机会。
>
> 管仲(约公元前 723—公元前 645)
>
> 管仲感慨道:"生我者父母,知我者鲍叔牙也!"由此,他们成了莫逆之交。后来,在鲍叔牙的极力推荐下,管仲最终成为齐国宰相,辅佐齐桓公成就霸业。鲍叔牙总能替管仲着想,才成就了管仲,成就了强大的齐国。

### (四) 善用表扬与批评

心理学家认为,表扬能够激发一个人的潜力,调动积极性。正所谓"表扬能使羸弱的身体变得强壮,能给恐怖的内心以平静与依赖,能让受伤的神经得到休息和力量,能给身处逆境的人以务求成功的决心"。据报道,一位欧洲妇女旅行时学会用多种语言表达感谢与赞美,结果无论到哪里都受到热情接待。由此可见,真诚、适时且适度地表扬他人,有助于建立良好的人际关系。同时,表扬应兼顾对事与对人,从而增强彼此的吸引力。

相对而言,批评则是一种负性刺激,通常应尽量减少使用。只有当批评出于善意、符合事实且方法得当时,才能带来积极效果,促进进步。此外,批评时要注意场合,应对事不对人,不能对一个人进行全盘否定,以免打击对方的自尊心与积极性,措辞和态度也应保持友好与真诚。

实际上,恰当使用语言文字、学会微笑与倾听、经常帮助他人、适度自我暴露以及保护他人隐私等人际交往艺术,都是改善和提升人际关系的重要因素。在日常生活中,我们不仅要学习人际交往理论,遵循人际交往原则,还要掌握一定的交往技能和交往艺术。只有这样,才能提高人际交往能力,建立和谐的人际关系。

### 📖 本章要点重述

1. 人际关系是指人与人在相互交往过程中形成的心理关系。人际关系的构成涉及认知、情感和行为三个核心要素。

2．印象管理又称印象整饰，是指个体努力操纵或控制他人对自己形成某种印象的过程。印象管理的策略通常分为获得性印象管理策略和保护性印象管理策略两大类。获得性印象管理策略是指个体主动塑造积极的自身形象，以便使他人对自己形成更为正面的看法。保护性印象管理策略是指个体采取措施来维护自己已有的正面印象，避免因不当行为或信息而导致形象受损。

3．人际吸引是指个体与他人之间情感上相互喜欢、相互需要和相互依赖的状态，是人际关系中的一种肯定形式。影响人际吸引的因素包括外表、邻近性、相似性、互补性、熟悉性、能力和人格等。

4．沟通是一种信息传递与接收的行为，是发送者凭借一定的渠道，将信息传递给接收者，并寻求反馈以达到相互理解的过程。完整的沟通过程由信息、发送者、编码、渠道、解码、接收者、噪声和反馈等八个要素构成。沟通的障碍主要有选择性知觉、信息过滤、情绪干扰、沟通恐惧和语义障碍等。有效沟通的途径包括正确使用语言文字、积极倾听、运用反馈、采用恰当的沟通方式和注意非语言信息等。

5．促进和谐人际关系的关键要素包括遵循人际交往的原则、洞悉人际交往的心理效应和领悟人际交往的艺术。其中，人际交往的基本原则有平等原则、尊重原则、诚信原则、宽容原则和互助原则等；人际交往的心理效应有首因效应、近因效应、晕轮效应、投射效应和刻板印象等；人际交往的艺术有塑造良好的个人形象、主动交往、移情、善用表扬与批评等。

## 学习游乐场5

### 拷贝不走样

**一、游戏目标**

培养学生沟通的准确性和洞察能力，提升人际交往中的信息传递技巧。

**二、游戏步骤**

1．分组：将全班学生分成若干小组，每组5～7人。

2．接收信息：每组的第一个人从教师那里接收一个复杂的句子或短故事（信息长度适中，带有细节）。

3．传递信息：第一个人将信息悄悄传给下一个人，不能重复或更改信息，只能口头叙述一次，且不允许提问。

4．依次传递：组内成员依次将信息传递给下一个人，直至传递到最后一个人。

5．信息反馈：最后一人将接收到的信息向全班公布，并与原始信息对比，讨论信息在传递过程中发生的偏差及其原因。

**三、游戏总结**

通过该活动，学生能够认识到沟通中细节的重要性及信息失真的常见性，从而提高沟通能力。

**心理测试 5**

## PAC 分析[①]

指导语：这份问卷将帮助你辨别自己的个人沟通风格。它的理论基础来自埃里克·伯恩(Eric Berne)的研究。看看以下成对的陈述，从中选择一个最能够代表你风格的陈述。如果两项陈述都与你的风格不匹配，那么，请转至下一道题。

1. （A）我说出我的想法。
   （B）我倾向于做我被要求做的事情。

2. （A）我经常为我的同事倒咖啡或茶水。
   （B）我对他人是严格的。

3. （A）我非常有逻辑性。
   （B）我并不隐藏我的感受。

4. （A）我并不喜欢越界。
   （B）人们有时感觉到我对他们的爱令他们窒息。

5. （A）人们有时认为我是专横的。
   （B）我寻找双赢的方案。

6. （A）对于展示自己的情感，我并不感到窘迫。
   （B）我非常有礼貌。

7. （A）我非常同情遇到麻烦的其他人。
   （B）我非常喜欢控制局面。

8. （A）在行动之前，我通常仔细考虑。
   （B）我问很多问题。

9. （A）我与人们融洽相处。
   （B）我帮助人们解决很多问题。

10. （A）我让别人知道我拥有的一些坚定的主张。
    （B）我将其他人也纳入决策过程之中。

11. （A）我富有创造力和创新能力。
    （B）人们有时会看见我缺乏自信。

12. （A）我喜欢关心他人。
    （B）我喜欢制定规则。

13. （A）人们认为我是通情达理的。
    （B）我缺乏幽默感。

14. （A）我很难拒绝不合理的要求。
    （B）我的许多时间被用在替别人办事情上。

15. （A）我经常知道答案。

① 陈国海.组织行为学(第6版)[M].北京:清华大学出版社,2020:242-244.

(B) 我在压力之下保持平静。

16. (A) 我有极大的好奇心。

    (B) 我在开会时喜欢安静地坐着。

17. (A) 如果某个人感到犹豫,我会尽最大的努力打消他的疑虑。

    (B) 我觉得谈论比倾听容易。

18. (A) 我听取所有的观点。

    (B) 我喜欢做我想做的事情。

19. (A) 我发现说"不"是一件很困难的事情。

    (B) 我经常关心新员工。

20. (A) 我喜欢领导别人。

    (B) 我尊重其他人的观点。

21. (A) 我经常给人们带来惊喜。

    (B) 我的穿戴与我同事的匹配。

22. (A) 我经常对别人吹毛求疵。

    (B) 我指挥人们去做什么。

23. (A) 我平等地对待大家。

    (B) 我愿意让工作充满乐趣,而不是太严肃。

24. (A) 我喜欢有礼貌的人。

    (B) 我经常为大家提供支持。

25. (A) 我更喜欢人们遵守规则。

    (B) 我采取一种逻辑性的方法。

扫描二维码查看分析提示与说明。

PAC 调查问卷
分析提示

## 课后练习

**一、单项选择题**

1. 现实生活中,人们倾向于认为漂亮的女孩会有很多优点,而更可能去喜欢她们,下列说法中可以解释这种现象的是(　　)。

  A. 首因效应　　　　　　　　　B. 晕轮效应

  C. 近因效应　　　　　　　　　D. 投射效应

2. 人们对一种关系的评价取决于自己在这种关系中付出的成本与得到的回报,以及二者之间的比较。这种观点属于人际交往的(　　)。

  A. 社会渗透理论　　　　　　　B. 依恋理论

  C. 社会交换理论　　　　　　　D. 社会认同理论

3.“仰巴脚效应”说明了以下哪种因素对人际吸引的影响？（　　　）

A. 外表　　　　　B. 能力　　　　　C. 人格　　　　　D. 邻近性

4.“以小人之心度君子之腹”属于人际交往中的哪种心理效应？（　　　）

A. 首因效应　　　　B. 投射效应　　　　C. 晕轮效应　　　　D. 刻板印象

## 二、多项选择题

1. 下列属于非语言沟通形式的有（　　　）。

A. 手势　　　　　B. 目光接触　　　　C. 微笑　　　　　D. 皱眉

E. 书信

2. 影响人际吸引的因素有（　　　）。

A. 邻近性　　　　B. 相似性　　　　C. 互补性　　　　D. 人格特质

E. 熟悉性

3. 下列属于人际交往基本原则的有（　　　）。

A. 平等原则　　　　B. 尊重原则　　　　C. 互助原则　　　　D. 诚信原则

E. 宽容原则

## 三、判断题

1. 印象管理又称印象整饰，是指个体努力操纵或控制他人对自己形成某种印象的过程。　　　　　　　　　　　　　　　　　　　　　　　　　（　　　）

2. 人们常认为知识分子文质彬彬，会计精打细算，商人唯利是图，推销员能说会道。这属于人际交往中的晕轮效应。　　　　　　　　　　　　　　　（　　　）

3. 完整的沟通过程由信息、发送者、渠道、接收者等四个要素构成。　（　　　）

扫描二维码查看课后练习答案。

第五章课后
练习答案

## 推荐阅读书目

1. 曾仕强. 人际的奥秘：曾仕强告诉你如何搞好人际关系[M]. 北京：北京联合出版公司，2015.

2. 艾略特·阿伦森，乔舒亚·阿伦森. 社会性动物（第12版）[M]. 邢占军，黄立清，译. 上海：华东师范大学出版社，2020.

3. 马歇尔·卢森堡. 非暴力沟通（修订版）[M]. 刘轶，译. 北京：华夏出版社，2021.

4. 戴尔·卡耐基. 卡耐基人际交往心理学[M]. 张然，编译. 北京：中国国际广播出版社，2017.

5. 戴维·迈尔斯. 社会心理学（第11版）[M]. 侯玉波，乐国安，张智勇，等译. 北京：人民邮电出版社，2016.

# 根深蒂固花满树
## ——健康生活方式的养成

现代科技的快速发展带来了互联网的普及，智能手机的广泛应用极大地提升了工作和生活的便利性与效率，为我们腾出了大量闲暇时间。借助无处不在的无线网络，我们几乎无须离开家门，就能轻松解决衣食住行、娱乐、工作和社交需求。科技让生活变得高效便利，也彻底改变了我们的生活方式，我们不再需要为日常的衣食住行和生产活动付出大量体力和时间。然而，这种便利也带来了诸多问题，如"分神脑""近视眼""手机颈""鼠标手""玻璃心"等现象。我们虽然闲了、轻松了，但却因熬夜而导致睡眠障碍，因四肢不勤而体力不支，因沉溺网络而忽略饮食，因缺乏磨炼而心灵脆弱。面对这些新问题，我们该如何培养健康的生活方式，如何在享受科技便利的同时，保持身心健康？

### 学习目标

学完本章后，你应该能够做到：

◆ 描述生活方式的概念与影响因素
◆ 解释健康生活方式的内涵
◆ 明确不良生活方式的危害
◆ 具备健康生活方式的自我管理能力
◆ 培养自觉践行健康生活方式的观念

根深蒂固花满树——健康生活方式的养成

习惯如风永不歇——健康生活方式概述

什么是生活方式

健康生活方式的内涵

常见的不良生活方式及其危害

营养均衡惠一生——合理饮食

营养概述

营养素的构成与功能

健康的饮食结构

增强体质常坚持——适量运动

运动概述

运动与身体健康

运动与心理健康

白天懂得夜的黑——科学睡眠

睡眠概述

睡眠的影响因素

失眠

睡眠管理

## 不做"脆皮年轻人"

29 岁的小季才工作 5 年,但过度加班工作、透支睡眠、暴饮暴食等不良生活方式已经成为他的习惯。近两年,小季的身体频繁出现各种不适,甚至偶有紧急情况发生,两年间去医院挂过号的科室就有 8 个。

2023 年 6 月的某个周五,因工作应酬,小季与客户畅饮,诱发了肠易激综合征。从那以后,本来喝水、吃饭、吃水果这些再平常不过的行为,小季都要小心翼翼。他不能喝凉水,不能吃水果,一个苹果或者一片西瓜都能让他频繁跑几趟厕所,更不要谈吃冰激凌、喝冰镇饮料。医生解释,这次醉酒只是"压垮"胃肠系统的导火索,长期作息不规律、缺乏运动、饮食不当和压力过大才是根本原因。医生建议他从饮食、作息、运动和压力调适入手,否则吃药只能治标不治本。

这不,好不容易盼来 2024 年的五一长假,小季连着打了 5 天游戏,感觉很满足,但也很疲惫。6 日第一天上班的下午 4 点,小季照常点了一天中的第 3 杯咖啡,进入快马加鞭的工作状态。刚开始一切正常,但到 5 点多的时候,小季突然感觉心跳加速、头晕目眩、喘不上气、浑身冒冷汗,同事发现他脸色苍白如纸,马上把他送到医院。结果诊断为中度低钾血症,血钾浓度仅 2.8 mmol/L。通过补钾,小季的症状得以缓解。小季说那种濒死的感觉让他非常后怕,好在后续的检查都没问题。

经过这两次突发的身体状况,小季决定改变生活方式。在家人的支持下,他在每天保证 8 小时睡眠的基础上开始早睡早起,将每天 3 杯的咖啡减到了 1 杯,逐渐进入一周 3 天规律运动的生活模式。两个月后,小季可以正常进食水果了,偶尔吃个冰激凌也无大碍。

当代年轻人将自己这种身体状态每况愈下、不堪一击的状态调侃为"脆皮年轻人"。"脆皮"原是游戏术语,指代游戏中一些血量极低、不堪一击的角色。实际上,像小季这样前一天还在熬夜奋斗,次日身体突然"崩溃"的现象并不罕见。仅 2023 年 9 月,郑州某医院急诊科就接诊了 1 700 多名 18~25 岁的年轻患者,症状包括腹痛、胸闷、头晕等,严重影响了他们的日常生活与工作[①]。

不良生活方式不仅是许多生理疾病的主要诱因,也是心理健康问题的重要导火索。长期的作息不规律、缺乏运动、暴饮暴食以及过度依赖电子设备等生活习惯,会加剧压力、焦虑和抑郁的风险。这些不良行为逐渐侵蚀身体的免疫系统,也对大脑的功能产生负面影响,导致情绪波动、注意力不集中,甚至引发严重的心理健康问题。本章首先介绍健康生活方式的内涵,然后对直接影响身心健康的饮食、运动和睡眠进行分析与探讨,希望能对人们形成科学、合理的生活习惯有所启发,从而有效预防和解决由不良生活方式引发的生理和心理健康问题,提升整体生活质量。

---

① 浙江宣传. 年轻人"脆皮"究竟脆在何处[EB/OL]. (2023-11-02)[2024-09-14]. http://news.youth.cn/gn/202311/t20231102_14883193.htm. 引用时已改写.

## 第一节　习惯如风永不歇——健康生活方式概述

谈到生活方式,人们的理解各有不同。有的人认为它与日常的衣食住行、工作、娱乐、社交等相关,反映个人的生活习惯;也有人认为它关乎人生观、价值观,反映个体的兴趣爱好与价值取向。生活方式确实是一个宽泛的概念,既包括社会活动,也涵盖日常生活。本节讨论的生活方式主要集中在衣食住行和闲暇利用等方面,旨在维护人的身心健康。

经典名言

身体的健康和灵魂的平静是幸福的极致。

——伊壁鸠鲁

伊壁鸠鲁(Epicurus,公元前 341—公元前 270)

### 一、什么是生活方式

学术界对生活方式的界定可分为广义和狭义两种。广义的生活方式以马克思的生产方式决定生活方式的思想为理论基础,涵盖劳动、政治、宗教、物质消费、人际交往等活动,体现人类生存与发展的特征。狭义的生活方式是指个人在生活如饮食、工作、睡眠、运动、文化娱乐、社会交往等方面具有规律性的行为特征,核心要素是生活习惯[①]。这些习惯基于个体认知、价值观和信念,表现为符合当下生活需求的具体行为和方式,并带有明显的时代和民族特征。生活方式的根源在于认知,行为方式是认知的外在表现。

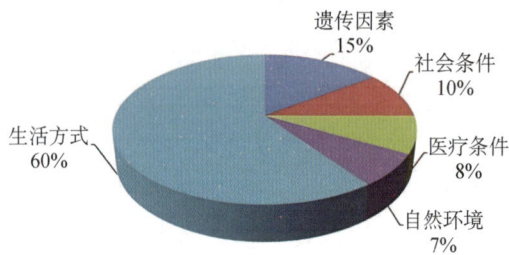

图 6-1　影响人类健康的因素

生活方式对个体的生活质量和身心健康有着深远的影响。根据世界卫生组织的全球性调查,影响人类健康的五大因素为:生活方式、遗传因素、社会条件、自然环境和医疗条件。其中,生活方式的影响最大,占比高达60%[②];而遗传、社会条件和自然环境三者合计占比32%,医疗条件仅占8%(见图 6-1)。这意味着,一个人的健康在很大程度上取决

---

① 于晓松,季国忠. 全科医学(第 2 版)[M]. 北京:人民卫生出版社,2023:242.
② 闻德亮. 临床医学概要(第 2 版)[M]. 北京:人民卫生出版社,2019:28.

于其生活方式的健康程度。正如一句歌词所唱的："三分天注定,七分靠打拼。"健康的主动权掌握在每个人自己手中。

## 二、健康生活方式的内涵

健康生活方式是指个体或群体为实现全生命周期的最佳健康目标而采取的习惯化行为方式,主要包括合理饮食、规律运动、戒烟限酒、心理平衡、良好睡眠、积极社交、主动学习等。20世纪90年代,随着全球经济的迅速发展,人类生活水平大幅提高,健康意识也不断增强。为应对这一趋势,1992年,世界卫生组织通过调研,提出了健康生活方式的"四大基石"理论,即合理膳食、适量运动、戒烟限酒、心理平衡[1](见知识链接6-1),作为全球健康生活方式的行动指南。为了推动健康生活方式的普及,原卫生部于2007年9月1日发布《全民健康生活方式行动倡议书》,并将每年9月1日定为"全民健康生活方式行动日"[2]。2008年,政府发布文件明确了城乡居民应具备的基本健康知识与技能,涵盖基本知识、健康行为和基本技能三个部分,后又分别于2015年和2024年进行了修订。

### 知识链接6-1　健康生活方式的"四大基石"

合理膳食是指能提供全面、均衡营养的膳食,食物多样,才能满足人体各种营养需求,达到合理营养、促进健康的目的。《中国居民膳食指南(2022)》是合理膳食我国权威的行动指南。

适量运动是指运动方式和运动量适合个人的身体状况。根据《中国公民健康素养——基本知识与技能(2024年版)》第32条的要求,我国18~64岁的职业人群每周应进行150~300分钟中等强度或75~150分钟高强度有氧运动,每周应进行2~3次抗阻训练。

戒烟限酒是指戒烟越早越好,任何时候戒烟对身体都有好处,都能够改善生活质量。应少饮酒、不酗酒。建议成年人一天饮用酒精量不超过15克。因不同种类酒水的酒精含量差异,相当于啤酒450毫升左右、葡萄酒150毫升左右、低度白酒50毫升、高度白酒30毫升。未成年人、孕妇、哺乳期妇女、慢性病患者等特定职业人群禁止饮酒以及禁止酒后驾车或操纵机器。

心理平衡是一种良好的心理状态,指个体能够正确评价自我,适应日常生活中的压力,高效地完成工作和学习,同时在家庭和社会中发挥积极作用。乐观、开朗、豁达的生活态度,将目标定在自己能力所及的范围内,建立良好的人际关系,积极参与社会活动等均有助于维持和增强心理平衡。

① 史志诚.毒物与人类文明史[M].西安:西北大学出版社,2016:620.
② 王小同.老年健康管理[M].杭州:浙江大学出版社,2021:248.

**拓展阅读 6-1**

### 中国公民健康素养——基本知识与技能(2024 年版)

为进一步提升全民健康素养水平,助力健康中国建设,国家卫生健康委对《中国公民健康素养——基本知识与技能(2015 年版)》进行修订,形成了《中国公民健康素养——基本知识与技能(2024 年版)》(扫描二维码查看详细内容)。

**拓展阅读 6-2**

### 职业人群健康生活方式核心要点(2023)

为加强基层慢性病防治和管理能力,提高公众健康素养和幸福感,全民健康生活方式行动国家行动办公室根据健康生活方式、生命早期营养与慢病防控的相关理论,结合我国不同人群当前存在的健康问题,组织专家从倡导文明健康生活方式的角度,制定了针对孕妇、乳母、婴幼儿、儿童青少年、职业人群及老年人的健康生活方式核心要点(2023)(扫描二维码查看详细内容)。

本章详细分析"四大基石"中的"合理膳食"和"适量运动","心理平衡"相关内容在本书其他章节中均有介绍。考虑到"科学睡眠"是健康生活方式的重要组成部分,本章将对此进行深入阐述。由于篇幅限制,"戒烟限酒"内容请参阅知识链接 6-2 和知识链接 6-3。

## 三、常见的不良生活方式及其危害

生活方式是影响个人健康的重要因素。不良的生活方式不仅会损害身体健康,还会对心理健康产生深远影响。例如,长期久坐、过度饮酒或饮食失衡等行为,容易导致压力积累、免疫力下降以及慢性疾病的发生。因此,认识并纠正这些不良生活方式对于提高生活质量和促进身心健康至关重要。以下探讨几种常见的影响健康的不良生活方式。

### (一) 吸烟

吸烟是许多可预防疾病,如心脑血管病、糖尿病、肿瘤和呼吸系统疾病等的首要原因。当前全球吸烟人数超过 13 亿人,每年有 500 多万人死于与吸烟相关的疾病,其中 60 万人是二手烟受害者[1]。《中国吸烟危害健康报告 2020》显示,我国吸烟人数超过 3 亿人,每年有 100 多万人因吸烟相关疾病失去生命,如果不采取有效行动(见知识链接 6-2),预计到 2030 年增至每年 200 万人,到 2050 年增至每年 300 万人[2]。

相对于不吸烟者,吸烟者的心肌梗死发生风险和冠心病猝死发生率更高。吸烟是男性

---

[1] 郝伟,赵敏,李锦.成瘾医学:理论与实践[M].北京:人民卫生出版社,2016:606.
[2] 深圳市妇女儿童发展研究会.深圳妇女儿童发展报告(2020)(深圳蓝皮书)[M].北京:社会科学文献出版社,2021:93.

和女性心血管疾病共同的危险因素。烟草烟雾是一类致癌物,吸烟不仅是肺癌的重要致病因素之一,而且与口腔癌、食管癌、胃癌、结肠癌的发生有一定关联。烟草中的有害物质会影响胎儿的发育,孕妇吸烟者流产的发生率较不吸烟者要高;吸烟还与多种出生缺陷有关,如神经管畸形、内翻足、唇腭裂、隐睾等。

**知识链接 6-2　　戒烟越早越好**

研究表明,戒烟越早,健康获益越大,寿命延长越多。无论吸烟多少年,戒烟都能带来健康改善。因此,戒烟应尽早开始,戒比不戒好,早戒比晚戒好。

戒烟并不容易,长期吸烟者通常会多次尝试戒烟。戒烟仅靠意志力常常不足,需结合计划和行动。戒烟的第一步是建立"知-信-行"的认知,即了解吸烟的危害,相信戒烟的益处,并愿意采取行动。戒烟者应设定明确的戒烟日期,并远离吸烟环境和吸烟者,以减少诱惑。

宣布戒烟决定可以获得家人和朋友的支持,并起到监督作用。同时,戒烟者应回顾过去失败的原因,制定应对复吸的计划,如采取惩罚措施或继续坚持戒烟。处理戒断症状是戒烟成功的关键,两周内可能出现烦躁、失眠、食欲增加等不适。应对方法包括延迟吸烟、做深呼吸或通过运动、社交活动分散注意力。

良好的生活方式对戒烟也很重要。合理饮食、适量运动和充足睡眠能增强戒烟意志,巩固戒烟成果。药物辅助和心理咨询也可显著提高戒烟成功率,但需在医生指导下进行。

资料来源:陈翠华.家庭健康管理[M].上海:上海远东出版社,2021:55-60.有改动.

### (二) 过量饮酒

酒精是造成 200 多种疾病和损伤的危险因素。饮酒还与精神和行为障碍等健康问题的发生相关,包括酒精依赖、肝硬化、癌症和心血管病以及由暴力和交通事故引起的损伤。全球每年因过量饮酒死亡的人数量超过 490 万人,平均每 10 秒钟就有 1 人因饮酒死亡,超过艾滋病、肺结核、暴力事件死亡人数的总和[①]。而其中一半以上的死亡是由饮酒所致的慢性病引起,如癌症、心血管病等。女性比男性更易罹患与酒精相关的疾病,但男性因酒精造成的死亡率高于女性。

此外,酒精对神经系统具有抑制作用,长期饮酒会导致脑部损伤,引发记忆力减退、思维混乱以及行为失控等问题。酒精带来的"减压"错觉容易掩盖其严重后果,如酒驾、暴力行为等安全隐患,以及中枢神经系统受损引发的精神健康问题。此外,长期饮酒还会妨碍营养的吸收,进一步危害身心健康。因此,维护健康应从避免过量饮酒开始(见知识链接 6-3)。

---

① 郝伟,赵敏,李锦.成瘾医学:理论与实践[M].北京:人民卫生出版社,2016:547.

《中国居民膳食指南(2022)》建议：儿童青少年、孕妇、乳母以及慢性病患者不应饮酒。成年人如饮酒，一天饮用的酒精量不超过 15 克。

资料来源：中国营养学会.中国居民膳食指南(2022)[M].北京：人民卫生出版社,2022:95.

拓展阅读 6-3

### 酒与人类进化

酒，从远古祭祀到现代社交，贯穿了人类文明的脉络，是文化与情感交织的象征。它既是欢庆的媒介，也是反思的契机。从进化心理学的视角看，饮酒可能是人类深层次适应与行为偏好的遗存(扫描二维码查看详细内容)。

酒与人类进化

### (三) 不健康饮食

健康饮食不仅有助于预防营养不良，还能减少糖尿病、心脏病、中风和癌症等多种慢性疾病的风险。充足摄入水果和蔬菜有助于降低心血管疾病的发病率。与摄入水果和蔬菜等低能量食物相比，摄入高脂、高糖的高能量食物更容易导致肥胖。饮食中的食盐摄入是影响血压水平的重要因素，也是心血管疾病的主要危险因素之一。世界卫生组织建议，每人每天食盐摄入量应低于 5 克。然而，我国多数居民的实际摄入量超过这一标准。此外，过量摄入高糖、高脂肪、精制碳水化合物等食物，还会损害大脑的情绪调节机制，削弱认知功能，增加心理疾病的风险。

### (四) 缺乏身体活动

身体活动是指由骨骼肌收缩导致的机体能量消耗增加的活动，包括职业活动、交通出行活动、家务活动、业余活动等日常活动和运动[①]，其对健康的影响取决于活动的方式、强度、时间和频次。进行身体活动时，人体的反应表现为心跳、呼吸加快，循环血量增加，代谢加速和产热增多等。这些反应是身体活动影响健康的生理基础。身体活动不足(缺乏身体活动)被认为是全球第四大死亡风险因素，占全球死亡人数的 6%，也是当今慢性病发生的第一独立危险因素。根据世界卫生组织的相关研究，身体活动不足是造成约 30% 的缺血性心脏病、27% 的糖尿病、21%～25% 的乳腺癌和结肠癌的主要原因[②]。同时，研究表明，身体活动不足与抑郁、焦虑等心理问题密切相关[③]。

---

① 杨月欣,葛可佑.中国营养科学全书:全 2 册(第 2 版)[M].北京:人民卫生出版社,2019:5016-5017.

② 同上书,第 5015 页。

③ 陈保祥,周玉兰,黄赞.大学生身体活动和睡眠质量与焦虑及抑郁情绪的关系[J].中国学校卫生,2024,45(5):684-688.崔德刚,邱芬,邱服冰,等.基于 ICF 成年人休闲体育活动改善心理健康、生活质量和福祉的系统综述[J].中国康复理论与实践,2021,27(9):1038-1047.

### （五）手机成瘾

手机的使用揭示了现代社会中数字技术对人们生活方式的重大改变。手机确实让人们的生活变得更丰富、更方便。现代人购物、出行、工作、社交都离不开手机。正因为使用频率非常高，脑回路被不断强化，手机成瘾的人也越来越多。手机成瘾是指个体对智能手机的过度依赖，表现为难以控制对手机的使用，导致生活、工作和学习受到负面影响。这种成瘾通常伴随着频繁查看手机的习惯，即使没有实际需要，也不停地刷新社交媒体、信息或应用程序。手机成瘾的表现包括：长时间使用手机，忽略与现实世界的互动，甚至在社交或工作时也时刻关注手机；当手机不在身边时，会感到焦虑和不安；过度依赖手机来缓解压力或逃避现实，常常导致生活功能受损，如睡眠不足、视力下降和专注力减弱等。手机成瘾不仅影响个人的身心健康，还会对社会交往和工作效率产生不良影响。因此，认识和应对手机成瘾已成为当今社会的重要课题。

## 第二节　营养均衡惠一生——合理饮食

"人是铁，饭是钢"这句俗语强调了饮食对于维持生命和健康的重要性。饮食不仅是身体获取必需营养素的基本途径，也是人们享受生活、体验味觉愉悦与幸福感的主要来源。合理饮食是指提供种类齐全、数量充足、比例合适的能量和营养素，且与人体需求相符，以促进健康和预防疾病。本节将介绍营养与营养素的基本概念，学习健康饮食的方法，并通过平衡膳食来指导实际生活中的饮食选择，从而实现营养的合理摄入，提升生活质量，促进身心健康。

### 一、营养概述

当人们谈论食物时，常会提到它的营养和营养成分。那么，两者有区别吗？营养是指人体通过摄入、消化、吸收和利用食物中的各种营养成分，满足生理需要的生物学过程。营养成分则是指食品中含有的营养素及其他有益成分。

人体必需的营养素有40余种，分为蛋白质、脂类、碳水化合物、水、维生素和矿物质六大类[1]。根据需求量不同，碳水化合物、蛋白质、脂类、水为宏量营养素，维生素和矿物质为微量营养素。营养素在人体中扮演着三种基本作用：构成身体组织、提供能量以及参与生命活动中的各种生化反应。膳食中某种营养素长期不足，可能导致营养缺乏病，如维生素A缺乏引起夜盲症、维生素B1缺乏导致脚气病、维生素C不足引发坏血病。在大多数情况

---

[1]　在一些文献或饮食指南中，膳食纤维有时被单独列为第七类营养素，尽管它不提供能量，但对消化系统健康有重要作用。因此，营养素的分类可以是六大类或七大类，具体取决于是否将膳食纤维单独列出。如果将膳食纤维算作一类，则为七大类。

下,营养缺乏病的发生主要是由于膳食中营养素供给不足[①]。当然,其他因素如吸收不良、慢性疾病等也可能导致营养缺乏病。营养素缺乏还会影响神经递质的合成与功能,引发情绪不稳定、注意力下降和疲劳感等,甚至增加心理疾病的发生风险,如抑郁、焦虑或认知功能障碍等。

## 二、营养素的构成与功能

### (一) 碳水化合物

碳水化合物是我们身体的主要能量来源,主要由碳、氢和氧三种元素组成,又叫糖类。碳水化合物分为两类:一类是能够被人体吸收的,如单糖、双糖和多糖;另一类是不能被人体吸收的,比如纤维素。尽管纤维素不提供能量,但它能帮助消化,并减缓身体吸收热量的速度。

碳水化合物的主要来源是植物性食物,包括谷物、根茎类食物、蔬菜和水果等。一个健康成年人每天需要从碳水化合物中获取大约50%~65%的能量。如果碳水化合物摄入过量,会导致超重和肥胖;摄入不足时,身体会消耗脂肪,可能导致酮症酸中毒。当碳水化合物和脂肪都不足时,身体会把蛋白质转化为葡萄糖,以维持基本的能量需求。

### (二) 脂类

脂类是脂肪和类脂的统称,主要包括甘油酯、磷脂和固醇类等物质。脂肪又称甘油酯,约占脂类的95%;类脂是某些理化性质上与脂肪类似的物质,包括胆固醇、胆固醇酯、磷脂等,约占体内脂类总量的5%。脂类具有提供热量、保持人体体温、固定内脏、润滑皮肤以及促进脂溶性维生素吸收等作用。

脂肪来源有动物性和植物性两大类。动物性脂肪来自猪、牛、羊、禽、鱼及奶制品等;植物性脂肪则主要来自坚果、植物油等。中国健康人群每日通过脂肪摄入提供的能量为总能量的20%~30%。脂肪摄入过量会导致肥胖,出现高血脂、动脉粥样硬化等症状。脂肪摄入不足会导致免疫力下降、皮肤干燥、炎症、内分泌失调等健康问题。

**拓展阅读 6-4**

#### 常见的体检指标

体检指标是评估个体健康状况的重要信息来源之一,能够直观地反映身体的基本生理功能状态,同时对筛查潜在疾病具有重要意义。常见的与生活方式密切相关的体检指标包括血压、血糖、血脂水平等(扫描二维码查看详细内容)。

常见的体检指标

---

[①] 杨月欣,葛可佑.中国营养科学全书:全2册(第2版)[M].北京:人民卫生出版社,2019:124.

### (三) 蛋白质

蛋白质是维持生命活动的重要营养素,主要用于构建和修复身体组织,并支持生长和新陈代谢。它由氨基酸组成,其中有9种必需氨基酸(亮氨酸、异亮氨酸、赖氨酸、蛋氨酸、苯丙氨酸、苏氨酸、色氨酸、缬氨酸和组氨酸)只能通过食物摄取。蛋白质的来源包括动物性食物(如肉类、鱼类、奶制品和蛋类)以及植物性食物(如豆类和坚果)。根据《中国居民膳食指南(2022)》的建议,健康成年人每日从蛋白质中摄入的能量应占总能量的10%～15%[1]。

优质蛋白质含有全部必需氨基酸,动物性蛋白质和大豆蛋白质通常属于优质蛋白质。当碳水化合物和脂肪摄入不足时,身体会利用蛋白质作为能量来源。蛋白质摄入不足会导致肌肉萎缩、免疫力降低、伤口愈合缓慢以及水肿等问题,而过量摄入会增加肾脏负担,还可能引发肥胖、代谢紊乱或心血管疾病的风险。

### (四) 维生素

维生素是维持人体正常生长、组织再生和健康的重要有机化合物。它尽管不提供能量,也不构成人体组织,但在新陈代谢中起着关键的调节作用,是维持正常生理功能必需的微量营养素。维生素分为水溶性和脂溶性两类。水溶性维生素(如B族维生素和维生素C)溶于水,随血液吸收后经尿液排出,无法储存在体内,因此需要每日从食物中补充;脂溶性维生素(如维生素A、D、E、K)溶于脂肪,经肠道吸收并储存在脂肪组织中,适量摄入即可。

除了一些特殊人群(孕妇、哺乳期妇女、新生儿、特殊疾病患者等)之外,大多数人通过均衡饮食即可获取足够的维生素,滥用维生素补充剂会带来健康风险,维生素摄入应以食物为主,避免依赖药物替代饮食。

### (五) 矿物质

矿物质又称无机盐,是维持人体正常功能和代谢必需的无机元素,也是构成人体组织和支持生理活动的重要组成部分。它们无法由人体自行合成,只能通过饮食获取。矿物质分为常量元素和微量元素两类:常量元素(如钙、磷、钾、镁)在体内含量较高,主要用于构建骨骼、牙齿及维持体液平衡;微量元素(如铁、锌、碘、硒)虽然含量较少,但在血液输氧、免疫功能及代谢调节等方面同样不可或缺。

人体每日需要的矿物质量因年龄、性别、健康状况和环境而异。适量摄入矿物质有助于健康,比如碘是合成甲状腺素的重要成分、铁是血红蛋白的关键成分。健康人群每日所需的矿物质量是相对固定的。过量摄入某些矿物质可能导致中毒,因此,补充矿物质应以均衡饮食为主。只有在有明确医疗需求的情况下,才考虑使用补充剂,以避免可能的过量摄入和相关风险。

### (六) 水

水是生命必不可少的营养素,约占人体体重的60%～80%,具体比例随年龄、性别和体

---

[1]　中国营养学会. 中国居民膳食指南(2022)[M]. 北京:人民卫生出版社,2022:10.

型的差异而变化。水在支持细胞功能、调节体液平衡及维持新陈代谢中起关键作用。水还承担着多种重要功能，包括调节体温、润滑关节、输送营养，并帮助排出体内废物等。正常情况下，人体每天需要约2 500毫升的水分，这些水分来自饮水、食物以及体内代谢产生的水。水的摄入与排出维持着动态平衡。水分主要通过呼吸、皮肤蒸发、尿液和粪便排出。

水摄入不足会导致脱水，轻者出现口渴、乏力，重者可能危及生命；过量摄入水则可引发水中毒，干扰体内电解质平衡。在炎热气候、剧烈运动或疾病等情况下，水分需求会显著增加。保持适量的水摄入对维持体液稳定和人体健康至关重要，通常通过合理饮食和适量饮水即可满足日常需求。

综上所述，营养素是维持身体健康的物质基础，合理的营养摄入有助于生理功能正常运作，同时，营养素也会影响个体的心理状态（见知识链接6-4）。

**知识链接6-4　营养素与心理健康**

神经学家肯尼斯·布鲁姆（Kenneth Blum）的研究表明，营养是影响奖赏缺陷综合征（reward deficiency syndrome, RDS）的关键因素[1]。多巴胺等快乐神经递质水平低下会导致强迫行为、抑郁、焦虑、反社会倾向、成瘾甚至犯罪行为。布鲁姆发现，食物中的氨基酸、B族维生素及其他营养素有助于修复大脑中的短神经线路，调节情绪和认知功能。

同时，研究者们还发现，抑郁症不仅是脑部障碍，也是全身性疾病，表现为免疫功能下降和全身性炎症反应。缺乏维生素D和不健康的饮食习惯可能引发全身炎症反应综合征。

一项涵盖超过20 000名母亲及其子女的研究显示，孕期饮食不健康的母亲的子女更易出现精神障碍行为[2]。

多项研究证实，富含Omega-3脂肪酸（如鱼类）和B族维生素（如全谷物、粗面粉制品）的食物有助于缓解严重抑郁症，锌补充剂亦可辅助治疗。

在高压力和消极情绪下，人体对维生素C的需求增加8倍，摄入富含维生素C的新鲜水果和蔬菜有助于缓解压力、改善心情。

因此，营养素不仅对身体健康至关重要，对心理健康也同等重要。

资料来源：孙时进，杨戒.健康心理学［M］.上海：复旦大学出版社，2022：60.有改动.

### 三、健康的饮食结构

2022年4月26日，中国营养学会发布《中国居民膳食指南（2022）》，提炼出了适用于一

---

[1] Kennth Blum, et al. Pro-Dopamine Regulator（KB220）A Fifty Year Sojourn to Combat Reward Deficiency Syndrome（RDS）: Evidence Based Bibliography（Annotated）［J］. CPQ Neurology and Psychology, 2018, 1(2): 18.

[2] Felice Jacka. Diet and Mental Health［EB/OL］. http://foodandmoodcentre.com.au/2016/07/diet-and-mental-health/［2024-10-15］.

一般人群平衡膳食的八条准则:食物多样,合理搭配;吃动平衡,健康体重;多吃蔬果、奶类、全谷、大豆;适量吃鱼、禽、蛋、瘦肉;少盐少油,控糖限酒;规律进餐,足量饮水;会烹会选,会看标签;公筷分餐,杜绝浪费。同时在每条准则下推荐了解决方案和建议。

**拓展阅读 6-5**

### 平衡膳食的具体化操作要点

保持健康饮食,落实平衡膳食的八准则,可以扫描二维码查看详细内容来实践。

平衡膳食的
具体化操作
要点

为了便于理解,中国营养学会制作了膳食指南的宣传图形——"中国居民平衡膳食宝塔"[①]。该宝塔形象地展示了适合中国居民的健康饮食结构建议,遵循了平衡膳食的原则,体现了理想的营养构成(见图 6-2)。宝塔分为五层,各层面积的大小表示五类食物在膳食中的相对比例和建议摄入量。这五类食物包括谷薯类、蔬菜水果、畜禽鱼蛋奶类、大豆与坚果类以及烹调用油盐。食物摄入量依据不同的能量需求进行设计,宝塔旁的注释详细说明了成人在每日能量需求为 1 600～2 400 千卡[②]时,各类食物的建议摄入范围。

图 6-2 中国居民平衡膳食宝塔(2022)

---

① 中国营养学会.中国居民膳食指南(2022)[M].北京:人民卫生出版社,2022:308.
② 在营养学中,千卡(kilocalorie)是衡量食物能量的标准单位。一般情况下,1 克碳水化合物和 1 克蛋白质在体内代谢时分别释放约 4 千卡的能量,而 1 克脂肪则释放约 9 千卡的能量。

"中国居民平衡膳食宝塔(2022)"是根据营养科学原理、我国居民膳食营养素参考摄入量及科学研究成果而设计的。在日常生活中,依据宝塔选择食物种类和比例,可以最大限度地满足一般人群对营养和健康的需求。

### 知识链接6-5 肠道微生物

人体肠道内居住着100多万亿个微生物,包括细菌、古生菌、病毒和原生动物等。这些微生物与我们相互依存,深刻影响着我们的身体和心理健康。人类的饮食习惯与肠道微生物的演变密切相关。在新石器时代(约1万年前),人类主要依靠狩猎和采集为生。随后,进入农业时代,食物来源和种类发生了显著变化。18世纪晚期至19世纪初的工业革命进一步改变了人类的饮食结构。自20世纪90年代以来,全球饮食逐渐受到西方饮食模式的影响,导致食物多样性下降,膳食纤维和植物多酚类的摄入量减少。

肠道中的有益微生物被称为益生菌,它们对维持健康至关重要。当肠道微生物群的组成发生变化时,就可能会导致多种健康问题,包括引发消化系统、神经系统、呼吸系统以及心血管等方面的疾病[1]。研究表明,肥胖、心血管疾病、中枢神经系统疾病、风湿病和癌症患者的肠道微生物群与健康人群存在显著差异。此外,肠道菌群通过脑—肠轴对人体产生影响,人体内约95%的血清素是在肠道中产生的,肠道也能合成一定量的多巴胺[2]。肠道作为"第二大脑",在合成和调控多种物质方面发挥着重要作用,调节肠道微生物群有助于治疗相关疾病。

近年来,研究发现中医药与肠道菌群的组成密切相关。口服中药经过胃肠道消化吸收后,药效首先作用于胃肠,通过肠道菌群的代谢促进益生菌的繁殖,调节肠道环境,从而发挥治疗效果[3]。因此,保持均衡的饮食,合理管理肠道微生物群,有助于维持身心健康。

资料来源:孙时进,杨戒.健康心理学[M].上海:复旦大学出版社,2022:62.有改动.

### 课堂活动6-1

#### 膳食科学性自我评估

请对照"中国居民平衡膳食宝塔(2022)"和平衡膳食八项准则,评估自己在饮食方面的情况,识别潜在问题,并设定相应的膳食改善目标。

---

① Jennifer L. McQuade, et al. Modulating the Microbiome to Improve Therapeutic Response in Cancer [J]. The Lancet Oncology, 2019, 20(2): 77-91.

② 肖恩·M.塔尔博特.神奇的营养心理学:如何用营养保持身心健康[M].赵晓曦,译.北京:中译出版社,2023:14.

③ Jorge Armando Jiménez-Avalos, et al. Classical Methods and Perspectives for Manipulating the Human Gut Microbial Ecosystem[J]. Critical Reviews in Food Science and Nutrition, 2021, 61(2): 234-258.

**增强体质常坚持——适量运动**

伏尔泰(Voltaire)"生命在于运动"的观点可谓家喻户晓,人们对其中的道理认可与接受程度极高。然而,运动远不仅仅是简单地"动起来",其中蕴含着许多学问。研究表明,运动的效果如何,取决于运动方式的选择是否恰当,以及运动强度和时间是否合理。适当的运动不仅有助于增强体质,还能调节情绪、缓解压力、提升心理韧性。科学合理的运动安排既是身体健康的保障,也是心理健康的重要支撑。

## 一、运动概述

经典名言

蔡元培(1868—1940)

人的健全,不但靠饮食,尤靠运动。

——蔡元培

运动的概念涵盖多个领域,可以从哲学、物理学、体育等角度进行定义,本节将聚焦于体育运动,并探讨其与健康的关系。体育运动是一种以身体练习为基本手段,以增强体质、丰富文化生活、促进人的全面发展为目的的有意识、有组织的社会活动。体育运动可分为健身运动(运动锻炼)和竞技运动(运动训练)。为便于理解,以下不涉及竞技运动,并统一用"运动"一词指代"健身运动"。

### (一) 运动分类

#### 1. 按能量代谢分类

从能量代谢的角度来看,运动可以分为有氧运动和无氧运动两类。

有氧运动(又称耐力运动)是指人体在氧气供应充分的情况下,以有氧代谢为主要供能途径的身体活动。在这类运动过程中,人体吸入的氧气与需求大体相等,达到生理上的平衡状态。通常有氧运动以躯干和四肢的大肌肉群参与为主,动作具有韵律性和节律性,持续时间较长,如快走、慢跑、长距离的游泳、骑自行车等。有氧运动能够显著增强心肺功能,改善血压、血脂和血糖,提升胰岛素敏感性,调节内分泌,减少体脂蓄积,并有助于控制体重。

无氧运动是指以无氧代谢为主要供能途径的身体活动,常见于短时间高强度的运动情境中。这类运动主要依靠肌肉的无氧酵解供能,具有瞬间性和高强度特点,难以维持长时间的稳定状态。无氧运动不仅是抗阻力训练的重要组成部分,也是某些运动项目(如举重、短跑、投掷、跳高、跳远等)的核心供能机制。其生理作用主要表现在增强肌肉力量、骨骼密度和关节稳定性。

2. 按生理功能和运动方式分类

根据生理功能和运动方式的不同,运动可以分为力量运动、柔韧性运动和平衡运动三类。

力量运动(也称抗阻运动)是指肌肉通过主动用力对抗阻力的运动,如举哑铃、俯卧撑、引体向上等。抗阻运动主要依赖无氧代谢供能,有助于改善肌肉功能,保持或增强肌肉体积、力量和耐力。此外,抗阻运动对骨骼系统的机械刺激有益于骨健康。健康成年人每周建议进行 2～3 次抗阻训练。

柔韧性运动是指通过躯干或四肢的伸展、屈曲和旋转活动来锻炼关节柔韧性和灵活性的运动,如颈部屈曲伸展、肩部环绕、膝关节屈曲等。柔韧性运动可提高关节在其整个运动范围内的活动能力,同时降低运动损伤的风险。

平衡运动是指改善人体平衡性、稳定性和协调性的运动,如倒走、单脚站立或使用摇摆板等。这类运动可以增强人体在静态或动态情况下保持姿势平衡的能力,对预防跌倒和提高运动表现具有重要意义。

### (二) 运动的基本原则

FITT 原则是制定科学运动计划的基本准则,也是重要的运动指导框架。它由四个关键要素组成,分别为频率(frequency)、强度(intensity)、时间(time)和类型(type)。FITT 是这四个英文单词首字母的缩写。

1. 运动频率

运动频率是指每周运动的次数。一般而言,为了维持健康,通常建议成年人每周进行 3 次以上的有氧运动,肌肉力量训练则每周至少 2 次,且针对同一肌肉群的抗阻运动最好间隔不少于 48 小时,要给肌肉充分恢复时间,以免导致疲劳和损伤。

2. 运动强度

运动强度是指运动时用力的大小和身体的紧张程度。它既可以用主观感觉来衡量,也可以用客观数据来测量。对于职业人群,提倡中等强度以上运动强度。在主观感觉上,如果运动时说话感觉呼吸开始变得困难,但还能讲话,只是不能唱歌,那就很有可能代表运动量达到了中等强度,如果不得不停下来才能说几句,那很有可能是高强度运动;在客观上,可以用最大心率百分比来衡量,一般是使心率维持在最大心率的 60%～80%。最大心率可以用"220 - 年龄(岁)"进行计算。例如,小王今年 25 岁,那么他的最大心率就是 220 - 25 = 195 次/分钟,对于他来说,中等强度运动就是在运动过程中,要将心率维持在 195×60% = 117 次/分钟至 195×80% = 156 次/分钟之间。

### 课堂活动 6-2

#### 中等强度运动心率的计算

请根据自己的年龄计算出自己的最大心率,进一步算出自己中等强度运动时的心率区间,并结合个人运动时的心率情况,与同学讨论交流。

### 3．运动时间

运动时间，也就是运动的时间长度。《中国人群身体活动指南（2021）》建议 18～64 岁的成年人每周应进行 150～300 分钟中等强度或 75～150 分钟高强度有氧活动，或等量的中等强度和高强度有氧活动组合。同时，每周至少进行 2 天肌肉力量练习[①]（建议每天进行 8～10 个动作，每个动作做 3 组，每组重复 8～15 次，用时约 30 分钟/天。此外，针对同一肌群的力量运动最好隔天进行 1 次，不要天天练习，注意适当休息和恢复，以防止过度训练和减少受伤风险）。

**拓展阅读 6-6**

#### 中国人群身体活动指南（2021）

《中国人群身体活动指南（2021）》面向幼儿、儿童、青少年、成年、老年和慢性病人，具体提出了 23 条身体活动指南和建议（扫描二维码查看详细内容）。

中国人群
身体活动
指南（2021）

### 4．运动类型

运动类型，指运动的具体形式或种类。个体可根据自己的健康目标、体能需求和爱好进行选择，原则上是选择一个主项和两个辅项，主项为有氧运动，辅项为力量和柔韧性训练。值得注意的是，无论选择什么运动，热身和放松是每次运动前后必须做的。

## 二、运动与身体健康

运动对身体健康的益处可谓众所周知，但大多数人对其背后的科学原理并不十分了解。研究表明，运动能够显著改善身体机能，增强神经系统的功能，并在延缓衰老等方面发挥积极作用[②]。

### （一）运动可以改善身体机能

国内外大量研究表明，运动能通过多种机制改善身体机能。（1）规律的有氧运动（如跑步、游泳）能够增强心肌收缩力，改善血管弹性和心脏泵血机能，并提高肺部气体交换功能和最大摄氧量，全面提升心肺耐力，有效降低高血压、冠心病等心血管疾病的风险[③]。（2）适量运动能够增加胃肠道血流量，促进肠蠕动，增强消化液分泌与营养吸收能力，有助于预防便秘等胃肠道功能障碍。规律运动能够调节肠道微生态平衡[④]，降低肠道炎症水平，从而减少胃肠道疾病的发生。（3）抗阻运动（如哑铃推举、深蹲）能够刺激成骨细胞的活性，促进骨

---

① 赵文华,李可基,王玉英,等.中国人群身体活动指南(2021)[J].中国公共卫生,2022,38(2):129-130.

② 郑希付,王瑶.健康心理学(第 2 版)[M].上海:华东师范大学出版社,2003:226-227.

③ 贾丽晔,郭琪,王鹏程,等.运动疗法对心血管疾病患者的影响和作用机理研究进展[J].中国康复理论与实践,2016, 22(9):1041-1044.

④ 刘阳,赵纯纯,李致潇.运动训练通过改善肠道菌群防治代谢疾病的研究进展[J].中国细胞生物学学报,2024,46(7): 1468-1476.

质生成,抑制骨质流失,减少骨折和骨质疏松的发生概率[1]。(4)运动还能通过增强肌肉组织对葡萄糖的摄取和利用,改善胰岛素敏感性,有效预防和控制糖尿病[2]。

### (二) 运动有益于提高神经系统的功能

运动不仅是神经系统调控下的活动过程,还能够反过来促进神经系统功能的全面提升。经常参与运动有助于增强中枢神经系统的工作能力,优化大脑对兴奋与抑制的精准调节,使神经系统的反应更加集中和协调。这不仅提升了大脑的分析与综合能力,也增强了个体适应环境变化的能力和整体工作效率。规律运动的人通常表现出更高的灵活性、更快的反应速度和更短的反应时间,同时感官敏锐度提高,精力更为充沛。科学研究表明,运动可以加速血液循环,增加单位时间内流经脑部的血液量,从而为脑细胞提供更多氧气和营养物质,促进脑细胞的新陈代谢,有效缓解脑疲劳,提高神经系统的整体功能效率。此外,运动还可以激活负责注意力、记忆力和决策的大脑区域,使个体更容易保持专注和高效。

### (三) 运动有助于减缓衰老进程

人类的衰老进程在很大程度上受遗传基因的调控。2009 年诺贝尔生理学或医学奖授予了发现端粒和端粒酶保护染色体的机理的科学家,他们发现端粒和端粒酶像一对守护染色体的好搭档,端粒负责保护染色体的完整性,防止关键遗传信息丢失,端粒酶则确保端粒的长度足够,让细胞能够继续健康地分裂和工作[3]。然而,随着细胞分裂次数的增加,端粒逐渐缩短,导致细胞功能下降和衰老的发生。研究表明,运动能够在一定程度上减缓端粒缩短的速度,从而延缓衰老进程。例如,德国学者发现,经常参与长跑运动的个体,其端粒长度显著长于普通健康成年人。伦敦圣托马斯医院的科学家对 2 401 对双胞胎的染色体样本进行分析,发现不爱运动的人比积极运动的人端粒更短,这说明运动有助于减缓端粒长度的遗传性缩短趋势,从而增强抗衰老能力[4]。

## 三、运动与心理健康

运动与心理健康之间存在紧密的联系。越来越多的研究表明,规律且适度的运动能够有效促进内啡肽的分泌,内啡肽不仅具有镇痛作用,还能带来愉悦感和幸福感,进而帮助减轻压力、缓解焦虑情绪。同时,运动还能够提高大脑中三种神经递质——血清素、去甲肾上腺素和多巴胺的水平。这些神经递质的协同作用有助于情绪的稳定和调节,特别是对于缓解抑郁症状具有显著效果[5]。

---

[1]  邹军,章岚,任弘,等.运动防治骨质疏松专家共识[J].中国骨质疏松杂志,2015,21(11):1291-1302,1306.

[2]  Sylow L, Kleinert M, Richter EA, et al. Exercise-stimulated glucose uptake—regulation and implications for glycaemic control[J]. Nature Reviews Endocrinology, 2017, 13(3): 133-148.

[3]  钟天映,陈媛媛,毕利军.端粒与端粒酶的研究——解读 2009 年诺贝尔生理学或医学奖[J].生物化学与生物物理进展,2009,36(10):1233-1238.

[4]  程林.细胞简史[M].上海:上海交通大学出版社,2022:276.

[5]  漆昌柱,郭远兵,桂茹洁.运动促进心理健康的研究进展:基于方法的视角[J].武汉体育学院学报,2020,54(1):86-92.

运动不仅对情绪调节有益,还能提升认知功能。长期规律的运动,尤其是有氧运动,如跑步、游泳或骑行,有助于增加大脑的血流量,促进神经元的生长和连接,从而提高大脑的整体功能,特别是对注意力、信息处理速度和记忆力等认知功能方面的影响尤为明显[①]。数据显示,经常运动的成年人在认知加工速度、专注力以及记忆能力方面的表现均优于运动较少的人群[②]。

运动对建立良好的自尊心也有帮助。为了检验运动与自尊之间的关联,研究人员对加拿大 5~8 年级的 382 名学生展开了相关研究,结果显示提高运动能力与自尊提升有显著关联,运动可以促进身体自尊,而身体自尊的提高有助于整体自尊的提升[③]。运动也可以提高成就感和自我效能感[④]。

研究还发现,运动能够提升人际交往能力。例如,一项针对北京市 435 名中学生的调查表明,参与中等及以上强度体育活动的学生在人际交往能力方面显著优于体育活动量较少的学生[⑤];另一项研究则对广东工业大学 445 名在校大学生进行了调查,结果表明体育锻炼对提高大学生的人际交往能力具有积极影响,特别是团体运动项目,因其强调合作与沟通,更有利于个体社会性的发展[⑥]。

**知识链接 6-6　运动有益于健康**

运动不仅仅对保持健康体重有益,还有更多健康益处。

(1) 增强心肺功能,提高耐力和体能。

(2) 提高代谢率,增强胰岛素的敏感性,改善内分泌系统的调节。

(3) 提高骨密度,预防骨质疏松症。

(4) 保持或增加瘦体重,减少体内脂肪蓄积,防止肥胖。

(5) 改善血脂、血压和血糖水平。

(6) 调节心理平衡,减轻压力,缓解焦虑,改善睡眠。

(7) 肌肉力量的训练有益于强壮骨骼、关节和肌肉,有助于延缓老年人身体活动功能的衰退。

(8) 降低肥胖、心血管疾病、2 型糖尿病、某些癌症等慢性病的发生风险。

资料来源:中国营养学会.中国居民膳食指南(2022)[M].北京:人民卫生出版社,2022:33.

---

① 琳达·布兰农,杰斯·费斯特,约翰·A.厄普德格拉夫.健康心理学(第八版)[M].郑晓辰,张磊,蒋雯,译.北京:中国轻工业出版社,2016:422.

② Patrick J. Smith, et al. Aerobic Exercise and Neurocognitive Performance: A Meta-Analytic Review of Randomized Controlled Trials[J]. Psychosomatic Medicine, 2010, 72(3): 239-252.

③ Anne Bowker. The Relationship Between Sports Participation and Self-Esteem During Early Adolescence[J]. Canadian Journal of Behavioural Science / Revue Canadienne Des Sciences Du Comportement, 2006, 38(3): 214-229.

④ 孙时进,杨戒.健康心理学[M].上海:复旦大学出版社,2022:69.

⑤ 孙超,张国礼,体育活动对青少年人际交往能力的影响:身体自尊和整体自尊的链式中介作用[J].中国运动医学杂志,2020,39(1):47-52.

⑥ 张彦.体育锻炼对大学生人际交往能力影响的研究[J].高教探索,2014(5):185-189.

### 第四节　白天懂得夜的黑——科学睡眠

　　闻名世界的睡眠专家马修·沃克(Matthew Walker)在其所著的《我们为什么要睡觉?》一书中提到:"科学家们发现了一种让你更长寿的革命性的新疗法。它可以增强你的记忆力,让你充满创造力。它使你看起来更有吸引力,变得更苗条,降低对食物的渴望。它能保护你免受癌症和痴呆症的侵害。它可以预防感冒和流感。它会降低心脏病发作和中风的风险,更不用说糖尿病了。你甚至可以感到更快乐,不再忧郁,也不再焦虑。"[①]沃克指出,已有超过 17 000 份科学研究报告证明,这种天然且神奇的疗法就是睡眠[②]。

　　人的一生中,睡眠大约占据了三分之一的时间。睡眠与空气、食物和水一样,都是维持生命活动的基本需求。世界卫生组织将善于休息和睡眠良好列为身心健康的十大标志之一。研究显示,充足、规律且舒适的睡眠不仅有助于缓解身体疲劳、恢复体力和保护大脑,还能显著增强免疫系统的功能,帮助身体抵御感染与疾病。同时,睡眠对心理健康也至关重要,高质量的睡眠能够调节情绪、改善记忆、提升创造力,并减轻焦虑和抑郁症状。研究还表明,睡眠有助于清除大脑中的废物,并在促进学习和记忆的巩固方面发挥关键作用[③]。

经典名言

睡眠将剪不断、理还乱的思绪编织起来,是每一日后的沉睡不醒,是疲惫劳动者的沐浴,是受伤心灵的慰藉,是伟大自然的馈赠,是生命宴席上的主要滋养。

——威廉·莎士比亚

威廉·莎士比亚(William Shakespeare, 1564—1616)

### 一、睡眠概述

　　睡眠是我们日常生活中最为常见的活动之一,但睡眠究竟是怎么一回事? 这个问题并不容易回答。从睡眠的科学定义看,有学者认为,睡眠是一种自然发生的、可逆的、周期性的和反复出现的状态,在这种状态中,人体意识、肌肉活动及对外部刺激的反应暂时停止或减弱[④]。睡眠是一种正常的生理现象。当睡眠需求得到充分满足或受到外界适当的刺激

---

①　马修·沃克. 我们为什么要睡觉? [M]. 田盈春,译. 北京:北京联合出版公司,2021:133.
②　同上书,第 134 页。
③　同上书,第 8—10 页。
④　余周伟. 睡眠公式[M]. 北京:电子工业出版社,2021:123.

(如声音、轻微摇晃等)时,个体的意识会逐渐恢复清醒,肌肉活动亦会恢复。

虽然睡眠看似是一个简单的过程,但通过脑电图的研究,神经学家发现睡眠可分为非快速眼动睡眠(non-rapid eye movement, NREM)和快速眼动睡眠(rapid eye movement, REM)两个阶段,并且这两个阶段会周期性地交替进行。

具体来说,成年人在入睡初期会首先进入非快速眼动睡眠,该阶段分为四个阶段:入睡期、浅睡期、熟睡期和深睡期。前两个阶段睡眠程度较浅,容易被惊醒;后两个阶段睡眠程度较深,特别是深睡期能够有效缓解疲劳。这四个阶段的睡眠通常要经过60~90分钟的时间。之后,将会进入快速眼动睡眠阶段,此时心率、血压变得不规律,呼吸变得急促,眼球快速转动,大脑非常活跃,但身体仍处于放松状态。如将其唤醒,睡眠者通常会报告说他正在做梦。

第一次快速眼动睡眠一般持续5~10分钟,之后又会转向非快速眼动睡眠,大约再经历90分钟后,会出现第二次快速眼动睡眠,这次的时间会比第一次长,以此周期性循环。一个晚上要经历几个周期,最后一次快速眼动睡眠可长达一小时。

研究表明,深睡期有助于身体恢复,而快速眼动睡眠则帮助大脑巩固记忆。因此,睡眠质量不仅取决于总睡眠时间,还需关注深睡期和快速眼动期的时间及连续性。如果一个人在深睡期或快速眼动睡眠期反复被叫醒,那么其睡眠质量就会大打折扣,进而对身心健康产生负面影响。

**拓展阅读 6-7**

### R90 睡眠理论

在现实生活中,有"每天8小时睡眠最健康"的说法,这指的是人均睡眠数,并不适合所有人。其实,每个人的睡眠时长需求存在差异,有的人每晚只需要睡6小时;也有的人每晚要睡9个小时以上,否则白天就会感觉身体不适、脑力下降或情绪变化等。另外,睡眠时间还会随着年龄的增长而变化,整体表现为年龄越小,睡眠需求越长。成年后睡眠需求稳定在7~9小时。根据英国睡眠专家尼克·利特尔黑尔斯(Nick Littlehales)的R90睡眠理论,可以精确地管理自己的睡眠时长,做到既不因为多睡浪费时间,也不因为少睡损害健康(扫描二维码查看详细内容)。

R90 睡眠理论

**课堂活动 6-3**

### R90 睡眠方案的实践

根据尼克·利特尔黑尔斯的R90睡眠理论,可以通过设计个性化的睡眠方案来优化睡眠质量,具体步骤扫描二维码查看。

R90 睡眠
方案实施
4 步法

## 二、睡眠的影响因素

睡眠的影响因素可以分为外部因素和内部因素两大类。外部因素主要指睡眠环境,内部因素则与个体自身情况密切相关。

### （一）环境因素

睡眠环境中的光线过强、周围或室内的噪声、室温过高或过低、不舒适的床褥或枕头、室内异味等，都会使大脑皮质兴奋或引发不良情绪，导致入睡困难、易醒、早醒、多梦等睡眠障碍。此外，外出旅行或临时住宿等情况下，睡眠环境的突然变化也容易对个体的睡眠质量产生影响。

### （二）个体因素

个体因素对睡眠的影响主要包括心理状态、饮食习惯、作息规律、手机或电子设备使用、某些疾病或药物的副作用以及年龄增长等生理因素。具体来说，心理压力、情绪波动（如焦虑、紧张）会提高交感神经兴奋性，导致入睡困难或易醒。在饮食方面，睡前饮用浓茶或咖啡、过量饮酒、过度进食，容易引发大脑皮质持续兴奋或胃肠不适，从而影响睡眠质量。某些不良作息习惯，如不规律的睡觉时间、睡前使用电子设备等，也会干扰睡眠。多种生理疾病（如呼吸道感染、慢性阻塞性肺病、冠心病等）以及精神障碍（如焦虑症、抑郁症、精神分裂症）均可能造成睡眠紊乱。此外，使用特定药物（如抗抑郁药、中枢兴奋剂、利尿剂等）同样会对睡眠产生负面影响。随着年龄增长，特别是在老年阶段，由于松果体分泌的褪黑素减少、脑部供血下降等生理退化，老年人更容易出现入睡困难、睡眠浅、早醒等问题，导致整体睡眠状况不佳。

## 三、失眠

### （一）失眠的含义

失眠，又称为入睡和维持睡眠障碍，是一种最常见的睡眠障碍，指个体的睡眠时间或睡眠质量不足以满足其生理需求，同时导致日间社会功能受损的一种主观体验[①]。失眠主要表现为入睡困难、睡后易醒、醒后无法再入睡、时断时续的睡眠或彻夜不寐，并常伴有日间精神不振、反应迟钝、体倦乏力，甚至心烦意乱，严重影响正常的工作、学习和生活。

一般来说，人们在某些时期可能会偶尔出现失眠现象。但只要不过度焦虑，保持自然的入睡状态，并在睡前放松身心，通常可以自行恢复，不会对长期的睡眠质量造成影响。这种情况被称为正常的睡眠波动，而非病态失眠。

《国际睡眠障碍分类（第三版）》（International Classification of Sleep Disorders, Third Edition, ICSD-3）将失眠分为三类：短期失眠、慢性失眠和其他失眠。慢性失眠的诊断标准包括主诉入睡困难或维持困难，有充足睡眠时间和合适的睡眠环境，以及日间功能受损，且这些症状需要持续至少 3 个月，并且至少每周 3 次。只有这些标准全部满足时，才能诊断为慢性失眠。短期失眠是指症状持续时间少于 3 个月，通常与急性压力或环境因素有关。其

---

① 张斌. 中国失眠障碍诊断和治疗指南[M]. 北京：人民卫生出版社，2016：16.

他失眠是指不符合上述类型,但仍对个体造成明显的功能性损害的情况[①]。

虽然失眠会导致睡眠不足,但它与由外部原因(如工作、学习、社交或玩手机等)导致的睡眠时间减少是两回事。由外部行为引起的睡眠不足,并不是因为个体不能睡,而是由于没有给自己足够的时间或机会入睡。这种现象通常是可控的,可以通过调整作息得到改善。

相比之下,失眠是一种睡眠障碍,即使有足够的时间和机会入睡,个体仍难以入睡、维持睡眠或获得高质量的睡眠。失眠往往伴随着情绪、身体和认知上的困扰(如疲惫、注意力不集中、焦虑等),并且可能持续较长时间,需要专业的干预和治疗。

### (二)失眠对身心健康的危害

睡眠、饮食、运动是维持人体健康的三大基础保障,其中睡眠是不可或缺的一环。长期失眠对身体健康的影响可以分为系统性影响和特定功能性损害。系统性影响包括大脑反应迟钝、免疫力下降、皮肤老化加速、儿童和青少年的生长发育受阻,甚至引发神经系统退行性病变。特定功能性损害表现为某些癌症风险增加[②],导致个体罹患糖尿病、心脏病、高血压等慢性疾病的概率上升[③],同时造成大脑认知功能下降[④]等。

失眠对心理健康也会产生直接的影响,主要表现为情绪调节能力的下降和心理疾病风险的上升。长期睡眠不足会导致情绪波动、易怒、注意力不集中,并显著增加抑郁症、焦虑障碍以及职业倦怠的风险。此外,失眠还可能加重创伤后应激障碍和思维障碍等心理问题[⑤],对个体的整体心理功能产生不良影响。

**拓展阅读 6-8**

#### 失眠与"心病"是难兄难弟

睡眠是影响身心健康的重要因素之一。扫描二维码,了解中国疾病预防控制中心精神卫生中心对"睡眠与心理健康之间关系"的详细分析。

失眠与"心病"
是难兄难弟

## 四、睡眠管理

充足且高质量的睡眠能够恢复体力,改善精神状态,有益于身心健康。以下几种方法可以帮助个体拥有良好的睡眠。

---

① 尚伟.《国际睡眠疾病分类第三版》解读[J].山东大学耳鼻喉眼学报,2016,30(5):18-20.
② 欧阳涛.乳腺癌[M].北京:人民卫生出版社,2023:44.
③ 宋宝萍.心理健康手书[M].西安:西安电子科技大学出版社,2020:29.
④ 大脑在白天高强度活动时会产生大量代谢废物,这些废物需要通过夜晚睡眠过程中脑脊液流动的加速来及时清理。若脑脊液无法有效清除代谢废物,代谢废物长期堆积将对大脑功能产生不良影响。
⑤ 孙时进,杨戬.健康心理学[M].上海:复旦大学出版社,2022:66.

## （一）计算最佳睡眠时长

每个人的最佳睡眠时长是可以测算的，它指的是在一夜连续睡眠后，能让自己头脑清晰、精力充沛且白天不感到困倦的时间。如果醒来后感到头昏脑胀或体力不足，说明睡眠时间可能过长或不足，需要进行调整。

## （二）配合生物节律

睡眠节律与褪黑素的分泌密切相关。褪黑素在夜间分泌最为活跃，有助于诱导睡眠。为了保证睡眠质量，应避免睡前接触电子设备发出的蓝光，因为蓝光会抑制褪黑素的分泌，扰乱生物节律。

## （三）优化睡眠环境

良好的睡眠环境不仅包括物理环境，还需要关注心理环境。心理状态对睡眠质量有重要影响，睡前可以通过有仪式感的行为（如泡脚、看书）来缓解焦虑，降低对睡眠的过高期待，并避免因偶尔失眠而过度担忧。此外，进行睡前的心理暗示或冥想练习，也有助于放松身心，提高睡眠质量。在卧室环境方面，应保持适宜的温度（22～24℃），并采取措施减少光线和噪声的干扰，如遮挡窗帘、关闭电子设备，使用白噪声（播放自然界中的水声、风声、雨声或听钟表的嘀嗒声等）来塑造适宜的环境。同时，摆放薰衣草等安眠植物，能进一步营造一个安静、舒适的睡眠环境，有助于促进深度睡眠。

## （四）控制酒精和饮品的摄入

酒精虽然能帮助入睡，但会影响深睡期和快速眼动睡眠期的质量，导致半夜易醒，因此不建议在睡前饮酒。咖啡因则会阻断腺苷的作用，使人保持清醒。由于咖啡因的半衰期大约为 6 小时，因此应避免在下午 4 点后摄入含咖啡因的饮品，以免影响夜间睡眠。

## （五）谨慎使用安眠药

安眠药通过抑制大脑皮层的兴奋性促进睡眠，但长期服用可能引起副作用，如肝肾功能损伤。即使对于长期失眠的人，医学上一般也把认知和行为干预作为首选方法，如调整作息、改善睡眠环境等。若情况严重，须在医生指导下服药。

## （六）科学饮食与适度运动

科学饮食对睡眠非常重要。保持三餐规律，避免睡前 2～3 小时内进食，尤其是高热量、油炸或辛辣食物，这些都会加重胃肠负担，影响入睡。同时，适量运动能提升睡眠质量。但要注意，中度以上的运动需要在睡前 6 小时完成，以避免因运动后身体兴奋而妨碍入眠[1]。

---

① 理查德·怀斯曼. 睡眠正能量[M]. 长沙：湖南文艺出版社，2015：88.

**知识链接6-7** 清晨型睡眠和夜晚型睡眠

人们的睡眠规律并非千篇一律,有人倾向早睡早起(清晨型睡眠者),有人倾向晚睡晚起(夜晚型睡眠者),这两类人被形象地命名为百灵鸟型和猫头鹰型。清晨型/夜晚型睡眠者,由双程序模型(自我平衡程序和生物节律程序)调控,具有明显的个体差异。有研究者通过清晨型睡眠者、夜晚型睡眠者与精神活性物质(咖啡因、尼古丁、酒精)的消费来探究他们的人格特征[1],发现夜晚型睡眠者比清晨型睡眠者食用了更多的精神活性物质。而尼古丁和酒精通常与焦虑、抑郁等负性情绪相关[2],因此夜晚型睡眠者可能具有更高的负性情绪水平。此外,也有研究者发现夜晚型睡眠者可能比清晨型睡眠者更外向[3]。

资料来源:孙时进,杨戒.健康心理学[M].上海:复旦大学出版社,2022:67.

**拓展阅读6-9**

### 我们到底要不要午睡

午睡是否有益,长期以来一直是争论不休的话题。那么,在睡眠研究领域,专家们是如何看待这个问题的呢?扫描二维码查看详细内容。

我们到底要
不要午睡

---

### 📋 本章要点重述

1. 健康生活方式是指个体或群体为实现全生命周期的最佳健康目标而采取的习惯化行为方式,主要包括合理饮食、规律运动、戒烟限酒、心理平衡、良好睡眠、积极社交、主动学习等。

2. 适用于一般人群平衡膳食的八条准则包括:食物多样,合理搭配;吃动平衡,健康体重;多吃蔬果、奶类、全谷、大豆;适量吃鱼、禽、蛋、瘦肉;少盐少油,控糖限酒;规律进餐,足量饮水;会烹会选,会看标签;公筷分餐,杜绝浪费。

3. 适当的运动不仅有助于增强体质,还能调节情绪、缓解压力、提升心理韧性。科学合理的运动安排既是身体健康的保障,也是心理健康的重要支撑。

4. 充足、规律且舒适的睡眠不仅有助于缓解身体疲劳、恢复体力和保护大脑,还能显著增强免疫系统功能,帮助身体抵御感染与疾病。同时,睡眠对心理健康至关重要,高质量的

---

[1] Ana Adan. Chronotype and Personality Factors in the Daily Consumption of Alcohol and Psychostimulants[J]. Addiction, 1994, 89(4): 455-462.

[2] Young Man Park, et al. Scores on Morningness-Eveningness and Sleep Habits of Korean Students, Japanese Students, and Japanese Workers[J]. Perceptual and Motor Skills, 1997, 85(1): 143-154.

[3] 张斌,郝彦利,荣润国.清晨型/夜晚型睡眠者的社会心理学特征[J].中国心理卫生杂志,2006(9):621-624.

睡眠能够调节情绪,减轻焦虑和抑郁症状,并提升创造力。研究表明,睡眠有助于清除大脑中的废物,并在促进学习和改善记忆方面发挥关键作用。

## 学习游乐场 6

### 健康生活方式挑战赛

**一、游戏目标**

通过互动和竞赛,帮助学生深入理解健康生活方式的核心要素,并培养他们主动践行这些健康习惯的意识。

**二、游戏规则**

1. 将学生分成若干小组,每组 4～5 人。

2. 每组抽取一张任务卡,上面分别写着"合理饮食""适量运动"和"科学睡眠"。

3. 每组在 30 分钟内讨论并制订一个一周的健康生活计划,包括饮食、睡眠和运动的具体安排。

4. 每组轮流展示他们的计划,并解释这些计划如何帮助他们实现健康生活方式。

5. 其他小组和教师根据计划的可行性、创新性和全面性进行评分。

6. 最终得分最高的小组获胜。

**三、游戏效果**

通过小组合作与展示,学生不仅能够加深对健康生活方式的理解,还能激发内在动机和创新思维,在实际情境中找到改善健康的可行方案。

## 心理测试 6

### 健康生活方式测试表[①]

你的生活方式健康吗?让我们做个小测验,用下面的"生活方式自测表"检验一下吧!如果你觉得下面的某个方面能贴合你自己的生活方式,就在项目前积 1 分。积分越高说明你的生活方式越健康。

1. 我每天有规律地睡眠 7～8 小时。

2. 我每天吃早餐。

3. 我的早餐包括碳水化合物、鸡蛋、蔬菜、高营养奶制品、水果中至少三项。

4. 我两餐之间基本不吃或很少吃东西。

5. 我的体重在标准范围内。

6. 我从不吸烟。

7. 我很少或适量饮酒。

8. 我经常有规律地锻炼。

---

① 孙时进,杨戒. 健康心理学[M]. 上海:复旦大学出版社,2022:70-71.

9. 我每日洗澡、换衣。

10. 我保持乐观、愉悦的心情。

11. 我鼓励或帮助过至少三位朋友。

## 课后练习

### 一、单项选择题

1. 小张今年 30 岁,对于他来说,进行中等强度的运动时,其心率区间为(　　)。

A. 75～92 次/分钟　　　　　　　　　B. 93～113 次/分钟

C. 114～152 次/分钟　　　　　　　　D. 153～190 次/分钟

2. 人通常会在以下哪个睡眠期内做梦?(　　)

A. 快速眼动睡眠期　　　　　　　　　B. 浅睡期

C. 熟睡期　　　　　　　　　　　　　D. 深睡期

3. 主诉入睡困难或维持困难,有充足睡眠时间和合适的睡眠环境,以及日间功能受损,且这些症状需要持续至少 3 个月,并且至少每周 3 次。只有这些标准全部满足时,才能诊断为(　　)。

A. 短期失眠　　　　　　　　　　　　B. 慢性失眠

C. 其他失眠　　　　　　　　　　　　D. 正常的睡眠波动

### 二、多项选择题

1. 影响人类健康的主要因素包括(　　)。

A. 生活方式　　　　B. 遗传因素　　　　C. 社会条件　　　　D. 自然环境

E. 医疗条件

2. 维多利亚宣言提出的健康生活方式"四大基石"为(　　)。

A. 合理膳食　　　　B. 适量运动　　　　C. 戒烟限酒　　　　D. 早睡早起

E. 心理平衡

3. 以下哪些营养素能够通过代谢为机体提供能量?(　　)

A. 碳水化合物　　　B. 维生素　　　　　C. 蛋白质　　　　　D. 水

E. 脂类

### 三、判断题

1. 健康生活方式是指个体或群体为实现全生命周期的最佳健康目标而采取的习惯化行为方式。　　　　　　　　　　　　　　　　　　　　　　　　　　　　　(　　)

2. 戒烟越早越好。　　　　　　　　　　　　　　　　　　　　　　　　(　　)

3. 世界卫生组织建议,每人每天食盐摄入量应低于 6 克。　　　　　　　(　　)

4. 适当的运动不仅有助于增强体质,还能调节情绪和缓解压力。　　　　(　　)

5. 高质量的睡眠可以帮助缓解身体疲劳,但对心理健康没有作用。　　　(　　)

### 四、实训题

结合本章内容以及你的个人生活情况,设计一个适合自己的健康生活方式计划,并详细记录计划的践行情况并总结一周后的践行成果,分析计划对身心健康的影响,明确需要改进的方面,制定下一步的优化措施。

扫描二维码查看课后练习答案。

第六章课后
练习答案

## 推荐阅读书目

1. 中国营养学会.中国居民膳食指南(2022)[M].北京:人民卫生出版社,2022.

2. 肖恩·M.塔尔博特.神奇的营养心理学:如何用营养保持身心健康[M].赵晓曦,译.北京:中译出版社,2023.

3. 约翰·瑞迪,埃里克·哈格曼.运动改造大脑[M].浦溶,译.杭州:浙江科学技术出版社,2023.

4. 余周伟.睡眠公式[M].北京:电子工业出版社,2021.

5. 马修·沃克.我们为什么要睡觉?[M].田盈春,译.北京:北京联合出版公司,2021.

6. 尼克·利特尔黑尔斯.睡眠革命(新版)[M].王敏,译.贵阳:贵州科技出版社,2020.

# 逆风翱翔翼更坚
## ——压力管理与挫折应对

在人生旅途中,压力和挫折如影随形,是生命中的常客。它们既可能成为我们前行的助力,也可能变成阻力。一方面,压力与挫折如同逆风,虽然让人举步维艰,却能锤炼我们的意志,激励我们挑战极限,实现自我超越。另一方面,如果应对不当,它们也可能如大山般沉重,压垮我们的信心,甚至危害健康。因此,压力与挫折对我们来说,既非单纯的朋友,也非绝对的敌人,它们的作用取决于我们的态度和应对方式。只有学会与压力对话,与挫折共舞,运用有效的方法化解其负面影响,才能将其转化为成长的动力源泉。

## 学习目标

学完本章后,你应该能够做到:
◆ 解释压力、挫折和逆商的概念
◆ 识别压力与挫折的来源
◆ 分析压力与挫折对个体的影响
◆ 掌握有效管理压力的策略
◆ 正确应用提高逆商的方法
◆ 树立勇于克服困难的人生观

# 本章学习内容导图

逆风翱翔翼更坚——压力管理与挫折应对

- 山重水复疑无路——压力与挫折概述
  - 什么是压力
  - 什么是挫折
  - 压力与挫折的反应

- 柳暗花明又一村——压力管理
  - 压力管理的内涵
  - 压力管理的策略
    - 正确识别压力源
    - 转变认知视角
    - 坦然接纳压力
    - 合理管理时间
    - 控制压力后果
    - 寻求社会支持

- 宝剑锋从磨砺出——挫折应对
  - 人生与挫折
  - 逆商与挫折应对
    - 逆商的内涵
    - 逆商的四个维度
    - 提高逆商的方法

## 自古雄才多磨难

司马迁在《报任安书》中写道:"盖文王拘而演《周易》;仲尼厄而作《春秋》;屈原放逐,乃赋《离骚》;左丘失明,厥有《国语》;孙子膑脚,《兵法》修列;不韦迁蜀,世传《吕览》;韩非囚秦,《说难》《孤愤》;《诗》三百篇,大底圣贤发愤之所为作也。"这段话的意思是:周文王在被囚禁时推演出《周易》;孔子在逆境中编撰《春秋》;屈原被流放时创作了《离骚》;左丘明失明后完成了《国语》;孙膑遭受膑脚之刑后整理了《兵法》;吕不韦被贬蜀地后,世间流传下《吕氏春秋》;韩非被囚于秦国时写下《说难》和《孤愤》;而《诗经》三百篇,大多是圣贤在愤懑中创作出来的作品。司马迁自己也是在遭受宫刑

司马迁(公元前 145 或公元前 135—?)

这一人生重大挫折后,忍受心理与生理的双重痛苦,以坚韧的毅力完成了千古传世之作——《史记》。

上述事例生动地体现了在逆境中通过内在力量实现自我突破的心理成长过程。在现实生活中,每个人都不可避免地会遇到各种各样的压力与挫折。这些压力与挫折如何影响我们的心理健康?我们又可以通过哪些有效的方法和资源来应对它们?本章将围绕这些问题展开分析与探讨。通过本章的学习,你能够掌握科学的压力管理与挫折应对策略,从而促进心理的成熟与自我的健康成长。

## 第一节　山重水复疑无路——压力与挫折概述

　　长期以来,人们对压力与挫折的印象往往都不太好,认为它们是沉重的负担,是引发各种生理疾病和心理问题的"罪魁祸首",甚至将它们视为健康的"敌人",唯恐避之不及。然而,事实真是如此吗?本节将基于心理学的研究成果,从不同角度分析压力与挫折的特征与影响,以帮助大家正确认识压力与挫折,主动探索如何将其转化为促进成长的动力。

经典名言

井无压力不出油,人无压力轻飘飘。

——王进喜

王进喜(1923—1970)

## 一、什么是压力

### (一) 压力的概念

　　在日常工作和生活中,压力无处不在,时刻影响着我们的心理和行为。例如,当公司实施裁员或组织变革时,个体可能面临失业的风险;当上级布置高难度任务时,员工可能感受到能力不足的困扰。这些情境都说明压力是现代社会中的常见现象。"压力"这一术语最早由汉斯·塞利(Hans Selye)于20世纪30年代提出,他将其定义为有机体在应对内外环境变化时产生的非特异性生理反应。此后,许多领域的研究者都从不同的角度对压力进行了延伸解读和深入探讨,进一步揭示了压力的多维属性和复杂机制。

　　虽然压力的定义在学术界存在多种观点(见知识链接7-1),尚未形成统一公认的概念,但总体上可以分为三种主要取向:刺激取向、反应取向和相互作用取向。目前,多数学者倾向于将压力理解为刺激与反应的综合作用。在此基础上,通过比较和整合前人的研究文献,可以将压力定义为个体在应对环境要求时产生的一系列生理、心理和行为反应,特别是当环境要求被个体主观认为超出其应对能力时,这种反应会更加显著。凯利·麦格尼格尔(Kelly McGonigal)认为,压力就是个体在乎的东西发生危险时引起的反应。对不在乎的事情,个体不会感到压力[1]。

---

[1]　凯利·麦格尼格尔. 自控力:和压力做朋友[M]. 王鹏程,译. 北京:北京联合出版公司,2017:12.

知识链接 7-1 **关于压力的几种学说**

（1）内部平衡学说：由生理心理学家沃尔特·布拉德福德·坎农（Walter Bradford Cannon）提出。他认为当外部环境的变化扰乱了人体的稳态（即内部平衡）时，压力便会产生。坎农强调，人体具有与生俱来的防御机制，用来保持内部平衡。

（2）认知评价学说：由心理学家理查德·斯坦利·拉扎勒斯（Richard Stanley Lazarus）提出。他认为压力并非完全取决于刺激情境，而是由个体的主观认知评价决定。对于一个人有压力的人或事并不一定会对另一个人形成压力，即个体的认知在压力形成过程中扮演着至关重要的角色。

（3）个体-环境匹配学说：由社会心理学家罗伯特·路易斯·卡恩（Robert Louis Kahn）提出。他强调个体与环境之间的匹配程度是决定压力是否产生的重要因素。当个体的能力和资源无法满足环境的期望或要求时，就会导致压力的产生；相反，当个体的能力与环境要求相符时，压力水平会降低甚至消失。他认为角色模糊和角色冲突是个体在社会情境中感受到压力的主要来源。

## （二）压力的来源

压力的来源又称压力源。压力源是指引发个体压力反应的刺激、事件或环境因素。由于每个人的年龄、性别、职业等存在差异，所以面临的压力源也各有不同。通常可以从生物、心理和社会的角度对多种多样的压力源进行大致分类。

生物性压力源与个体的身体状况息息相关，如疾病、睡眠不足和过度劳累等；心理性压力源涉及个体的认知与人格特征，具有高度的主观性，如对未来的不确定感、过高的自我期望、过于追求完美或缺乏自信等；社会性压力源是由社会互动和环境变化引起的，如家庭矛盾、婚姻问题、升职或失业等。

拓展阅读 7-1

### 社会再适应评定量表

1967 年，托马斯·霍姆斯（Thomas Holmes）和理查德·雷赫（Richard Rahe）编制了社会再适应评定量表（social readjustment rating scale，SRRS）。在这个量表中包括 43 种常见的引起压力的生活事件（即社会性压力源），每个生活事件引起的压力值称为生活变化单元（life change units，LCU），一个人在特定时期经历的各种生活事件的压力值可以用 LCU 的值相加得到（扫描二维码查看详细内容）。

社会再适应
评定量表

上述这些压力源可能单独存在，也可能相互作用，从而产生叠加效应，导致更高的压力水平。此外，个体对压力的敏感性（见知识链接 7-2）以及采用的应对策略也会影响其对压力的主观感知和实际体验。

压力感受性

压力感受性是指个体对压力源或压力事件的敏感程度。每个人对压力的感受性是不同的,这种感受性的高低与个体的生活经历、知识经验、人格特征以及心理特点息息相关。一般来说,影响压力感受性的因素主要包括以下几个方面。

(1) 个体的认知:个体如何看待压力情境,会直接影响其对压力的体验。例如,面对同样复杂的任务,有些人将其视为无法克服的障碍,从而感到焦虑;另一些人则将其视为成长的机会,积极投入,以此实现自我突破。这表明,对同一事件的不同认知会影响个体对压力的感受程度。

(2) 人格特质:A 型人格的人精力旺盛、竞争性强、缺乏耐心、急于求成,对时间高度敏感,容易因过度紧张、敌意或易怒而产生更高的压力。相比之下,B 型人格的人通常更随和、放松、冷静、合作,因此感受到的压力较少。

(3) 过往经历:当个体曾成功应对某种困难情境,再遇到类似情境时,他会感受到较小的压力或不再感到压力。因为人们通常认为全新的或不确定的情境更容易引发压力。例如,新入职的员工由于缺乏经验,往往会感受到更大的压力;而有丰富经验的员工在面对相似任务时会更加从容。

(4) 社会支持:当面临压力情境时,能够获得他人帮助的人会感到较小的压力,而孤立无援的人则常常会体验到更大的压力。

资料来源:刘玉梅.管理心理学理论与实践(第 2 版)[M].上海:复旦大学出版社,2019:216-220.有改动.

### (三) 压力曲线

压力与绩效之间存在一种"倒 U 形关系"(见图 7-1),这是由心理学家罗伯特·耶基斯(Robert Yerkes)和约翰·多德森(John Dodson)进行实验得出的结论,被称为"耶基斯-多德森定律"。该理论表明,压力水平并非越高越好,也不是越低越好,而是存在一个最佳水平区间。当压力水平处于这一区间时,个体的绩效表现最佳。然而,当压力水平超过这一

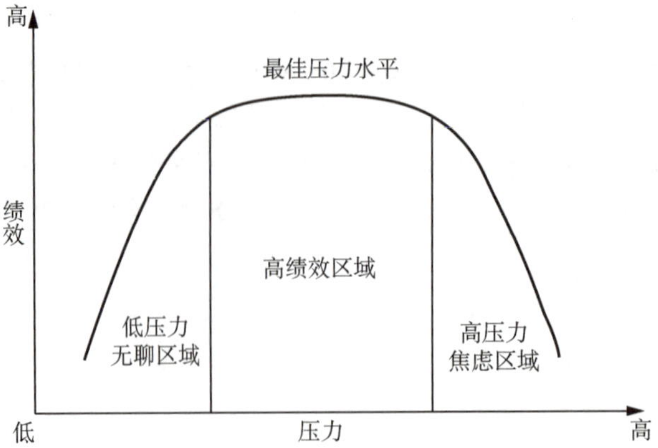

图 7-1 耶基斯-多德森压力曲线

区间时,绩效会下降。因为过高的压力容易导致个体过度紧张和焦虑,分散其注意力,消耗体力和精力,最终引发身心疲劳。相反,过低的压力则会使个体缺乏动力和兴趣,导致工作懈怠,失去热情。

现代生活和工作中,各种压力如影随形,我们要做的就是正确面对低压力无聊区域和高压力焦虑区域,了解压力的来源,进行自我调适,调整认知、情绪和行为,让自己进入最佳压力水平的目标区,以适应各种环境和生活状况的变化,提高应对挑战的能力。

值得注意的是,每个人对压力的感受和反应存在个体差异。有些人对压力高度敏感,而另一些人具有更强的抗压能力。这与个体的生理特征、心理素质、应对方式以及生活经验等因素有关。了解自己的抗压能力,并找到适合自己的应对方式,是有效管理压力和保持心理健康的重要前提。

## 二、什么是挫折

挫折是指个体在从事有目的的活动过程中,遇到了无法克服或自以为无法克服的障碍和干扰,导致其需要不能得到满足时产生的紧张心理状态和情绪反应。挫折的产生通常包括三个组成要素:挫折情境、挫折认知以及挫折反应。其中,挫折认知起着关键作用。因为只有当个体意识到挫折情境的存在,才会产生挫折反应。如果挫折情境未被个体察觉,或者察觉到了但并不认为很严重,那么就不会引发挫折反应,或者只产生轻微的挫折反应。因此,挫折反应的性质和程度,主要取决于挫折认知。例如,面对考试不及格这一情境,有人感到焦虑和自责,有人认为是暂时失误,也有人可能毫不在意。

挫折的产生与动机密切相关,而动机来源于个体的需要。动机推动个体的行为朝着特定的目标努力,并力求实现这一目标。当行为受阻、目标无法实现或需求未被满足时,就会导致挫折反应。挫折的产生过程如图 7-2 所示。

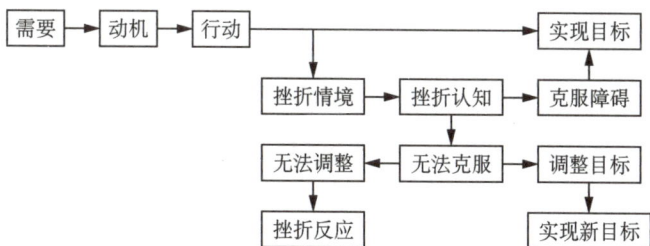

图 7-2 挫折的产生过程

挫折具有双重性,它既有积极的意义,也可能带来消极后果。从积极方面来看,适度的挫折能够激发人的斗志,促使个体通过反思调整行为策略,从而更好地适应环境并增强心理韧性。这种适应过程不仅能够帮助个体更成熟地面对挑战,还能磨炼意志,使人在逆境中实现更大的发展和突破。然而,挫折也可能产生负面影响。如果挫折的强度过大或持续时间过长,则可能引发焦虑、抑郁、恐惧、愤怒等消极情绪,甚至导致攻击性行为、消极逃避或长期退缩。这些不良反应不仅可能损害他人利益,还会对个体的身心健康造成威胁,比如增加罹患焦虑障碍、抑郁症或心血管疾病的风险。因此,正确面对挫折,积极调整心态,并从挫折中学会成长,是每个人都需要培养的重要心理素质。

## 三、压力与挫折的反应

人们对压力和挫折有着不同的反应,有的表现为强烈的情绪波动,有的表现为冲动的行为,有的表现得较为隐蔽。从整体来看,人们对压力和挫折的反应主要表现在生理、心理和行为三个方面。

### (一) 生理反应

当个体面临压力或挫折时,机体的自我调节机制会启动应激反应,通过激活交感神经系统和内分泌系统来动员身体资源应对挑战。典型的生理表现包括肌肉紧张、心跳加速、血压升高、呼吸频率增加、唾液分泌减少、血浆葡萄糖水平升高以及排尿增多等,这些变化主要是提高个体的应对能力。与此同时,与应激无直接关联的系统(如消化系统)由于血流和能量的重新分配,功能受限,表现为胃肠蠕动减慢或消化不良等症状。如果压力或挫折持续时间过长,这种急性生理反应可能转变为慢性,引发新陈代谢紊乱和内分泌功能异常,出现心悸、气短、腹胀等不适症状,增加高血压、糖尿病和冠心病等慢性病的发生风险,危害个体的健康。

### (二) 心理反应

在适度的压力及挫折情境下,个体的感知敏感性增强,注意力更加集中,记忆力有所提升,思维也趋于活跃。这种状态通常伴随着一定的挑战感,能够激发个体的潜能,使其表现出较高的专注力和效率。但当压力和挫折过度时,个体往往会产生一系列负面心理反应,包括焦虑、抑郁、恐惧、无助、悲观、失望和冷漠等情绪反应以及注意力涣散、记忆力减退、思维迟缓或判断力下降等认知反应。这些反应不仅会削弱个体的应对能力,还可能影响个体的心理健康和生活质量。

拓展阅读7-2

#### 心理防御机制

心理防御机制是精神分析的基本理念,指当个体遇到挫折或压力性事件时,为减轻焦虑和维持心理平衡而表现出的一种适应性倾向。作为一种自我心理调节策略,心理防御机制几乎被每个人自觉或不自觉地使用。适当地使用心理防御机制可以缓解压力或挫折带来的心理焦虑,起到自我保护的作用,而不当使用则容易引起更大的心理冲突,并不能有效解决问题。常见的心理防御机制包括压抑、否认、倒退、合理化、投射、补偿、升华、幽默、认同、反向、逃避等(扫描二维码查看详细内容)。

常见的心理防御机制

### (三) 行为反应

面对压力或挫折,个体通常不会保持被动,而是采取不同的态度和行为来应对。应对方式大致可以分为两类。一类是积极行为,即个体主动利用自身的经验、知识和能力,或者向他人寻求帮助,从而制定应对策略,解决问题或改善不利环境。另一类是消极行为,即个体试图通过减轻或暂时消除压力及挫折引发的负面情绪来缓解不适感。例如,通过依赖逃避性活动(如过度娱乐、沉湎于社交媒体或网络游戏等)来寻求短暂的心理平衡。但消极行为一般无法从根本上解决问题,有时反而会导致压力加剧或挫折感进一步升级。当然,积极行为和消极行为并不是绝对对立的,个体在面对压力源或挫折情境时,常会交替使用不同的策略。但对每个人来说,培养更多积极的应对方式不仅能够提高其承压抗挫能力,也有助于维护心理健康。

虽然人们对压力和挫折的反应主要表现在生理、心理和行为三个方面,但这三者并非独立存在,通常是相互交织、同时发生的。例如,心理上的紧张可能伴随着生理上的心跳加速,并且也可能表现出回避行为。由于每个人对压力和挫折的反应具有个体差异,表现形式也各不相同,因此,理解这些反应的多样性有助于我们采取更有效的应对措施。

## 第二节　柳暗花明又一村——压力管理

在现代社会中,每个人都有压力。青少年主要面对的是学习和考试的压力;成年人则为事业、买房、养家等问题所困;老年人又常常为健康问题而忧。适当的压力是有益的,能够激发人的潜能,促进个人成长,而压力过大和压力缺失会对人的身心产生不良影响。为了有效应对压力带来的不利影响,每个人都需要具备管理压力的能力。

### 一、压力管理的内涵

压力管理,也称为压力应对,指的是个体运用一系列策略和方法,对自身面临的压力源以及由此产生的压力反应进行有效调节和控制的过程。通常情况下,大多数人能够选择适合自己的方式应对压力。只有当压力程度过强或持续时间较长时,才需要专业人员的帮助。

压力管理的目标是帮助个体在面临挑战时,能够更有效地适应并恢复身心平衡,提高其心理韧性与生活质量。当个体能够妥善处理压力时,不仅在心理上减少了痛苦和困扰,避免了因压力过大而导致的身心健康问题,而且在生活和工作中也能更加高效地发挥自己的能力。例如,一个掌握压力管理技巧的职场人,不会因为工作压力而频繁请假或降低效率,反而能在压力的激励下更好地完成任务,并获得职业成就感。在家庭生活中,他也能以更和谐的心态与家人相处,营造温馨的氛围,从而在各方面获得更多满足感和幸福感。

### 二、压力管理的策略

在压力管理的实践中,存在一些常见误区。有些人将压力视为纯粹的敌人,试图消除或逃避它,却忽视了适度压力对个人成长的促进作用;有些人将压力管理简化为单纯的放松技巧,未能从根本上解决问题,导致压力反复出现;还有人用单一策略应对各种压力,或过度依赖外部因素,结果事与愿违,甚至引发新的压力。有效的压力管理是一个系统且复杂的过程,需综合运用多种策略,以应对不同的压力源。

### (一) 正确识别压力源

只有清楚了解压力的来源,才能有针对性地管理压力。在现实生活中,有些压力源是可以永久性消除的。例如,如果一个人的性格与从事的职业不匹配(见案例 7-1),导致长期的心理压力,那么通过更换适合的工作可以有效解决这一问题。有些压力源则是暂时性的。例如,周期性繁忙的工作任务会让个体感到身心疲惫。在这种情况下,来自同事和家人的支持是减轻压力的重要资源。此外,在完成艰巨任务后,外出旅游或短期休假也可以有效释放压力,恢复心理和生理的平衡。然而,还有一些压力源是不可控又无法回避的,如疾病、自然灾害、经济危机和公司裁员等。面对这些压力源,个体需要采取有效的管理措施。管理压力的前提是正确识别不同类型的压力源,只有这样,才能采取更加精准的应对策略,提高压力管理的有效性。

> **案例 7-1　跳槽还是坚守**
>
> 田霞在一家广告公司任业务专员,她活泼开朗,责任心强,善于与人沟通,工作仅半年就小有成效,得到上级赏识。年初,为了获得更好的职业发展前景和较大的薪酬涨幅,田霞跳槽,应聘到了一个她仰慕已久的国际知名广告公司策划文案的职位,虽然该职位级别较低,但大公司听着名气响,并且待遇也不菲,于是她便打点行装踏上了新的征程。工作半年后,性格外向的她却发现自己一点儿也不喜欢成天埋头写东西,这个既没有挑战且缺少交际的工作,目前已成为她最大的烦恼。"是选择再次跳槽还是坚守?"田霞反复问自己,但又拿不定主意,内心很痛苦。

### (二) 转变认知视角

在人生漫长的旅途中,每个人都扮演着航行者的角色,时而乘风破浪,时而面临风雨交加的挑战。当生活的重压如潮水般涌来时,个体常常会感到迷茫、无助,甚至被负面情绪所淹没。此时,理性认知的作用尤为重要,它如同夜空中的北极星,为个体指引方向,帮助其穿越黑暗,找到心灵的避风港。

根据认知心理学的理论,个体的思维、情感和行为之间存在密切的相互作用。在压力情境下,个体的应激反应常常会触发"战斗或逃跑"的生理机制,这种机制在短期内有助于应对危机,但长期来看,却可能会导致认知扭曲,如过度概括、非黑即白的思维模式、灾难化的想法等,这些扭曲的认知不仅无助于问题的解决,反而会加剧焦虑和绝望感。

其实,任何事物都有两面性,没有绝对的好坏之分,关键在于人们以何种角度看待它。同样的事件,不同视角会引发不同的压力反应(见案例 7-2)。乐观的人能在困境中找到机会,而悲观的人可能在机会中看到障碍。改变认知视角并不难,关键在于遇到压力时保持积极心态,尝试从正面思考。正如凯利·麦格尼格尔所说,压力管理的最佳方式不是减轻或避免,而是重新思考和认识压力。压力既带来挑战,也伴随幸福,它与个人的升学、升职、亲情、友情、爱情、健康等目标紧密相连。如果以更广阔的视角看待生活,就会发现压力背后蕴藏的意义[①]。因此,积极思维不仅有助于个体应对挑战,还能激发其追求重要目标的动机和决心,从而促进自我价值的实现。

> **案例 7-2　晴天与雨天**
>
> 　　有一位老太太,她有两个儿子,大儿子卖雨伞,小儿子开染坊。雨天时,老太太就发愁地说:"唉!我小儿子染的布往哪里去晒呀!要是晒不干,顾客就该找他的麻烦了。"晴天时,老太太还发愁:"唉!看这个大晴天,哪还有人来买我大儿子的雨伞呀!"就这样,老太太一天到晚愁眉不展,吃不下饭,睡不好觉。后来有人开导她:"你应该高兴才对呀!晴天的时候,开染坊的小儿子生意好;雨天的时候,卖雨伞的大儿子生意好。你永远都有一个儿子生意好,这不是好事吗?"老太太听后顿时感觉心情舒畅了!
>
> 　　从这个故事中可以看出,当老太太以悲观的视角看世界时,每天都活得很不开心;而当她在别人的点拨下打破自己的认知局限后,她眼中的世界瞬间便充满了无限希望。

### (三) 坦然接纳压力

　　尽管很多人认为应对压力的最佳策略是放松,但研究表明,接纳压力是一种更有效的压力管理方法。无论是面临重大考试的学生,还是在职业生涯中经历激烈竞争的运动员,积极接纳压力都会强化自信,提升表现。这是因为接纳压力与抗拒压力会引发不同的生理和心理反应。前者有助于个体在压力情境中培养韧性,增强积极的驱动力,进而在压力下发挥最佳表现。后者则会让个体感到紧张、焦虑或无助,导致对潜在威胁的信号更敏感,这会形成恶性循环,即越是关注威胁并回避威胁,越容易使其变成现实。因此,个体与其把压力看作不受欢迎的来访者,试图赶走它,不如把它当成可以信任的搭档,与之握手言和。坦然接纳压力,压力就会转化为前行的勇气和动力,帮助个体更加自信地面对未来。

---

① 凯利·麦格尼格尔.自控力:和压力做朋友[M].郑王鹏程,译.北京:北京联合出版公司,2017:81-103.

**课堂活动 7-1**

从山村少年
到科学"大师"

### 阅读与思考

"从山村少年到科学'大师'"(扫描二维码查看详细内容)一文讲述了中国科学院院士薛其坤教授的成长经历。他以山村少年的身份启程,经历了无数挑战,几十年如一日地保持着昂扬奋进的精神,带领科研团队取得重大成果,率先于东京大学、麻省理工学院、维尔茨堡大学、普林斯顿大学、斯坦福大学等国际顶尖高校团队之前发现了量子反常霍尔效应,成为享誉全球的实验物理学家。请认真阅读并思考薛其坤教授的奋斗经历给你带来哪些启示,然后与老师和同学分享你的感悟。

### (四)合理管理时间

时间管理是指有效利用时间来完成任务。时间管理的目标并不是要做完所有事情,而是要区分任务的轻重缓急,决定哪些事情应当立即处理,哪些事情可以缓一缓,哪些事情可以不做,然后在自己最清醒和效率最高的时间段内,专心致志地完成最重要且紧急的任务。时间管理可以通过将任务按照紧迫性和重要性两个维度进行分类,构建四个象限:既紧急又重要、不紧急但重要、不紧急不重要、紧急但不重要(见图7-3)。

图 7-3　时间管理四象限图

首先,对于那些既紧急又重要的事务,显然应当立即采取行动。其次,对于那些不紧急但重要的事项,如工作进度规划、建立人脉、员工培训以及回访关键客户等,虽然它们不紧迫,但也不容忽视。应当为这些任务制定详细的计划,并确保按时完成。设置时间表,可以有效防止这些任务因拖延而变成紧急事务。再次,对于那些紧急但不重要的任务,如接听骚扰电话、接待不必要的访客或参与无效会议等,应尽量避开。如果可能,可以委托他人处理,以免消耗过多精力,影响更重要的工作。最后,至于那些既不重要也不紧急的事务,如浏览无聊的手机视频或办公室八卦等,应该尽量避免参与,因为这些活动不值得浪费时间和精力。

高效的时间分配管理的关键是将主要精力集中在第一和第二象限的任务上,同时尽量减少第三和第四象限的干扰。

**绘制时间管理四象限图**

请你根据自己当前的情况,按照任务紧迫性和重要性分类,绘制时间管理四象限图,填写四个象限的内容,然后与同学分享并讨论如何合理分配时间。

### (五)控制压力后果

俗话说,"有压力,才有动力"。确实,适度的压力有助于个人成长,没有压力,我们将止步不前,碌碌无为,而如果压力超过了个体的承受限度,可能对身心健康产生负面影响,导致抑郁、烦躁、焦虑等情绪问题,并增加疾病的风险。因此,控制压力产生的消极后果是压力管理的一种常见策略,主要通过下列几种方式实现。

#### 1. 放松训练

放松训练是指通过一系列练习,帮助个体从身心紧张状态过渡到松弛状态的过程。在放松过程中,压力反应得到缓解,其负面影响也随之减轻。放松训练是压力管理中最简单且易于操作的方法,同时也是其关键步骤。放松训练通常分为三个阶段:学习基本的放松技巧、监控日常生活中的紧张情绪以及在面临较大压力时运用放松技巧。常用的放松方法包括深呼吸、冥想、瑜伽、太极拳等。

呼吸是生命的基础,也是放松的核心。正确的呼吸方法能够增强肺功能,改善心血管反应,提升血液中的含氧量,并起到镇静神经、放松身心的作用。通常情况下,呼吸急促且浅表是压力的体现,而深呼吸,尤其是腹式呼吸(见知识链接 7-3),是缓解压力的有效手段,也是众多放松技巧的基础。

**知识链接 7-3　腹式呼吸**

腹式呼吸是一种深度放松的呼吸方法,以下是练习步骤。

(1)找到一个舒适的姿势,可以是坐姿或躺姿。放松身体,将肩膀自然下沉。

(2)缓慢吸气,通过鼻子将空气吸入体内。吸气时,注意使胸腹之间的横膈膜下沉,把空气吸入腹部,使腹部慢慢隆起,同时胸部保持相对稳定。

(3)停顿片刻,感受吸气后腹部的充盈感。

(4)慢慢呼气,通过口腔将空气呼出去。呼气时,腹部逐渐收缩,恢复到初始状态。

(5)重复以上步骤,每次呼吸保持缓慢而深长的节奏。

在日常生活中,腹式呼吸练习可以随时进行。无论是在办公室、公交车上,还是在家中,都能轻松实践。这样的练习不仅有助于放松身心、减轻压力和焦虑,还能提高专注力。

冥想是一种深度放松的方法,通过集中注意力来提升对自身的觉察。其核心过程是使思维变得更加清晰,减少无意识杂念的干扰,从而平复情绪。冥想的生理益处包括降低代谢率和氧气消耗,产生类似休息状态的效果,同时降低心率和呼吸频率,保持血压稳定。研究表明,冥想有助于减轻压力的负面影响。

**课堂活动 7-3**

**冥 想 练 习**

请按照二维码中的冥想步骤进行练习。研究表明,每天 10～20 分钟的冥想可以帮助你更好地应对日常生活中的压力。

冥想的步骤

此外,瑜伽和太极拳等都是理想的放松形式。瑜伽起源于古印度,最初是一种综合性的生活方式,涉及身心、社会和精神的平衡。它是通过呼吸法、意识集中和身体伸展来促进身体的柔韧性、改善肌肉状况,并帮助内心平静、提升自尊心。太极拳源自中国,根植于道家哲学,强调力量的平衡,被誉为"活动的冥想"。太极拳的动作特点为不使劲、深呼吸、低重心,速度平稳缓慢,身心合一,动作优美连贯。太极拳中的"气"代表着微妙的能量在全身流动,指导我们如何在面对压力时保持体内平衡。

2. 保持健康的生活方式

适度的运动、合理的饮食、规律的睡眠等健康生活方式是有效的压力管理手段。鉴于第六章已有相关分析,此处补充阳光对压力管理的作用。研究证实,适度的阳光照射能够提高体内血清素水平。血清素在情绪调节中起着关键作用,能够使个体产生愉悦感和放松感,有助于缓解压力,减少焦虑和抑郁情绪。当血清素水平升高时,个体通常会感到更积极、乐观和专注。这也是在阳光明媚的日子里,人们感到更愉快、精力充沛,而在阴雨天感到沮丧或疲惫的原因之一(见案例 7-3)。

**案例 7-3    尤坎小镇的奇迹**

在挪威北部的尤坎小镇,由于地理位置特殊,每年有 6 个月几乎见不到阳光。长期处于阴暗环境对居民的心理健康造成明显影响,包括情绪低落、精神萎靡和抑郁症状的增加。

为应对这一问题,小镇在海拔约 450 米的山上安装了三块总面积达 51 平方米的反射镜,利用计算机控制系统跟踪太阳轨迹,将阳光反射到城镇中,提供约 600 平方米的光照区域。这一装置显著改善了居民的心理状态,提升了幸福感。

尤坎小镇的实践表明,阳光不仅是物理上的光源,更是调节情绪、缓解压力的重要因素。

### 3. 适度宣泄

适度宣泄负面情绪在压力管理中具有多方面的积极作用。首先,它有助于减少消极情绪的积压。在现实生活中,如果水管堵塞了,要及时疏通,否则可能造成破裂。每个人的心理承受能力是有限的,无休止地体验负面情绪而不及时释放,会破坏心理平衡,危害心理健康。因此,面对压力时,适度宣泄是必要的。其次,适当的情绪表达使个体能够更清楚地认识并理解自己的情绪状态,增强自我调节能力,帮助其在压力情境下保持冷静与理智。此外,适度宣泄还能够促进人际关系的和谐。当个体以健康的方式表达情绪时,更容易获得他人的支持与帮助,从而提升应对压力的信心和勇气。常用的合理宣泄方法包括与人交流、写日记(见案例7-4)、进行运动(如打球、跑步、游泳)、唱歌、跳舞、看电影、听音乐、欣赏艺术作品、阅读、哭泣等,但需要避免暴饮暴食、过度购物、攻击行为、酗酒等不健康的宣泄方式。

---

**案例 7-4  丽丽的成长与蜕变**

在遥远的异国他乡,一位名叫丽丽的中国女留学生正经历着人生中的低谷。那是大学二年级时,随着学业压力的增加,她出现了明显的抑郁症状,每当夜深人静,她躺在床上,望着窗外的月光,心中充满了无尽的孤独和忧郁。她变得无法出门,不愿与人交流,通过暴饮暴食来寻找片刻的安慰。体重的飙升和学业的停滞使丽丽不得不办理了休学,她的内心充满了绝望。

然而,丽丽并不甘心于此,她决定开始寻找自救的途径。她选择了一个看似简单却又充满力量的方式——写日记。每天,她都会坐在书桌前,拿起笔,将自己遇到的事情、想法和感受一一记录下来。在文字的海洋中,她将心中的痛苦、恐惧和不安倾诉在纸上,与自己的内心进行深入对话,让自己的情绪在文字中得到释放。

为了更好地应对抑郁症状,丽丽还同时接受医学治疗与心理辅导。她将自己在日记中的思考和感悟与咨询师进行分享和探讨,得到了更多的激励、启示和帮助。在多方资源的合理支持下,丽丽开始突破自我,走出房门,定时运动,控制饮食。随着时间的推移,她的体重逐渐下降,精神状态也越来越好。

如今,丽丽已重新投入学业,开启了人生的新篇章。她把写日记的习惯保持下来,用文字与自己的心灵对话。她相信,在未来的日子里,日记将继续陪伴和支持她的成长,成为她人生中宝贵的精神财富。

### (六) 寻求社会支持

人是社会的一部分,谁都无法独立于他人和社会群体而生活。当面临压力和困难时,寻求他人或专业机构的帮助是一种积极的应对方式。社会支持是个体从社会关系、团体成员和网络信息中获取的资源,通常表现为情绪支持(如安慰和关爱)、信息支持(如建议和指导)及实际支持(如物质帮助、紧急庇护等)。此外,身体接触如温暖的拥抱或握手,也是社会支持的一种形式,能够增强情感联结并缓解压力。倾诉是社会支持的重要组成部分,研究显示它能促进情感的理解与认同,降低压力的生理反应,缓解焦虑和抑郁。社会支持来源广泛,除了家人、朋友、同事、邻居和其他社会关系外,还可以寻求心理咨询师专业的帮助。

## 第三节 宝剑锋从磨砺出——挫折应对

在人生的旅途中,每个人都会遭遇挫折和困难。在顺境中,个体通常能够轻松应对,心情愉快,人与人之间的表现差异较小。然而,当面临逆境时,个体对困难的看法和应对方式便展现出不同的人生智慧。有些人能够迅速调整心态,积极寻求解决方案,将危机转化为机遇;另一些人则可能因惊慌失措而陷入痛苦绝望,甚至在困难面前选择放弃。事实上,艰难与危机虽然常常迫使人们离开舒适区,但正是这种挑战和突破,推动了个人的成长与自我超越。试想,如果屈原没有被流放,或许就不会有《离骚》这部光耀千古的文学经典;如果勾践没有经历亡国之痛,也就不会有卧薪尝胆的励志传奇。因此,古往今来,衡量成功的标准并不在于站在顶峰的高度,而在于个体跌入低谷时的反弹力。

### 一、人生与挫折

挫折是生命中的常态,个体在面对挫折时往往会感到受伤和无助。实际上,从生命之初到成长过程中,挫折始终伴随着我们。生命的诞生本身便是一场挑战:只有在亿万精子中脱颖而出的胜利者,才能获得受精机会,在母体中孕育成长。当通过狭窄的产道来到这个完全陌生的世界时,新生儿会面临巨大的恐惧、不安和无助。以前通过脐带输送的丰富营养突然中断,原来羊水中熟悉的自由自在也被一种铅一样沉重的感觉代替。只能软软地躺在床上,想喝水,但自己不能拿,想喝奶,却全赖别人帮助;不能表达自己,也听不懂别人说的是什么;不能行走、奔跑,甚至无法有意识地移动自己;不能向别人示好,不能满足别人的任何需要,而自己的需要却多得不得了,吃喝拉撒睡都是问题……人类几乎所有的能力都不具备,哭泣是其表达需求的唯一方式。

所有人在生命的初期都是一个样,除了一些本能的反应如疼痛、冷热、饥饿外,对这个世界几乎一无所知。在成人的悉心照顾和指导下,1岁左右,婴儿开始摇摇晃晃地学习走路,此时还不太会说话,各种感受只能用身体语言来表达,跌倒、疼痛、爬起……在不断摔跤的威胁中,不惧失败,一次次尝试着"从哪里跌倒,就从哪里爬起来",怀着永不停息的热情一步步向前。慢慢地,脚步越来越稳,走得越来越快。生命早期的成长就是婴儿学会从挫折中站起来的过程。

进入幼儿园及学龄阶段,挫折仍旧形影不离。上幼儿园时,家庭环境和幼儿园的氛围对幼儿来说充满挑战,父母的婚姻状况、老师的教育方式、小朋友之间的互动都可能带来压力和创伤。在学校里,个体也是一路克服困难,外界的压力、期待和要求不断,还要接受各种评判和筛选,经历无数风险、挑战和打击,一直都是在重重考验中前行。

成年后,挫折同样无处不在。工作中的压力与不确定性、事业发展的瓶颈、经济上的负担、婚姻与家庭的矛盾、亲密关系的失败,甚至是健康问题与意外事件,都会对个体产生深刻的影响。

综上所述,艰难困苦是每个人生活中不可避免的客观存在。"自古雄才多磨难,从来纨绔少伟男",面对挫折,个体若能以积极的视角将其视为成长机会,并运用坚韧和勇气去应对,不仅能够磨炼意志,还能提升适应能力,为实现人生目标奠定坚实基础。

## 二、逆商与挫折应对

人们在遭遇挫折时,容易出现心理失衡,感到不适应甚至痛苦。但人类具有自我保护的本能,会自觉或不自觉地采取某些方法来摆脱痛苦,减轻焦虑与紧张情绪,维护自尊并恢复心理平衡。这与前文拓展阅读7-2中提到的心理防御机制密切相关。心理防御机制具有两面性:一方面,它可以缓解心理压力;另一方面,若使用过度或使用不当,则可能导致对现实的逃避,甚至加重挫折。因此,积极地进行自我调节,增强心理韧性,提高挫折承受力,才是更为有效的应对策略。这涉及逆商的培养。

### (一) 逆商的内涵

逆商理论的奠基人保罗·史托兹(Paul Stoltz)在他的著作《逆商:我们该如何应对坏事件》中写道:"在生活中,有的人天赋异禀;有的人智商超群、体能极佳,拥有体贴的家人、强大的伙伴和无限的资源;而有的人却天资平平、一无所有。但就算是手握人生的一手'好牌',那为什么还是有许多天赋很好的人无法发挥出其潜能,与成功失之交臂。而那些手握一手'烂牌',看似根本无法成功的人却不甘于命运的捉弄,努力与命运抗争,逆袭成功,让人感到出乎意料呢? 其中涉及一个关于成功的关键问题。"[①]
他基于大量顶尖学者的研究成果和全球范围内超过500份的研究报告,并结合认知心理学、心理神经免疫学与神经生理学的理论,同时经过世界各类组织数千名成员多年的实践验证,提出逆商是"世界通用的预测成功的指标"[②]。

保罗·史托兹认为,逆商(adversity quotient,AQ)能够反映出个体"抵御逆境和战胜逆境的能力"[③]。他从三个方面解读逆商(见图7-4)。第一,逆商作为一种新的概念框架,用于理解和提升成功的各个因素。第二,逆商作为一系列衡量方

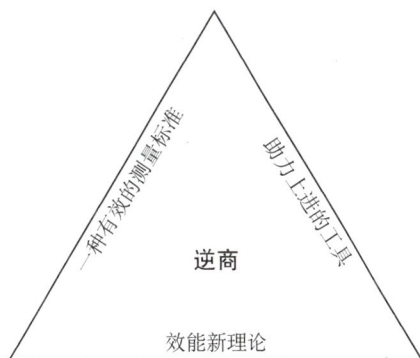

图7-4　逆商的定义

---

① 保罗·史托兹.逆商:我们该如何应对坏事件[M].石盼盼,译.北京:中国人民大学出版社,2019:11.
② 同上书,第13页。
③ 同上书,第7页。

法,用于评估人们应对逆境的反应模式。这些潜意识的行为模式如果不被改变就会伴随个体的一生。逆商可以帮助人们衡量、了解并改变这些反应模式。第三,逆商作为一种具有科学依据的工具,用于改善人们应对逆境的模式,最终全面提升个人效能和职业效能[①]。

通过逆商,我们可以判断出谁能够战胜逆境,谁可能会被压垮;谁会超常发挥、超越潜能,谁又会感到无能为力;谁会选择放弃,谁会获得胜利。与智商和情商相比,逆商的高低能更为直接地影响一个人的成败(见案例7-5)。

### 案例7-5　龙场悟道

王阳明是明代杰出的思想家、文学家、军事家和教育家。在中国历史上,王阳明一直被视为偶像般的存在,堪称文武双全。论"文",他能著书立说,自创一派;论"武",他能提刀上马,御寇杀敌。然而,王阳明的一生并非一帆风顺,他经历了诸多困难与挑战。

公元1506年,他因上书得罪宦官刘瑾而遭受迫害,被贬至贵州龙场。在流放途中,刘瑾派遣杀手追杀他,幸得王阳明机警,通过伪造跳水自尽的假象成功逃脱。

抵达龙场后,王阳明面临着极其恶劣的环境——

王阳明(1472—1529)
图片资料来源:阳明先生小像(明 蔡世新)

居无定所,气候恶劣,四周荒芜,毒虫猛兽横行,交通闭塞,物资匮乏,生活条件和繁华的京城相比,简直是天壤之别。在龙场,王阳明不仅要与自然环境斗争,还要忍受孤独和上级官员的凌辱,生死之间几乎命悬一线。但他并没有被困境所击垮,反而选择静心反思人生的意义和真理。这就是所谓的"龙场悟道"。

"龙场悟道"的结果是王阳明的"圣人之志"在特定条件之下的喷然勃发。通过"龙场悟道",他提出了"致良知"的核心思想,认为"心即理",强调内心的修养与实践的重要性,并创立了对后世影响深远的"知行合一"学说。

在军事生涯中,王阳明同样展现了非凡的智慧与勇气。南赣剿匪时,他在复杂的地形和顽强的敌人面前不屈不挠,巧妙运用策略,最终成功平定叛乱。

面对人生的逆境,甚至可以说是绝境,王阳明不仅没有崩溃,反而在困境中升华了自己的思想,最终成为一代旷世圣哲。他的学说不仅在中国得到广泛认可,还对日本、韩国等国家产生了重要影响。

---

① 保罗·史托兹.逆商:我们该如何应对坏事件[M].石盼盼,译.北京:中国人民大学出版社,2019:7-8.

冬天来了,春天还会远吗?

——珀西·比希·雪莱

珀西·比希·雪莱(Percy Bysshe Shelley, 1792—1822)

## (二)逆商的四个维度

逆商由掌控感(control)、担当力(ownership)、影响度(reach)和持续性(endurance)四个维度构成。CORE 是这四个英文单词的首字母缩写。

### 1. 掌控感

掌控感是指个体在面对逆境时,感知自己对局势的控制能力以及能否有效解决问题的信心。高逆商的人通常具备较强的掌控感,他们相信自己能够应对挑战,即使在困境中也能找到解决问题的方法。这种信念促使他们主动采取措施,而非被动接受现状。

**拓展阅读7-3**

#### 塞利格曼效应

塞利格曼效应,也称为习得性无助,是指个体经历某种学习后,在面临不可控情境时形成无论怎样努力也无法改变事情结果的不可控认知,继而导致放弃努力的一种心理状态。这一效应由心理学家马丁·塞利格曼(Martin Seligman)于 1967 年通过经典的动物实验首次提出。

塞利格曼不仅提出了习得性无助的概念,还提出了积极心理学的干预策略,以帮助个体重新获得掌控感。例如,通过改变归因模式,个体可以将失败归因于外部因素或特定情景,而非将其视为自身能力的不足。这种归因调整有助于个体重建自信,增强掌控感,摆脱无助感。塞利格曼的实验及其理论为理解个体在逆境中的心理机制和干预手段奠定了重要基础。扫描二维码查看塞利格曼效应。

塞利格曼效应的实验过程

### 2. 担当力

担当力衡量的是在面对逆境时,个体在多大程度上会担起责任,改善现状。与逆商较低者相比,逆商较高者不会轻易推卸责任,而是主动分析问题、寻找原因,并采取有效的应对策略。这种担当精神不仅有助于他们克服逆境,还能赢得他人的信任和支持。

### 3. 影响度

影响度是个体对逆境可能带来的后果和影响范围的判断。逆商较低的人往往夸大逆境的负面影响,容易让问题扩散到生活的其他方面。例如,一次绩效考核不佳可能引发情绪失控甚至睡眠障碍。相比之下,逆商较高者能够将逆境的影响限定在特定事件内,如将绩效问题视为独立挑战,而不会让其干扰整体生活。通过限制逆境影响范围,个体可以保持清晰的思路,避免小问题升级为更严重的困境,并激发积极应对的动力。

### 4. 持续性

持续性探讨两个相关问题:逆境会持续多久?逆境的起因会持续多久?当持续性维度分数较低时,个体倾向于认为逆境及其成因会长期存在,甚至是不可改变的。例如,使用"总是""绝不"这类极端语言描述困境(如"我的生活完了""我从不善于与小孩相处"),会暗示逆境的永久性,并降低改变的动力。相反,将逆境归因于短期或可变因素(如"最近努力不足")能够激发积极行动,提高解决问题的成功率。研究表明,将问题归因于可改变因素的人比归因于稳定性因素者更容易采取行动并坚持不懈。

逆商的四个维度共同构成了个体在面对逆境时的反应与应对机制。通常情况下,逆商较低的个体倾向于消极接受现状,认为逆境无法改变或努力无效;逆商较高的个体则表现出更积极的态度,相信通过努力能够找到解决问题的方法。逆商并非一成不变,它反映了个体应对逆境的习惯化方式。无论当前逆商水平如何,个体都可以通过学习和训练提高逆商,以增强应对逆境的能力。

#### 课堂活动 7-4

**逆商测试**

扫描二维码进行 AQ 测试,测量自己的逆商水平,并与自己的实际情况进行对比。请仔细分析结果,看看是否与自己当前的应对逆境的能力一致。如果在理解测试结果时有任何疑问,可以向老师寻求帮助。

**AQ 测试**

### (三) 提高逆商的方法

为了帮助个体提高逆商,保罗·史托兹提出了一种被称为 LEAD 的工具。4 个字母代表了这一框架方法的 4 个步骤:倾听自己对逆境的反应(listen)、探究自己对结果的担当(explore)、分析证据(analyze)和做点事情(do)[①](LEAD 是这四个英文单词的首字母缩写)。通过这一工具,个体可以在面对逆境时更系统地评估问题、探寻解决方案并付诸行动,提升自己的应对能力和心理韧性。

#### 1. 倾听自己对逆境的反应

提升逆商的第一步是个体需要培养对逆境的快速觉察能力,及时识别那些看似平常却可能积累成问题的事件。就像在飓风来临前预测路径一样,只有及早发现逆境,才能采取有效措施将损失降到最低。如果对逆境毫无察觉,后续的解决策略将失去意义。

研究发现,大脑能够下意识地识别与当前关注点相关的事物。例如,在购买新车后,个体往往更容易注意到路上相似车型的车。这种识别模式表明,当大脑对某件事情特别关注

---

① 保罗·史托兹.逆商:我们该如何应对坏事件[M].石盼盼,译.北京:中国人民大学出版社,2019:108.

并保持警觉时，即使在分心的情况下，也能够快速捕捉相关信息。同样，个体若对逆境赋予足够的认知优先级，可以以类似的方式训练大脑，及时发现和觉察逆境的存在，为采取适当措施创造条件。

此外，倾听反应还包括强化自己在面对逆境时的积极表现，关注自身在 CORE 维度上的优势，并认可自己的高逆商反应。这种心理强化能帮助巩固有效的应对模式，为长期成长奠定基础。

2. 探究自己对结果的担当

探究自己对结果的担当是增强掌控感和促进行动的重要环节。担当力能够帮助个体打破无助与无望的循环，激发积极的应对行为。当个体决定对结果的某些具体部分负责时，即使不需要亲自完成所有任务，也能通过积极参与或寻求支持推动问题的解决。例如，当电脑硬盘损坏时，个体不必过度自责，但可以对后续的修复和数据恢复承担责任，通过联系技术支持或采取备份措施，限制问题的影响范围。

值得注意的是，担当力强调对已知问题负责，而非过度灾难化或放大潜在结果。逆商较高的人倾向于在负面事件前保持理性乐观，同时积极探索解决方案。通过承担适当的责任并付诸实践，个体能够恢复掌控感，顺利渡过逆境，从而为未来的挑战积累宝贵经验。这一过程体现了逆商的核心作用，即在逆境中调节认知和行为以促进个人成长。

3. 分析证据

分析证据是一个简单却有效的质疑过程，旨在帮助个体审视和摆脱逆境反应中的消极部分。其核心在于引导个体思考并回答以下问题："有什么证据表明我无法掌控？""有什么证据表明逆境一定会影响到我生活的其他方面？""有什么证据表明逆境必然会持续过长时间？"[1]这些问题通过关注客观事实，帮助个体打破灾难化思维，并将注意力转向可控的因素。

通过明确逆境的边界，个体可以更清楚地识别应对的可能性和自己的能力范围，从而将逆境的影响限制到最低程度。分析证据不仅能减轻心理压力，还能增强掌控感，促进个体主动采取建设性行动，更快地走出困境。

4. 做点事情

这是 LEAD 工具的最后一步，也是积极应对逆境的关键。完成前面三个步骤后，个体大概率会拥有相对平和的心态和情绪，接下来需要列出行动清单，然后从清单中选择一个优先事项，明确具体的执行时间和方式。这一过程通过漏斗法（见图 7-5）[2]，将分散的想法汇聚成有计划的行

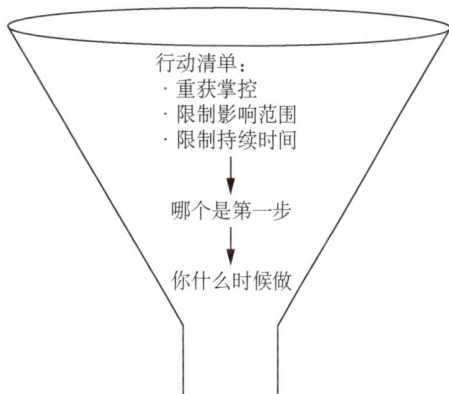

行动清单：
· 重获掌控
· 限制影响范围
· 限制持续时间

哪个是第一步

你什么时候做

图 7-5　漏斗法

---

① 保罗·史托兹. 逆商：我们该如何应对坏事件[M]. 石盼盼, 译. 北京：中国人民大学出版社, 2019：119.
② 同上书, 第 129 页。

动,避免因停留在列清单阶段而无法带来实际改变。

行动不仅是解决问题的开端,也是推动个人成长的必要步骤。行动具有联动效应。一次有效的行动可能同时增强掌控感、限制影响范围并缩短逆境持续时间,从而全方位提升个人应对能力(见案例 7-6)。

### 案例 7-6　困境突围

王建今年 38 岁,面临着工作、生活和学习三方面的压力。在工作中,他作为销售人员需要应对高强度的业绩指标与频繁的加班;在生活中,他承担照顾年迈父母和关注孩子教育的责任;在学习中,他希望通过开放教育提升专业知识,却常因时间不足而进度受阻。多重压力让王建感到力不从心,甚至一度萌生放弃的念头。

然而,王建通过重新审视困境和自我反思,开始接纳自己的情绪,并告诉自己:"这些压力只是暂时的,我有能力应对。"同时,他认真探究自己的担忧来源,并思考有什么证据表明他无法同时应对这些压力。通过分析,他意识到,许多焦虑源于自己对未来的过度担忧或对过去失败经验的放大,而事实上,他拥有可以利用的资源与能力。

在明确自身责任与目标后,王建制定了具体的行动计划。他优化时间管理,将工作、学习和生活的时间合理分配,利用碎片时间进行学习,提高工作效率,同时也不忘关心家人,并注重劳逸结合。通过持续的努力,王建逐渐平衡了工作、生活和学习,走出了困境,变得更加自信、坚韧和乐观。

随着对 LEAD 工具的熟练运用,个体不仅能够有效提升自身的逆商,还能通过它助力家人、朋友和同事积极应对生活挑战。当他人陷入困境时,LEAD 工具可以作为一个引导框架,帮助他们摆脱消极思维模式,制定并实施可行的解决方案。在实践中,运用 LEAD 工具帮助他人提升逆商,应从倾听开始,并尊重当事人在决策过程中的想法。避免直接说教或强行提供建议,因为即使是出于善意的建议,也可能不符合当事人的实际需求。只有当当事人自己提出行动计划并付诸实施时,才能真正推动局势向积极方向发展。

### 本章要点重述

1. 压力是指个体在应对环境要求时产生的一系列生理、心理和行为反应,特别是当环境要求被个体主观认为超出其应对能力时,这种反应会更加显著。

2. 压力源是指引发个体压力反应的刺激、事件或环境因素。通常可以从生物、心理和社会的角度对多种多样的压力源进行大致分类。

3. 挫折是指个体在从事有目的的活动过程中,遇到了无法克服或自以为无法克服的障碍和干扰,导致其需要不能得到满足时产生的紧张心理状态和情绪反应。挫折的产生通常包括三个组成要素:挫折情境、挫折认知以及挫折反应。其中,挫折认知起着关键作用。

4. 人们对压力和挫折的反应主要表现在生理、心理和行为三个方面。

5. 压力管理,也称为压力应对,指的是个体运用一系列策略和方法,对自身面临的压力源以及由此产生的压力反应进行有效调节和控制的过程。

6. 压力管理的策略主要包括正确识别压力源、转变认知视角、坦然接纳压力、合理管理时间、控制压力后果和寻求社会支持等。

7. 逆商(AQ)能够反映出个体"抵御逆境和战胜逆境的能力"。逆商由掌控感(control)、担当力(ownership)、影响度(reach)和持续性(endurance)四个维度构成。CORE 是这四个英文单词的首字母缩写。

8. 提升逆商可以借助 LEAD 工具,即倾听自己对逆境的反应(listen)、探究自己对结果的担当(explore)、分析证据(analyze)和做点事情(do),LEAD 是这四个英文单词的首字母缩写。

## 学习游乐场 7

### 心灵绘画减压活动

在快节奏的生活中,压力无处不在。如何通过简单的方式释放压力并寻找内心的平静? 心灵绘画减压活动提供了一种有效的途径。通过绘画与深呼吸的结合,参与者可以专注当下,放松身心。

1. 参与人数:可单独或集体参与

2. 时间:10～15 分钟

3. 场地:教室、安静的室内空间或线上平台

4. 道具:纸和画笔,或绘画软件;配以轻柔音乐

5. 游戏规则和程序:

(1) 找到一个宽敞、安静的空间,或使用线上平台参与。播放轻柔、舒缓的音乐,为活动营造放松的氛围。

(2) 选择绘画工具(纸笔或电脑),并确定一个主题,如"未来的自己"或"内心的平静"。不必担心绘画技巧,尽情表达自己的情感和想法。

(3) 在绘画过程中,专注于当下的情绪和身体感受,同时通过深呼吸放松身心。自由发挥,让画面呈现内心世界。

(4) 绘画完成后,参与者可以自愿分享作品,并讨论作品背后的情感、想法及其对自身情绪的影响。教师引导讨论围绕正向体验展开,例如如何通过绘画发现内心的平静或缓解压力。

6. 游戏总结:

讨论结束后,教师总结活动体验,并强调通过表达性艺术的方式,可以释放负面情绪,增强掌控感和自我理解。

## 心理测试 7

### 应激感知量表①

请仔细阅读以下题目，根据你近一个月的想法与感受，选择你感受到或出现某一特定想法的频率。

| 题目序号 | 题目内容 | 从不 | 偶尔 | 有时 | 时常 | 总是 |
|---|---|---|---|---|---|---|
| 1 | 由于一些无法预期的事情发生而感到心烦意乱 | 1 | 2 | 3 | 4 | 5 |
| 2 | 感觉无法控制自己生活中重要的事情 | 1 | 2 | 3 | 4 | 5 |
| 3 | 感到紧张不安和压力 | 1 | 2 | 3 | 4 | 5 |
| 4 | 成功地处理恼人的生活麻烦 | 5 | 4 | 3 | 2 | 1 |
| 5 | 感到自己能有效地处理生活中发生的重要改变 | 5 | 4 | 3 | 2 | 1 |
| 6 | 对于有能力处理自己私人的问题感到很有信心 | 5 | 4 | 3 | 2 | 1 |
| 7 | 感到事情顺心如意 | 5 | 4 | 3 | 2 | 1 |
| 8 | 发现自己无法处理所有自己必须做的事情 | 1 | 2 | 3 | 4 | 5 |
| 9 | 有办法控制生活中恼人的事情 | 5 | 4 | 3 | 2 | 1 |
| 10 | 常觉得自己是驾驭事情的主人 | 5 | 4 | 3 | 2 | 1 |
| 11 | 常生气，因为很多事情的发生是超出自己所能控制的 | 1 | 2 | 3 | 4 | 5 |
| 12 | 经常想到有些事情是自己必须完成的 | 1 | 2 | 3 | 4 | 5 |
| 13 | 常能掌握时间安排方式 | 5 | 4 | 3 | 2 | 1 |
| 14 | 常感到困难的事情堆积如山，而自己无法解决 | 1 | 2 | 3 | 4 | 5 |

扫描二维码查看分析提示与说明。

应激感知量表
测试分析
提示与说明

---

① 杨廷忠，黄汉腾.社会转型中城市居民心理压力的流行病学研究[J].中华流行病学杂志，2003,24(9):760-764.

## 课后练习

**一、单项选择题**

1. 当个体认为环境要求超出其应对能力时,压力反应会如何变化?(　　)

A. 减弱　　　　　B. 增强　　　　　C. 消失　　　　　D. 不变

2. 下列属于心理性压力源的是(　　)。

A. 家庭矛盾　　　B. 过度劳累　　　C. 过于追求完美　　　D. 失业

3. 压力与绩效之间存在一种(　　)关系。

A. W 形　　　　　B. U 形　　　　　C. 倒 W 形　　　　　D. 倒 U 形

**二、多项选择题**

1. 关于挫折的描述,下列哪些是正确的?(　　)

A. 遇到无法克服的障碍容易产生挫折

B. 挫折的产生包括情境、认知和反应三个要素

C. 每个人在成长过程中都无法避免挫折的出现

D. 挫折与压力无关

E. 挫折具有双重性,既有积极的意义,也可能带来消极后果

2. 逆商由下列哪些维度构成?(　　)

A. 掌控感　　　　B. 担当力　　　　C. 记忆力　　　　D. 影响度

E. 持续性

3. 以下哪些是常见的压力管理策略?(　　)

A. 正确识别压力源　　　　　　　B. 压抑情绪

C. 合理管理时间　　　　　　　　D. 寻求社会支持

E. 转变认知视角

**三、判断题**

1. 在挫折的产生过程中,挫折情境起着关键作用。　　　　　　　　　　　(　　)

2. 提升逆商的 LEAD 工具包括倾听自己对逆境的反应、探究自己对结果的担当、分析证据和做点事情四个步骤。　　　　　　　　　　　　　　　　　　　　　　(　　)

3. 逆商理论的奠基人是阿尔伯特·艾利斯。　　　　　　　　　　　　　　(　　)

4. 压力就是个体在乎的东西发生危险时引起的反应。对不在乎的事情,个体不会感到压力。　　　　　　　　　　　　　　　　　　　　　　　　　　　　　　(　　)

5. 适度的阳光照射能够提高体内血清素水平,有助于缓解压力,减少焦虑和抑郁情绪。
　　　　　　　　　　　　　　　　　　　　　　　　　　　　　　　　(　　)

**四、分析题**

阅读以下案例,结合逆商的相关理论知识,撰写 300 字左右的读后感。

### 风雨之后见彩虹

李明,一位朝气蓬勃的创业者,怀揣着对未来的憧憬和热情,于大学毕业后毅然决然地

踏上了创业之路。他凭借对互联网行业的深刻洞察和前瞻性思维,成功创办了一家富有创新精神的互联网公司。然而,命运似乎并不总是眷顾勇者。就在他满怀信心地展开创业蓝图时,互联网泡沫的破裂犹如突如其来的暴风雨,将他的公司卷入了前所未有的困境之中。

面对突如其来的挑战,李明和团队陷入了巨大的压力之中:资金短缺、债务危机、团队士气低落,公司的前景黯淡无光。许多员工因看不到希望而选择离开,留下的团队成员也承受着巨大的心理压力。然而,在这个关键时刻,李明展现出了他作为创业者的坚韧与决心。每个深夜,李明独自坐在办公室,深知只有智慧与努力才能带领公司走出困境。他开始潜心研究市场数据、分析行业趋势,并学习成功企业的案例,寻找突破口。

李明不断反思自己的战略与经营模式,力图找到一个能够改变公司命运的解决方案。在一连串孤独的深夜里,他用智慧与汗水为公司描绘出新的发展蓝图。尽管创业的道路并非一帆风顺,在融资过程中,李明遭遇了无数次的拒绝与冷遇,但他从未放弃过希望,始终相信只要努力,就有可能扭转局面。

终于,在一次偶然的机会中,李明遇到了一位同样怀揣梦想的投资者。两人愉快地交流,投资者对李明的项目产生了浓厚兴趣。在获得投资支持后,李明与团队开始调整公司战略,专注于产品研发、市场推广和提升服务质量。同时,他们还积极寻求与合作伙伴合作的机会,拓展业务领域。经过一段时间的努力,公司的业务逐渐复苏,业绩也取得了显著提升。

扫描二维码查看课后练习答案。

第七章课后
练习答案

## 推荐阅读书目

1. 陈树林.压力管理:轻松愉悦生活之道[M].杭州:浙江大学出版社,2023.
2. 曾庆枝,李黎.轻松上班:打工人心病处方[M].上海:上海交通大学出版社,2024.
3. 林丹华.健康心理学[M].北京:中国人民大学出版社,2023.
4. 凯利·麦格尼格尔.自控力:和压力做朋友[M].王鹏程,译.北京:北京联合出版公司,2017.
5. 保罗·史托兹.逆商:我们该如何应对坏事件[M].石盼盼,译.北京:中国人民大学出版社,2019.
6. 马修·约翰斯通.心理韧性,回弹的力量[M].陶莎,译.南宁:广西科学技术出版社,2021.

# 未雨绸缪谋长远
## ——心理危机的预防与干预

　　"天有不测风云,人有旦夕祸福"这句古训深刻揭示了人类生存境遇中的不确定性。现代心理学研究表明,无论是自然灾害(如地震、海啸、台风、洪水),还是人为灾难(如战争),抑或是个体遇到的身体健康问题、人际冲突、工作与学业压力等,都可能对个体的生命、日常生活以及心理健康构成威胁。尽管某些情境不会直接导致生命或财产损失,但它们常常会干扰正常的生活秩序,引发个体的极度不安,甚至发展为心理危机。如何识别、预防并有效应对心理危机,如何化"危"为"机",是每个人都需要面对的重要课题。

## 学习目标

　　学完本章后,你应该能够做到:
◆ 描述心理危机的内涵、类型和成因
◆ 了解心理危机干预的理论与步骤
◆ 熟悉心理危机的求助渠道
◆ 正确应用心理危机的预防策略
◆ 具备预防与干预心理危机的意识
◆ 培养自助与互助应对心理危机的合作精神

**本章学习内容导图**

未雨绸缪谋长远——心理危机的预防与干预

- 风力掀天浪打头——心理危机的识别
  - 心理危机的内涵
  - 心理危机的类型
  - 心理危机的表现
  - 心理危机的形成过程
- 筑起心灵的防火墙——心理危机的成因与预防
  - 心理危机的成因
    - 外部因素
    - 内部因素
  - 心理危机的预防
    - 学习心理健康知识
    - 提高情绪管理能力
    - 培养健康生活方式
    - 构建多维社会支持系统
    - 定期开展心理健康评估
- 穿越精神的黑洞——心理危机的干预
  - 心理危机干预的概念
  - 心理危机干预的模式
  - 心理危机干预的方法

## 晶晶的自我救赎之路

晶晶是一个曾深受心理危机困扰的女孩,生活一度陷入低谷。从小,她被父母视为"不可救药"的孩子,频繁遭受否定与惩罚,导致学习成绩一塌糊涂,自信心严重受挫,长期被抑郁情绪困扰。尽管勉强完成了高中学业,但她对未来充满了迷茫。

图片来源:Pixabay

为了改变现状,晶晶选择进入开放大学深造。然而,生活并未因此变得顺利。有一次,当父母准备参加同事儿子的婚礼时,妈妈对爸爸说:"看看别人家的孩子,已经结婚成家了,我们家这个不求上进的,天天懒散……"这些话再次深深刺痛了她。当时,晶晶感到大脑一片空白,认为自己一无是处,只会给别人带来困扰。她在爸妈离开后,独自来到河边,打算结束自己的生命。幸运的是,一位好心的路人及时发现并阻止了她。

内心茫然的晶晶来到学校,坐在教室的最后一排,心情低落,毫无生机。正当她准备放弃时,老师的自我介绍让她感到了一丝希望。她得知这位老师是一位有经验的心理学专业教师,顿时觉得仿佛在黑暗的夜晚看到了光明。

在课间,晶晶鼓起勇气向老师倾诉自己的痛苦。老师耐心倾听,给予了深切的理解与安慰,告诉她:"当你感到无路可走时,实际上,出路比你知道的要多得多。"这句话如同一道光,点亮了晶晶的心灵。

此后,晶晶与老师约定每次课提前5~10分钟到教室,晶晶向老师汇报心得与进步。在老师的陪伴与鼓励下,晶晶逐渐学会换个角度看待问题,找到了走出困境的方式。她的心态发生了翻天覆地的变化,开始积极面对生活和学习。

随着心态的转变,晶晶不仅顺利完成了专科学业,还在开放大学继续攻读本科,并获得了学士学位。在此过程中,她出版了两本随笔集,展现了她的文学才华。如今,晶晶选择投身于助残事业,致力于帮助更多的人,她深知生活的美好与大爱的力量。

晶晶的故事提醒我们,无论面对多么艰难的困境,哪怕感到绝望,只要勇敢面对并积极寻求帮助,总能找到多种解决问题的途径,从而走向更美好的未来。本章将探讨心理危机的定义、预防策略与干预方法,旨在帮助你未雨绸缪,提升应对心理危机的能力,进而促进心理健康。

**风力掀天浪打头——心理危机的识别**

风起云涌时,最深的海也能激起惊涛骇浪。心理危机如同突如其来的风暴,迅速席卷心灵,令个体措手不及。其来临常伴随情绪波动、行为异常,甚至认知混乱。危机如巨浪,既可能将个体推向深渊,也可能促使其从困境中破浪前行。本节将引导你走进心理危机的世界,探索其内在机制,帮助你识别并应对内心的动荡。

## 一、心理危机的内涵

心理危机的概念最早由埃里希·林德曼(Erich Lindemann)提出。杰拉尔德·卡普兰(Gerald Caplan)自1954年开始对心理危机进行系统研究,并于1964年首次提出心理危机干预理论,因而被誉为该领域的奠基人。至今,卡普兰对心理危机的定义仍被广泛接受。

卡普兰认为,心理危机是指个体面临突然或重大生活逆境时出现的心理失衡状态。他强调,个体在正常状态下通过心理调节机制维持着自身与环境间的动态平衡。当遭遇重大生活事件或情境变化时,若既有的心理资源和应对策略无法有效处理当前压力,这种动态平衡就会被打破。此时个体会经历持续的心理困扰,出现认知功能受损(如决策困难、注意力涣散)、情绪失调(如焦虑、抑郁)及行为紊乱(如社会退缩、冲动行为)等特征性反应,这种因应激源超出应对能力而产生的暂时性心理混乱状态,即为心理危机(见知识链接8-1)。

### 知识链接8-1　心理危机的三个要素

心理学家克里斯蒂·卡奈尔(Kristi Kanel)认为心理危机包括三个方面的内容:(1)危机事件的发生;(2)对危机事件的感知导致当事人的主观痛苦;(3)惯常的应对方式失败,导致当事人的心理、情感和行为等方面的功能水平较突发事件发生前降低。

综上所述,心理危机本质上是一种伴随危机事件发生而出现的心理失衡状态。心理危机并非疾病,几乎每个人都可能经历。当个体承受的压力超过自身的应对能力时,就容易进入心理危机的状态。心理危机通常表现为,个体在遇到突如其来的重大生活应激事件或挫折(如亲人去世、婚姻破裂、交通事故等)时,面对这些难以解决的问题,常常会陷入精神崩溃的状态,表现为极度紧张、焦虑、忧郁,甚至产生自杀念头。大多数情况下,心理危机一般持续1～6周,通常不超过8周。然而,也有少数人会长期处于失衡状态,导致正常生活严重受影响,需要专业的心理干预。

个体在经历心理危机时,往往会发出求助信号。如果能够及时获得帮助,特别是专业的危机干预,个体通过情绪疏解、认知调整和找到问题解决的新途径等策略,可以重建心理平衡,顺利度过危机。因此,强烈建议身处危机中的个体主动寻求专业心理咨询,而不是被动等待,因为周围的人未必具备专业的心理学知识,也未必能够敏锐地识别求助信号。危机中的个体可能会因感到困境无法解决而陷入绝望,认为没有人能提供帮助,从而缺乏求助的动力。但请记住,无论处于何种情境,总有解决问题的方法,困难通常比想象中的要少。

经典名言

千磨万击还坚劲,任尔东西南北风。

——郑燮

郑燮(1693—1766)

## 二、心理危机的类型

依据不同的标准,可以将心理危机划分为不同的类型。心理学家劳伦斯·布拉默(Lawrence Brammer)提出的三分法是目前学术界比较普遍认可的分类方式,他将心理危机分为发展性危机、境遇性危机和存在性危机。每一类危机都有其独特的特点和产生原因。

### (一)发展性危机

发展性危机是指个体在正常成长与发展过程中,因面临急剧变化或转折引发的心理异常反应。这类危机通常与个体的生命周期密切相关,如结婚、生育、子女独立、退休等都可能引发发展性危机。这类危机虽具有挑战性,却是个体成长的必经阶段,是可预见的,因而也被认为是正常的危机。每一次成功应对都能促进个体心理的成熟与适应能力的增强。

### (二)境遇性危机

境遇性危机是指当出现罕见或超常事件,且个体无法预测和控制时导致的危机。例如,飞机坠毁、火车脱轨、自然灾害、突发重病或亲人去世等,都是典型的境遇性危机。境遇性危机具有随机性、突发性、震撼性、灾难性、强烈性和不可预见性等特点,往往会在短时间内对个体的生活产生重大影响,并可能引发剧烈的情绪波动和行为反应(见案例8-1)。由于这些事件是突然发生的,个体通常没有足够的准备,因此容易出现明显的心理困扰和适应问题。

**案例 8-1　突如其来的车祸**

李女士是一位 35 岁的中学教师,生活平稳且充实。一天晚上,在下班途中,她的车与另一辆车发生了严重碰撞。尽管系着安全带,她还是受了重伤,脊椎和腿部骨折,需要进行紧急手术。

事故发生后,李女士不仅遭受身体创伤,还经历了极大的心理冲击。几天之内,她从一个健康、活跃的女性,变成了需要长期住院和康复的病人,工作、家庭和社交活动都受到了重大影响。

在住院期间,李女士出现了强烈的情绪波动,包括恐慌、焦虑和对未来的不确定感。她不仅担心自己的身体能否完全恢复,还对未来是否能回到正常的工作和生活状态充满了疑虑。

这场突如其来的车祸打破了李女士原本稳定的生活,给她带来了巨大的心理压力和适应困扰。经过几个月的治疗和心理咨询,李女士逐渐从创伤中恢复过来,重新找到了生活的希望和方向。

### (三) 存在性危机

存在性危机是指个体在面对重要的人生问题,如关于生命意义、人生目标、独立性、责任、自由和承诺等方面的问题时出现的内部冲突和焦虑。存在性危机可以基于现实,如一个 40 岁的人感到自己从未做过什么有意义的事,既没有对所从事的工作产生独特的影响,也没有在社会或家庭中留下重要的印记;也可以基于后悔,如一个 50 岁的人一直没有结婚,未曾离开过父母,生活中缺乏独立的经历;还可以是基于一种持续的压倒性感受,如一个 60 岁的人觉得自己的生活毫无意义,这种空虚感很难用有意义的事情来弥补[1]。

**课堂活动 8-1**

#### 识别心理危机的类型

请分组讨论三种不同类型的心理危机,分析其特点并举例说明。同时,尝试提出相应的危机干预策略和方法。最后,与老师和同学分享你们小组的讨论结果。

## 三、心理危机的表现

心理危机在日常生活中时常出现,但许多人未能及时识别其中的危险信号,错失了提

---

[1] 樊富珉,费俊峰. 大学生心理健康 16 讲(第 2 版)[M]. 北京:高等教育出版社,2020:311-312.

供帮助的机会。例如,一位生活压力过大的年轻妈妈在试图自杀前曾在社交平台上发布过几条动态:"你一世未做恶事,为何至此""累了太久,不愿再撑""抱歉,我想休息了",然而,当时没有人意识到她已经接近生命危机的边缘。因此,了解心理危机的表现至关重要。

在心理危机状态下,个体通常会表现出生理、情绪、认知和行为等多方面的变化,这些变化是识别心理危机的关键指标。

### (一) 生理表现

当个体陷入心理危机且无法自拔时,身体的各项功能会受到显著影响。常见的生理表现包括饮食和睡眠的失调,如食欲不振、体重骤减或骤增,睡眠质量严重下降,或出现失眠与过度睡眠交替的现象。心理危机中的生理反应波及全身各个器官和系统,特别是神经系统、内分泌系统和免疫系统,导致持续的头痛、胸闷、血压升高、免疫力下降等问题。如果心理危机未得到及时有效的疏导,这些生理不适会逐渐加重,形成恶性循环,进一步损害个体的身心健康。

### (二) 情绪表现

在心理危机状态下,个体会表现出一系列特定的情绪反应,包括极度的焦虑、恐惧、怀疑、沮丧、烦躁、悲伤、抑郁、愤怒和紧张等。此时,个体的情绪波动非常剧烈,往往变得特别敏感,对小事产生过度反应,甚至感到绝望、麻木和孤独。由于无法放松,持续担忧,个体容易长时间陷入消极情绪中。

### (三) 认知表现

面临心理危机时,个体的认知功能可能受损,易出现注意力难以集中、记忆力下降、思维混乱和决策困难。由于心理失衡和心理挫败感占据主导,个体往往会夸大危机的性质、规模和影响,无法客观全面地看待当前的困境。此外,处于心理危机中的个体可能还会对生命产生消极认知,觉得"人生没有意义"或"活着真没意思"等,甚至在言语或书面表达中流露出死亡念头。因此,在危机干预中,关注个体的认知状态,帮助其恢复理性的思维模式,是应对和克服心理危机的关键所在。

### (四) 行为表现

心理危机中的行为表现是个体为缓解痛苦而采取的一些防御性反应。常见的行为表现包括社交退缩、逃避责任、沉默寡言、生活规律紊乱、暴饮暴食、过度饮酒,甚至可能出现滥用药物或成瘾物质的情况。除了这些消极行为,个体还可能表现出一些异常行为,如:无缘无故地道歉或送上祝福;不明原因地表达感激之情;突然整理个人物品或将珍贵物品赠送给他人等。这些行为往往是心理危机中的告别信号,反映了个体对未来的无力感和决绝态度。

## 四、心理危机的形成过程

每个人都会面临不同程度的生活变故,尽管我们常常经历内心的紧张和压力,但并非所有人都会因此崩溃。面对生活中发生的变化,个体会主动进行调整,只有当情绪失衡达到一定程度时,才可能导致严重的后果。卡普兰通过四个阶段描述了心理危机的形成和演变过程。

### (一) 警觉阶段

当个体遭遇突发的生活变故(如离婚、失恋、失业、失去亲人等),或感知到潜在的威胁时,其原有的心理平衡会被打破,表现为警觉性提高,并开始体验到紧张感。在这一阶段,个体倾向于依靠自己熟悉的方式应对,通常不会主动寻求外部帮助。如果应对方式有效,危机在此阶段终止;如果无效,则进入下一阶段。

### (二) 功能恶化阶段

经过第一阶段的努力,当个体发现自己常用的应对方式不能奏效时,其焦虑程度会进一步加剧。此时,个体也会尝试各种新的解决问题的方法,但由于情绪高度紧张,难以冷静思考,导致新的应对方式无法有效缓解危机。伴随着不断的尝试和失败,个体生理上的不适和心理上的困扰日益加重,社会功能(如工作效率、人际关系)受损或减退。虽然有些人会发出初步求助信号,但通常带有试探性质。

### (三) 求助阶段

随着危机持续升级,当个体经过多次尝试后仍无法成功解决问题时,心理压力会不断增大,此时,个体开始表现出强烈的求助需求,甚至采取自己过去认为荒唐的方式来释放紧张情绪,如不规律的作息、酗酒、占卜或无目的地四处游荡等。这些行为无法真正解决问题,反而会加剧无助感和挫折感,损害身体健康,并降低自我评价。在这个阶段中,个体的求助动机最强,且最容易受到他人的影响和暗示,是心理干预的关键窗口期。心理干预应帮助个体识别和停止无效的应对方式(如自我伤害),并引导其探索更有效的解决方案,同时避免过度干预,保持个体自我决策的空间。

### (四) 危机阶段

经历了前面三个阶段后,如果问题还未得到解决,个体容易陷入绝望之中,对自己和未来失去信心,甚至开始怀疑生命的意义和价值。有些人正是在这一阶段产生自杀念头,企图以放弃生命来逃避和摆脱痛苦。此时,亲友和专业心理咨询师的支持变得至关重要(见案例8-2):一方面,通过倾听和理解个体的处境与内心感受,帮助其宣泄负面情绪,恢复自尊;另一方面,引导个体学习更加有效的应对策略,重新建立生活的信心和希望。

---

**案例 8-2　危机中的守望与支持**

　　2025 年 1 月 21 日,江西省社会心理服务热线赣州大队志愿者赖爱清接到一名男子的求助电话。该男子因背负十多万元债务且夫妻关系不和,陷入绝望,甚至产生了自杀念头,但在最后一刻拨通了热线电话。赖爱清凭借专业素养,运用共情技巧,耐心引导对方倾诉内心的苦闷,并承诺帮助其解决问题。在与男子保持联系、稳定其情绪的同时,赖爱清迅速报警并向当地政法部门通报情况,积极协调各方力量寻找该男子。最终,警方在赣州宾馆找到了该男子,他答应次日返回县城与妻子沟通,成功化解了这场危机。

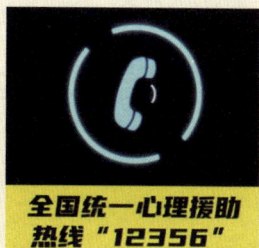

资料来源:曾若晨."话聊"解开求助者心结[EB/OL].(2025-02-07)[2025-02-12].https://jxfzb.jxnews.com.cn/system/2025/02/07/020776719.shtml.有改动.

卡普兰对心理危机四个阶段的研究清晰地揭示了心理危机发生的过程。在现实生活中,如果危机能够及时被发现,一些不幸事件或许可以避免。当个体有自杀意念时会有明显的预警信号,如逃避社交、缺席工作或出现情绪低落等。然而,如果缺乏足够的危机意识,未能及时采取干预措施,也未通过适当渠道寻求帮助,则可能错失应对困境的机会。成功的危机干预表明,没有人注定要走上自杀的道路。即便是有强烈死亡意愿的人,在自杀前也会表现出矛盾和茫然,心中仍有对生命的渴望。研究表明,52%~60%的自杀者在自杀前1~8周曾发出过求助信号(见案例8-3),而80%的自杀者曾表达过自杀的意图[①]。及时的心理干预可以有效避免许多心理危机的悲剧。

**案例8-3　被忽视的"求救"信号**

某高校大学一年级的男生在宿舍洗手间自杀了。此前,他在社交平台上频繁表达出对生命的失望和对存在的绝望,偶尔还与同学讨论生死问题。在自杀前,他曾与室友讨论过厕所水管是否牢固,室友觉得有点奇怪,甚至还与他开玩笑。他发出的"求救"信号未能引起室友们的重视。直到悲剧发生,室友才意识到他早已透露出绝望和自杀的冲动,但为时已晚。

资料来源:马建青.大学生心理健康教程(第4版)[M].杭州:浙江大学出版社,2022:238.有改动.

**拓展阅读8-1**

**求助信号的识别**

在日常生活中,当个体出现二维码中某一或某些方面明显的心理和行为变化时,应当引起高度重视。

求助信号
的识别

---

[①]　桑标.大学生心理健康[M].上海:上海教育出版社,2014:371.

## 第二节　筑起心灵的防火墙——心理危机的成因与预防

心灵犹如月光下的琉璃盏,折射着生命的斑斓,却也易碎于暗夜的骤雨。当现实的风暴带来无法预知的冲击时,那些潜藏的脆弱褶——未愈合的创伤、认知与现实的错位、社会支持系统的缺失——便会悄然裂解,让危机如藤蔓般攀附而上。但生命的韧性恰在于此:我们不是孤立无援的岛屿,而是拥有自我觉察的土壤,能够辨识危机的伏笔,发现情绪波动中的暗涌,再用真诚的联结为自己和他人筑起一道心灵的防火墙。本节将深入剖析心理危机的根源,并探讨有效的预防策略,旨在帮助个体在纷扰的世界中保持心理的稳定与健康。

### 一、心理危机的成因

心理危机不仅给个体带来极度的痛苦和不安,还可能对家庭、工作及社会的稳定产生广泛影响。然而,心理危机的产生是一个复杂的过程,涉及个体内部因素与外部环境的相互作用。接下来,将从这两个维度分析心理危机的成因。

#### (一) 外部因素

**1. 重大生活事件的冲击**

自然灾害、战争以及突发的公共卫生事件等,往往会对个体的生活秩序造成极大冲击,破坏其安全感与控制感,从而引发心理危机。例如,2008 年的汶川地震不仅导致大量人员伤亡,也让幸存者遭受心灵创伤,其中一些人因此患上创伤后应激障碍(post traumatic stress disorder, PTSD)。此外,家庭结构的剧变(如离婚、丧亲)或职业困境,亦容易成为心理危机的导火索。

---

**拓展阅读 8-2**

#### 创伤后应激障碍的症状

创伤后应激障碍是一种应激反应,扫描二维码查看主要症状。

创伤后应激
障碍的症状

---

**2. 社会环境的影响**

社会环境的复杂性与不确定性是心理危机的重要诱因。经济衰退或不景气时,个体可能面临失业、贫困和债务等巨大压力,这不仅影响其生活质量,还会引发焦虑与无助感。同时,现代化进程中的价值冲突、资源分配不均、社会阶层固化及歧视等问题,也会加剧个体的压力感,进一步导致心理危机的发生。

**3. 慢性压力的累积**

慢性压力是指长期持续存在的压力状态,通常持续数月、数年,甚至终身,如长期的家庭矛盾、经济困难、高负荷工作、职业倦怠、疾病、照顾年长父母或育儿等情况。慢性压力不会立即导致心理危机,而是在不知不觉中逐渐积累,不断增加个体的心理负担,最终超出其应对能力,造成严重的心理问题。

### (二)内部因素

#### 1.认知偏差

心理危机的本质是客观压力与主观认知解读的相互作用。个体在面对压力事件时,消极的认知模式会放大威胁感。例如,过度泛化的归因模式(如将失业归因于自身能力缺陷)、灾难化思维(预设最坏结果)或僵化的自我叙事(如"我无法应对困境")等负面认知,会加剧心理困扰,使个体陷入难以摆脱的悲观和绝望情绪中。

#### 2.情绪调节能力差

情绪调节能力是指个体识别、理解、管理并调整自身情绪的能力。当个体遭遇压力或困境时,情绪反应常常是不可避免的。然而,具备较强情绪调节能力的个体,往往能够以更健康、灵活的方式应对情绪波动,避免情绪失控。情绪的稳定有助于维持心理健康,并提升个体应对危机的能力。相反,情绪调节能力较弱的个体,在危机情境中容易陷入焦虑、愤怒或恐惧等负面情绪。如果这些消极情绪未能得到有效调节,便会加剧心理危机的强度,并影响个体的行为反应和思维方式,形成恶性循环,使危机更加难以解决。

#### 3.人格不完善

研究表明,不同的人格特质对心理危机的产生和应对能力有显著影响。高风险特质如高神经质(情绪敏感、易焦虑)、完美主义(苛责自我)、低外向性(如社交恐惧)、自我效能感低(对自己解决问题的能力缺乏信心)和过于依赖他人等使个体在面对严峻的挑战时,容易产生自我怀疑和无助感,增加心理危机的风险。

#### 4.应对方式消极

在现实生活中,人们应对压力的主要方式包括问题解决、忍耐、转移和求助。然而,也有一些消极应对方式,如逃避、否认或过度压抑。虽然这些方式可以暂时缓解不适,但长期来看却未能真正地有效解决问题。因为痛苦的经历和感受并未消失,而是潜移默化个体的心理变化和行为方式,一旦遇到相似或相同的情境,这些负面情绪就会被重新唤起,对个体造成更严重的危害。

#### 5.心理韧性低

心理韧性是指个体在面对压力、挫折或创伤时,能够有效适应、恢复并从中获得成长的能力。该概念源自物理学,描述物体在外力作用下恢复原状的能力,后来被引入心理学领域,强调个体在逆境中不仅能够恢复常态,还可能实现积极发展。具有较高心理韧性的个体在挑战中通常能够保持乐观心态,甚至将危机转化为自我提升的契机。而心理韧性较低的个体在面对相同压力时更容易感到焦虑和沮丧,从而陷入心理危机。心理韧性的形成与个体的成长经历、家庭环境、社会支持等因素密切相关,但也可以通过训练和干预得到提升。

综上所述,心理危机的产生既与外在环境的变化有关,也涉及个体的内在心理和生理因素。了解这些成因,有助于我们更好地识别潜在的心理危机,并在预防和干预中发挥重要作用。

## 二、心理危机的预防

西汉时期杰出的文学家和政治家司马相如在《上书谏猎》中写道:"盖明者远见于未萌,而知者避危于无形,祸固多藏于隐微而发于人之所忽者也。"这句话的意思是,聪明的人能在事端尚未萌生时就预见到,智慧的人能在危险还未显露时就避开它,灾祸常常隐藏在细微之处,而在人们忽视它的时候爆发。中医也有"上医治未病"的说法,其核心思想是预防重于治疗。中国传统文化历来强调"防患于未然",这一理念同样适用于心理危机的应对。提前做好预防工作,积极主动地识别和干预潜在风险,可以有效降低心理危机的发生概率。

外部环境的急剧变化、社会竞争压力、家庭关系紧张以及个人成长过程中的挫折和心理素质差异,均可能成为心理危机的诱因。因此,预防心理危机需要综合施策,从社会支持系统的建设、家庭关爱的加强到个人心理韧性的提升等多个方面入手。唯有如此,才能构建起抵御心理危机的立体防线,最大限度地减少心理危机的发生。由于外因必须通过内因才能起作用,所以下文将聚焦于个体层面的预防措施。

### (一) 学习心理健康知识

个体应主动学习心理健康的基本原理、常见心理问题的表现及其应对方法。通过阅读专业书籍、参加心理健康讲座、利用权威网站等多种渠道,系统地了解心理危机的特征、压力反应的生理-心理联动机制以及心理韧性的培育路径,提升自我认知与心理素质。此外,学习心理健康知识还能帮助个体树立正确的求助观念,明白在遇到难以解决的心理困扰时,寻求专业帮助是积极且必要的选择。通过不断学习,个体不仅能够增强应对生活困境的能力,还能保持心理平衡,为预防心理危机奠定坚实基础。

### (二) 提高情绪管理能力

许多心理危机的发生源于情绪的积压和管理不善,因此,提高情绪管理能力是预防心理危机的重要措施。个体可以通过情绪调节训练,如认知重构、冥想和深呼吸等方法,来有效调控情绪反应,避免因情绪失控而引发心理危机。认知重构通过重新解释事件意义,可以帮助个体从不同角度看待问题,如将"失败即灾难"转化为"失败含反馈""失败是成功之母",打破绝对化思维,从而减轻负面情绪;冥想则使个体专注于当下,减少对过去或未来的过度担忧;深呼吸等放松技巧可缓解生理紧张反应,使个体在压力情境中保持冷静。同时,定期进行自我反思和情绪记录,也能帮助个体提高对自己情绪的敏感度,及时发现潜在的心理困扰并采取应对措施,防止其发展为心理危机。

### (三) 培养健康生活方式

健康的生活方式包括规律作息、充足睡眠、均衡饮食、适度运动和合理安排休闲时间等行为模式。其中,规律作息和充足睡眠有助于缓解身体和大脑的疲劳;均衡饮食为身体提供必要的营养,促进神经系统的健康;适度运动不仅改善身体机能,还能刺激大脑分泌有益的神经递质;合理安排休闲时间为个体提供放松的机会,使其在面对挑战时更加从容。健康的生活方式的协同作用,不仅能提高个体的身体素质,还能增强个体的自我管理能力和自我效能感,进而提升心理韧性,为应对困境提供更多身心资源。

### (四) 构建多维社会支持系统

社会支持是预防心理危机的重要防线。个体在面对心理困扰时,稳定的情感联结、信息支持和实际帮助能有效缓解心理冲击,增强应对能力。社会支持不仅包括家庭、朋友和同事的情感支持,还包括来自社区和专业机构的帮助(见知识链接 8-2)。为了建立良好的社会支持网络,个体可以主动参与社交活动,扩大人际交往范围,增强与他人的联系。同时,保持与亲友的沟通与互动,坦诚分享自己的感受和经历,以加深彼此的理解和信任。此外,还可以积极参与志愿活动或社区服务,不仅能帮助他人,也能提升自身的归属感和满足感。研究表明,稳定与可靠的社会支持系统能够对个体的心理健康提供动态保护,减少心理危机的发生风险。

---

**知识链接 8-2**　　**"12356"成为全国统一心理援助热线**

2024 年 12 月 25 日,国家卫生健康委召开新闻发布会通报,该部门设置了全国统一的心理援助热线"12356"。该热线为公众提供心理健康教育、心理咨询、心理疏导和心理危机干预等服务。

---

### (五) 定期开展心理健康评估

定期进行心理健康评估是预防心理危机的关键措施之一。通过自我评估或专业评估,个体可以及时了解自身的心理状态,识别潜在问题。评估内容不仅涵盖情绪、压力水平和人际关系状况,还可以帮助个体识别可能影响心理健康的生活事件和环境因素。定期评估有助于提前察觉心理危机的早期预警信号,并及时采取相应的干预措施,从而避免问题恶化。类似于体检,若评估结果显示焦虑水平上升,个体可以寻求专业咨询,或通过阅读相关书籍、参加专题教育活动、冥想、运动等方式来提高应对能力。

## 第三节　穿越精神的黑洞——心理危机的干预

在人生的旅途中,每个人都会面临不同的挑战与困境。有时,心灵会如同迷失在深邃的黑洞中,陷入痛苦与绝望的深渊,那是心理危机降临的至暗时刻。然而,即使被无垠的黑暗笼罩,仍有一道希望之光能穿透阴霾,为迷途的心灵重新指引方向。这道光,便是心理危机干预。它以温柔而坚定的方式,唤醒生命的韧性,帮助个体恢复心理平衡。本节将探讨心理危机干预的概念、模式与方法,以期为有效应对心理危机提供理论指导与实践支持。

## 一、心理危机干预的概念

心理危机干预是指在个体经历重大应激事件后,针对其急性心理失衡状态,提供专业心理支持和干预的过程。其核心目的是通过科学的方法、适当的介入时机与技巧,帮助个体有效应对危机引发的心理困扰,增强其适应能力,并预防潜在的心理创伤。心理危机干预是临床心理学服务体系中的重要组成部分。

心理危机干预的主要目标包括两个方面:一是防止处于危机中的个体采取自伤或伤害他人的极端行为;二是通过激发个体的内在潜能,帮助其恢复到危机前的心理平衡状态。心理危机干预的成功实施对个体有三重意义:首先,帮助个体,使其能够客观理解危机事件对自己当前生活的影响;其次,通过认知重构,使个体能以更积极的视角看待危机事件;最后,帮助个体将学到的应对经验转化为未来的抗逆资源。

经典名言

只有经历过地狱般的磨砺,才能练就创造天堂的力量;
只有流过血的手指,才能弹出世间的绝响。

——拉宾德拉纳特·泰戈尔

拉宾德拉纳特·泰戈尔(Rabindranath Tagore, 1861—1941)

## 二、心理危机干预的模式

目前,心理危机的干预主要包括三种基本模式:平衡模式、认知模式和心理社会转变模式。这些模式为不同的危机干预策略和方法奠定了基础,同时也为危机干预的实践提供了理论依据。

### (一)平衡模式

当个体遭遇心理危机时,通常会处于心理失衡状态,原有的应对机制和解决问题的能力无法满足当前的需求。在这种情况下,个体往往会感到茫然、困惑、混乱,甚至失去对自己情绪和行为的控制,难以有效应对危机。平衡模式的干预重点是稳定个体的情绪,并帮助其恢复到危机发生前的平衡状态。该模式特别适合于危机的早期阶段。

### (二)认知模式

认知模式认为,心理危机的根源在于个体对事件及其情境的错误认知,而非事件本身或相关事实。该模式强调,通过引导个体以更积极的思维方式重新评估事件,改变对诱发事件的消极解释和评价,从而增强理性认知和自我效能感,恢复对危机的掌控感。认知模式尤其适用于心理状态趋于稳定、接近危机前平衡阶段的个体。

### (三) 心理社会转变模式

心理社会转变模式强调,心理危机是个体与环境动态互动的结果,因此干预需综合考虑个体内部和外部因素。该模式认为,危机的形成既与个体的心理韧性、认知方式等内在因素相关,也受家庭支持、职业环境、社区资源等外部系统的深刻影响。干预的目标是整合个体的应对能力与可利用的社会支持和环境资源,协助个体评估与危机相关的内外部困难,并提供可行的解决方案。与认知模式类似,心理社会转变模式适用于心理状态相对稳定的个体,特别是那些已脱离急性危机、处于社会功能重建阶段的人。

---

**拓展阅读 8-3**

#### 心理危机干预的原则

心理危机的成因错综复杂,危机干预者在实施危机干预时,必须严格遵守职业伦理准则。关于危机干预的原则,学界普遍认同以下几个方面:

1. 生命至上原则
2. 及时介入原则
3. 疏导释放原则
4. 价值中立原则
5. 发展提升原则

扫描二维码查看详细内容。

*心理危机
干预的原则*

---

## 三、心理危机干预的方法

个体在面临心理危机时,由于应对方式、社会支持和干预措施的不同,可能会出现不同的后果。一般而言,危机应对的结局可分为四种:第一种是顺利度过危机,并掌握了应对危机的方法和策略,心理健康水平和适应能力得到提升;第二种是暂时度过危机,但留下了心理创伤或认知行为问题,形成低功能水平的动态平衡,也许在未来遇到重大生活应激事件时会再次引发危机;第三种是因无法承受强烈刺激而出现自伤或自毁等极端行为;第四种是未能度过危机,导致心理障碍(如创伤后应激障碍、抑郁障碍)的出现,个体社会功能受损。心理危机干预的目标是帮助个体成功应对危机,实现第一种积极结局。其中,伯尔·吉利兰(Burl Gilliland)和理查德·詹姆斯(Richard James)提出的危机干预六步法,被广泛应用于解决各类危机问题。以下是危机干预六步法的介绍。

### (一) 确定问题

从当事人的角度出发,通过运用有效的倾听技巧(如同理心、真诚、接纳与尊重),全面理解其对危机的认知和感受。干预者应避免主观判断,确保以当事人的视角来界定导致危机的问题所在。这样才能精准把握当事人的情感和困扰,明确危机的触发因素。

### (二)保证安全

在心理危机干预过程中,应将当事人及他人的生理和心理安全作为首要目标。确定问题后,干预者需对当事人的危机状况进行初步评估,了解其自残、自杀或伤害他人的冲动程度,控制危险物品的接触,并在必要时联系其家人或专业机构,以减少伤害的风险。

### (三)给予支持

当事人在危机中常常处于心理失衡状态,感到孤立无助。因此,来自危机干预工作者的支持显得尤为重要。通过无条件地理解和接纳当事人,使其认识到干预者是完全可以信任的,也是能够给予其关心和帮助的人,从而为其带来心理上的慰藉和力量。

### (四)提出并验证可变通的应对方式

当面对生活中的巨大压力和困境时,有些人可能会陷入"无路可走"的悲观情绪中。干预者应引导当事人认识到,解决问题的方式有很多种。首先,让当事人列出身边可用的资源,如家人、朋友、心理咨询师或心理援助热线等,并强调"停下来寻求帮助"本身就是一种有效的应对策略。其次,鼓励当事人从不同角度思考问题,提出多个可以立即操作的应对方法。最后,帮助当事人从这些解决方案中挑选出最适合当前情况的一种。

### (五)制定计划

与当事人共同制定一个切实可行的短期计划。在制定计划时,干预者应充分考虑当事人的自控能力和自主性。计划的目的是帮助当事人调整情绪失衡,并有效应对当前危机。计划应明确、具体,且具备可操作性。通过与当事人紧密合作,确保他们能够理解并掌握每个行动步骤。这样的计划有助于逐步恢复当事人的自我管理能力,同时也提升其应对危机的能力。

### (六)获得承诺

干预者应与当事人进行充分沟通,回顾并完善干预计划与行动方案,同时获得当事人真诚且明确的承诺,以确保其按照预定计划执行。如果当事人存在自杀倾向,承诺内容至少应包括不实施自杀等极端行为;如果当事人暂时无法摆脱自杀念头,干预者应鼓励其承诺,在有危险行为发生前及时与专业人士沟通。此类承诺不仅有助于检验干预效果,也是评估自杀风险的重要依据。

案例8-4展示了危机干预六步法在实际应用中的有效性。除了危机干预六步法,杰弗里·米切尔(Jeffrey Mitchell)还提出了另一种心理危机干预的常用方法——关键事件应激报告法(critical incident stress debriefing, CISD)(见知识链接8-3)。该方法最初旨在帮助应激事件干预者维护身心健康,现已广泛应用于干预遭受各种创伤的个体,其目的是通过系统的心理干预,减轻创伤事件对个体的心理影响,帮助当事人尽快恢复正常生活。

**案例 8-4　小张的变化**

小张是一名大学生,因学业压力和人际关系问题陷入严重的抑郁状态。他感到孤独无助,甚至产生了自杀念头。班主任发现小张的情况后,联合心理老师对其进行了危机干预。

首先,他们察觉到小张面临的主要问题是学业压力和人际关系困扰。通过深入交流,发现小张对自己有过高的期望,且缺乏有效的应对策略。

其次,为确保小张的安全,他们评估了其可能的自伤风险,并制定了相应的预防措施。

接着,班主任和心理老师提供了大量的支持与理解,使小张感受到被接纳和尊重。这种支持帮助他逐渐放下防备,开始分享更多内心的感受。

随后,他们引导小张寻求外部支持资源,如心理咨询中心、学生组织和亲朋好友等,并教他如何合理安排学习、处理人际冲突。同时,帮助他建立了积极的思维模式,让他认识到自己的价值与潜力。

接下来,班主任和心理老师与小张共同制定了一个短期行动计划,包括每天的学习安排、社交活动频率等。

最后,他们获得了小张给出的直接承诺,表示愿意按照计划执行,并在遇到困难时及时寻求帮助。

经过一段时间的干预,小张的情况明显改善。他不仅在学业上取得了进展,而且在人际交往中变得更加自信和积极。

**知识链接 8-3　关键事件应激报告法**

关键事件应激报告法(CISD)就像一场"心理清创手术",专门帮助经历重大创伤(如车祸、灾难、暴力事件)的人,通过团体或一对一谈话,把积压在心里的恐惧、困惑"倒出来",重新整理混乱的思绪,防止创伤演变成长期心理问题。米切尔提出此法的初衷是防止二次伤害,就像身体受伤后及时清创,心理也需要尽快处理"情绪感染"。

CISD 的正式援助通常分为 7 个阶段,整个过程一般在危机事件发生后的 24 或 48 小时内进行,持续时间为 2～3 小时。具体步骤如下:

(1)介绍期:干预者自我介绍,说明 CISD 的规则,强调保密性,建立信任关系。

(2)事实期:请当事人从自己的角度描述事件发生时的具体情况。

(3)感受期:鼓励当事人表达事件发生时或之后的感受。

(4)反应期:当事人分享对事件的情感反应,干预者给予关心和理解。

(5)症状期:讨论当事人在事件中的心理、生理、认知、情感和行为等方面的反应。

(6)教育期:提供关于应激反应的知识,帮助当事人理解这些反应是正常的。

(7) 恢复期:总结晤谈过程,讨论后续行动计划,强调小组成员的相互支持。

资料来源:王璐,赵静,徐艳斐.心理危机干预的研究综述[J].吉林省教育学院学报,2011,27(9):139-141.有改动.

## 📋 本章要点重述

1. 心理危机是指个体面临突然或重大生活逆境时出现的心理失衡状态。

2. 心理危机可分为发展性危机、境遇性危机和存在性危机。

3. 在心理危机状态下,个体通常会表现出生理、情绪、认知和行为等多方面的变化,这些变化是识别心理危机的关键指标。

4. 心理危机的形成和演变过程包括警觉阶段、功能恶化阶段、求助阶段和危机阶段。

5. 心理危机的产生是个体内部因素与外部环境因素相互作用的结果。

6. 个体预防心理危机的措施主要包括学习心理健康知识、提高情绪管理能力、培养健康生活方式、构建多维社会支持系统和定期开展心理健康评估等。

7. 心理危机干预是指在个体经历重大应激事件后,针对其急性心理失衡状态,提供专业心理支持和干预的过程。

8. 心理危机的干预主要包括三种基本模式,即平衡模式、认知模式和心理社会转变模式。

9. 心理危机干预的方法有危机干预六步法和关键事件应激报告法等。

## 🏠 学习游乐场 8

### 心理危机情景模拟

**一、活动目标**

通过模拟心理危机的情景,参与者能够深入体验心理危机的情感冲击,并学习如何运用有效的应对策略来帮助自己或他人渡过难关。

**二、活动准备**

1. 场地布置:确保活动场地有足够的空间供小组活动,并准备一些简单的道具(如电话、椅子、书籍等)来增强模拟情景的真实性。

2. 情景脚本:为每个小组准备几个不同的心理危机情景脚本,如失业后的经济压力、亲人离世的悲痛、亲密关系破裂的情感失落等。脚本中应包含危机发生的原因、主角的情感反应以及可能出现的挑战。

3. 角色扮演卡片:为每个角色准备一张卡片,上面简要描述该角色的背景信息、性格特点以及在情景中的行为模式。

**三、活动流程**

1. 分组与角色分配:将参与者分成若干小组,每组4~5人。根据情景脚本和角色扮演卡片,为每个小组分配角色,确保每个参与者都有明确的角色定位。

2. 情景模拟:各小组根据分配到的情景脚本和角色卡片,开始模拟心理危机的情景。在模拟过程中,参与者需要尽可能地投入情感,真实地展现角色在危机中的情感反应和行为模式。

3. 危机应对:在模拟情景中,引入一个或多个危机应对者(可由活动组织者或志愿者担任),他们需要在模拟过程中观察参与者的表现,并运用所学的心理危机干预技巧,给予适当的支持和指导。危机应对者可以通过提问、倾听、鼓励等方式,帮助参与者识别问题、表达情感、寻找解决方案。

4. 反馈与讨论:模拟结束后,各小组进行内部讨论,分享在模拟过程中的感受和体验。随后,活动组织者邀请各小组代表上台分享他们的经历,并引导参与者一起讨论如何更好地应对心理危机。讨论内容可以包括在危机中如何保持冷静、如何有效地表达自己的情感、如何寻求外部支持等。

5. 总结与反思:活动最后,活动组织者对整个活动进行总结和反思,强调心理危机应对的重要性,并鼓励参与者在日常生活中积极应用所学的应对策略。同时,也可以邀请专业心理咨询师或心理医生为参与者提供进一步的咨询和支持。

**四、活动亮点**

1. 真实体验:通过模拟真实的心理危机情景,让参与者深入体验心理危机的情感冲击,增强他们的同理心和应对能力。

2. 角色扮演:参与者通过扮演不同的角色,可以更全面地了解心理危机的多样性和复杂性,这一过程也有助于培养他们的角色扮演和沟通能力。

3. 专业指导:活动组织者或专业心理咨询师在活动过程中提供指导和支持,确保活动能够顺利进行,并帮助参与者更好地掌握心理危机应对的策略和技巧。

### 心理测试 8

## 社会支持评定量表①

姓名:_____ 性别:_____ 年龄:_____ (岁)文化程度:_____ 职业:_____
婚姻状况:_____ 住址或工作单位:_____
填表日期:_____ 年_____ 月_____ 日

指导语:下面的问题用于反映你在社会中获得的支持,请按各个问题的具体要求,根据你的实际情况填写。

1. 你有多少个关系密切,并可以得到支持和帮助的朋友?(只选一项)

(1) 1个也没有　　　　　　　　　(2) 1～2个

(3) 3～5个　　　　　　　　　　(4) 6个或6个以上

2. 你近1年来(只选一项)

(1) 远离家人,且独居一室

---

① 戴晓阳,王孟成,刘拓.常用心理评估量表手册(第3版)[M].北京:北京科学技术出版社,2023:158-159.

(2) 住处经常变动,多数时间和陌生人住在一起

(3) 和同学、同事或朋友住在一起

(4) 和家人住在一起

3. 你与邻居(只选一项)

(1) 相互之间从不关心,只是点头之交    (2) 遇到困难可能稍微关心

(3) 有些邻居很关心你    (4) 大多数邻居都很关心你

4. 你与同事(只选一项)

(1) 相互之间从不关心,只是点头之交    (2) 遇到困难可能稍微关心

(3) 有些同事很关心你    (4) 大多数同事都很关心你

5. 从家庭成员中得到的支持和照顾(在合适的框内画"√")

| 角色 | 无 | 极少 | 一般 | 全力支持 |
|---|---|---|---|---|
| A. 夫妻(恋人) | | | | |
| B. 父母 | | | | |
| C. 儿女 | | | | |
| D. 兄弟姐妹 | | | | |
| E. 其他成员(如嫂子) | | | | |

6. 过去,在你遇到急难情况时,曾经得到的经济支持和解决实际问题的帮助的来源

(1) 无任何来源

(2) 下列来源(可选多项)

A. 配偶    B. 其他家人    C. 朋友    D. 亲戚

E. 同事    F. 工作单位    G. 党团工会等官方或半官方组织

H. 宗教、社会团体等非官方组织    I. 其他(请列出)

7. 过去,在你遇到急难情况时,曾经得到的安慰和关心的来源

(1) 无任何来源

(2) 下列来源(可选多项)

A. 配偶    B. 其他家人    C. 朋友    D.亲戚

E. 同事    F. 工作单位

G. 党团工会等官方或半官方组织    H. 宗教、社会团体等非官方组织

I. 其他(请列出)

8. 当你遇到烦恼时的倾诉方式(只选一项)

(1) 从不向任何人倾诉

(2) 只向关系极为密切的1~2个人倾诉

(3) 朋友主动询问你时会说出来

(4) 主动倾诉自己的烦恼,以获得支持和理解

9. 当你遇到烦恼时的求助方式(只选一项)

(1) 只靠自己,不接受别人的帮助    (2) 很少请求别人的帮助

（3）有时请求别人的帮助　　　　　（4）有困难时经常向家人、亲友、组织求助

10. 你对于团体(如党团组织、宗教组织、工会、学生会等)组织活动(只选一项)

（1）从不参加　　　　　　　　　　（2）偶尔参加

（3）经常参加　　　　　　　　　　（4）主动参加并积极活动

总分：_____

扫描二维码查看分析提示与说明。

社会支持评定
量表分析
提示与说明

## 课后练习

### 一、单项选择题

1. 心理危机的类型不包括以下哪一项？（　　）

A. 发展性危机　　　B. 境遇性危机　　　C. 存在性危机　　　D. 社会性危机

2. 在心理危机的成因中,哪一项属于外部因素的冲击？（　　）

A. 应对方式消极　　　　　　　　　B. 情绪调节能力差

C. 灾难性事件的突袭　　　　　　　D. 认知偏差

3. 全国统一心理援助热线的电话号码是什么？（　　）

A. 12345　　　　　B. 12315　　　　　C. 12333　　　　　D. 12356

### 二、多项选择题

1. 以下哪些是预防心理危机的有效措施？（　　）

A. 学习心理健康知识　　　　　　　B. 定期开展心理健康评估

C. 培养健康生活方式　　　　　　　D. 构建多维社会支持系统

E. 经常进行自我批评

2. 心理危机的形成和演变过程包括以下哪些阶段？（　　）

A. 警觉阶段　　　B. 功能恶化阶段　　　C. 求助阶段　　　D. 适应阶段

E. 危机阶段

3. 心理危机干预的原则包括（　　）。

A. 生命至上原则　　　B. 及时介入原则　　　C. 疏导释放原则　　　D. 追究责任原则

E. 价值中立原则

### 三、判断题

1. 心理危机是指个体面临突然或重大生活逆境时出现的心理失衡状态。　　　（　　）

2. 心理危机干预的主要目标是长期改变个体的性格特征。　　　　　　　　（　　）

3. 心理危机干预只适用于精神疾病患者。　　　　　　　　　　　　　　　（　　）

4．心理危机干预的主要目的是帮助个体恢复心理平衡，因此只关注其情绪变化即可。
（　　）

5．平衡模式、认知模式和心理社会转变模式是心理危机干预的三种基本模式。（　　）

## 四、简答题

危机干预六步法的干预步骤有哪些？

_____

_____

_____

_____

_____

扫描二维码查看课后练习答案。

第八章课后
练习答案

## 推荐阅读书目

1．唐海波，唐睿奇.心理危机的识别与干预[M].长沙：中南大学出版社，2021.

2．马立骥.心理危机与干预[M].北京：中国政法大学出版社，2023.

3．刘海峰，李新异.心理保健与危机干预[M].广州：广东人民出版社，2023.

4．莫雷.个体心理危机实时监测与干预系统研究[M].北京：清华大学出版社，2020.

5．理查德·K.詹姆斯，伯尔·E.吉利兰.危机干预策略（第七版）[M].肖水源，等译.北京：中国轻工业出版社，2017.

# 人生如棋需布局
## ——生涯规划及其实践

每个人心中都有一片属于自己的天空,那里充满了无限的可能和憧憬。有的人梦想着星辰大海,追求属于自己的辉煌;有的人喜欢脚踏实地,享受生活中的点点滴滴;还有的人向往回归自然,寻找心灵的宁静和简单的幸福。

你是否曾静下心来思考过未来的人生规划? 实际上,每个人的生涯发展路径都是独特的,受到选择、决策、机遇与挑战等多种因素的共同影响。如果将人生视作一盘棋,那么生涯规划就是其中的战略布局图。在充满变化和不确定性的环境中,每一步选择都需要经过深思熟虑,谋定而后动,方能稳步前行。

## 学习目标

学完本章后,你应该能够做到:

◆ 领会生涯规划的内涵
◆ 描述生涯规划的主要理论
◆ 明确生涯规划的基本步骤
◆ 掌握制定生涯规划的方法
◆ 正确运用提升个人幸福感的策略
◆ 培养生涯规划能力与积极的人生态度

人生如棋需布局——生涯规划及其实践

与未来有约——生涯规划概述

生涯规划的内涵

生涯规划的主要理论

舒伯的生涯发展理论

帕森斯的特质因素理论

霍兰德的人格类型理论

绘制人生蓝图——生涯规划的基本步骤

认识自我

探索自己的兴趣

了解性格特质

评估自身能力

明确个人价值观

环境分析

确定目标

制定行动方案

评估与修正规划

绽放生命的光彩——活出心花怒放的人生

珍视生命的独特性

探索幸福的奥秘

幸福是什么

幸福的方法

## 令人深思的纪录片

《人生七年》是一部极具深度的纪录片。自 1964 年起，该片记录了 14 位来自不同社会背景的孩子在 7 岁、14 岁、21 岁、28 岁、35 岁、42 岁、49 岁、56 岁、63 岁（部分人物未参与到 63 岁的拍摄）的人生历程，展现了他们从天真无邪的孩童到充满希望的青少年，再到成熟的成年人，甚至步入老年的过程。至今，这部纪录片已跨越 56 年（每 7 年发布一集），第 9 集已于 2019 年播出。尼尔·休斯（Neil Hughes）、约翰·布里斯比（John Brisby）和托尼·沃克（Tony Walker）等人的真实故事，让我们看到了生涯规划如何在每个人的成长中留下深刻印记，并影响着他们的个人发展。尼尔的起伏人生提醒我们，尽管天赋异禀，缺乏明确规划仍可能导致潜能的浪

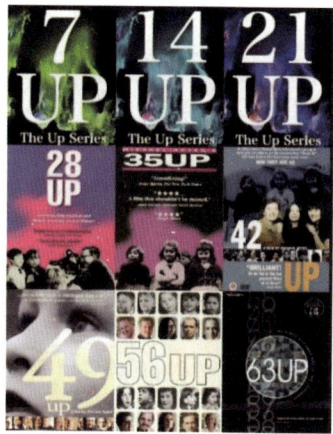

《人生七年》纪录片海报

费；约翰稳健的步伐证明，坚定目标和不懈努力是实现梦想的可靠途径；托尼乐观的生活态度展示了即使起点不高，积极的心态也能助力开启幸福的大门。

这些跨越数十年的生活片段，不仅见证了个体如何在梦想与现实之间寻找平衡，也凸显了生涯规划在人生航程中的重要性。生命充满变数，个人的选择、遇到的机遇，以及如何应对这些因素，共同塑造了每个人独特的人生轨迹。本章将深入探讨生涯规划的内涵，学习如何通过自我认知、目标设定和行动计划，为人生导航，绘制出一幅丰富多彩的生命画卷。

## 第一节　与未来有约——生涯规划概述

当个体处在人生的十字路口,面对选择与机遇时,生涯规划便成为指引其前行的重要工具。本节将探讨生涯规划的含义,分析它如何成为实现个人目标和职业梦想的桥梁。同时,将介绍生涯规划的主要理论基础,这些理论为个体提供丰富的知识资源和实用工具,帮助其识别自我、评估环境、设定目标,并制定具体的行动计划。

### 一、生涯规划的内涵

#### (一) 生涯的界定

《辞海》对"生涯"的释义为:"一生的极限。"其中,"涯"字意指水边、边际或约束等。《庄子》中有"吾生也有涯,而知也无涯",结合现代释义来看,"生涯"最初侧重于"涯",指生命的边际和限度;后来逐渐侧重于"生",指有限而珍贵的生命。在现代社会中,"生涯"一词常用来指代一个人公共或专业生活的过程。

唐纳德·舒伯(Donald Super)是生涯发展领域的权威人物。他认为生涯是个人一生中所经历的职业与角色的总称,即个人终身发展的历程。诺曼·吉斯伯斯(Norman Gysbers)指出,"生涯"一词涵盖了个体扮演的各种角色、所处的各种环境以及一生中发生的各种计划或非计划的事件。终身生涯发展不仅关注个体在职业方面的发展,还强调个体在整个人生中通过各种角色、环境和事件的相互作用和整合而实现的自我发展[①]。

无论是东方释义中对生命价值的关怀,还是西方对事业与成功的进取性内涵的关注,"生涯"一词包含的内容远不止于职业层面的发展和选择,它更是个体在整个人生过程中的成长、探索、选择和追求的综合体现。

经典名言

吾十有五而志于学,三十而立,四十而不惑,五十而知天命,六十而耳顺,七十而从心所欲,不逾矩。

——孔子

孔子(公元前551—公元前479)

---

① 诺曼·吉斯伯斯,玛丽·赫普纳,约瑟夫·约翰斯顿. 职业生涯咨询——过程、技术及相关问题(第二版)[M]. 侯志瑾,译. 北京:高等教育出版社,2007:11.

## （二）生涯规划的含义

生涯规划是指个体对其一生中在学习、生活和事业等各方面的总体计划和安排，涵盖教育、职业、家庭和休闲等领域的目标设定与路径规划（参见案例9-1）。职业生涯规划作为生涯规划的子系统，专注于职业领域的定向与发展，强调通过自我认知（如兴趣、能力、价值观等）与环境分析（如行业趋势、岗位要求等），制定分阶段的职业目标和行动策略，最终实现职业成功与个人成长的平衡。本章讨论的生涯规划主要聚焦于职业生涯规划。

生涯规划不仅包括职业定位、目标设定和发展路径设计，而且是一个动态变化的过程。随着个人价值观、家庭环境、工作环境和社会环境的变化，每个人的职业期望也会发生变化。生涯规划强调个体在职业选择中的自主性和个性化需求，使职业选择不仅仅是寻找一份工作，还是一个更为复杂的过程，表现出个人独特的自我发展形态。

---

**案例 9-1　生命清单**

著名探险家约翰·戈达德（John Goddard）在 15 岁的时候，还是一个没有见过世面的少年。但他小小的年纪，却为自己列下了一生的志愿：探索尼罗河、刚果河和亚马孙河；攀登珠穆朗玛峰、乞力马扎罗山和马特洪峰；学习驾驶飞机、潜水、骑骆驼；阅读《不列颠百科全书》；掌握多种语言；写一本书；环游世界；甚至踏上月球……

约翰·戈达德(1924—2013)

他共列了 127 个目标，还制定了详细的计划，并开始逐步实现。他坚信，写下目标是实现梦想的第一步。在他的探险生涯中，他经历了无数艰难险阻，包括被河马攻击、遭遇疟疾、在沙漠中几乎被活埋，多次死里逃生。然而，这些困难并没有阻挡住他前进的步伐。经过多年的不懈努力，到 59 岁时，戈达德已经实现了其中的 106 个目标。

---

## 二、生涯规划的主要理论

生涯规划是贯穿一生的持续探索和调整过程，从求学、就业到退休后的生活安排，每个阶段都涉及不同的生涯任务和决策。心理学家们提出了多个理论来帮助人们理解生涯发展的规律及其影响因素。通过这些理论，个体可以更科学地规划自己的人生，决定更符合自身发展需求的选择。

### （一）舒伯的生涯发展理论

舒伯的生涯发展理论始于 20 世纪 50 年代。该理论强调生涯发展的动态性，主张个体在不同生命阶段承担不同的任务。他将生涯发展划分为五个主要阶段：成长阶段（约 0～

14 岁)、探索阶段(约 15～24 岁)、建立阶段(约 25～44 岁)、维持阶段(约 45～64 岁)以及退出阶段(约 65 岁及以上),每个阶段均具有特定的发展任务(见图 9-1)。

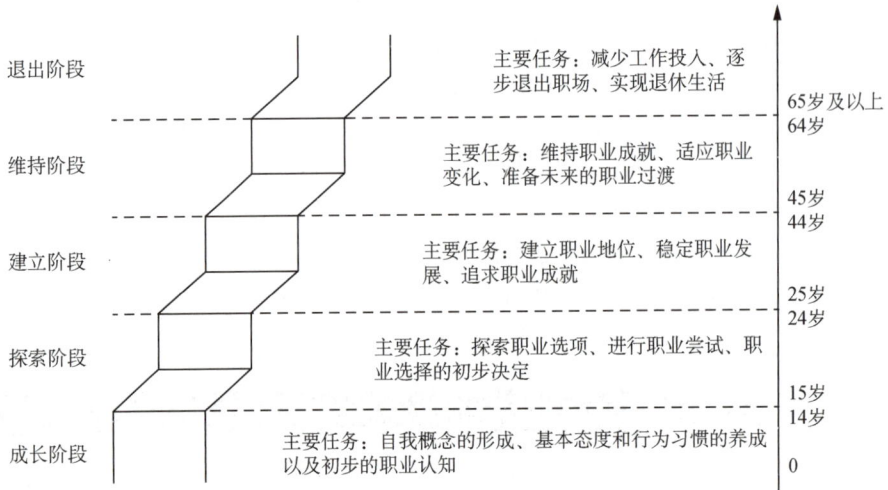

**图 9-1　舒伯的生涯发展五阶段**

在生涯发展理论的基础上,舒伯进一步引入角色理论,提出了更具广度的概念——生涯彩虹图(见图 9-2)。该图从横向与纵向两个维度刻画生涯发展的动态过程。其中,横向维度代表个体生命历程的广度,展示的是生涯发展五阶段及其大致对应的年龄范围。纵向维度则描述个体在不同时间点承担的角色及其相互关系,即由一系列社会角色和职位构成的生活空间。舒伯认为,个体在生命历程中会依次扮演子女、学生、休闲者、公民、工作者、持家者等主要角色。

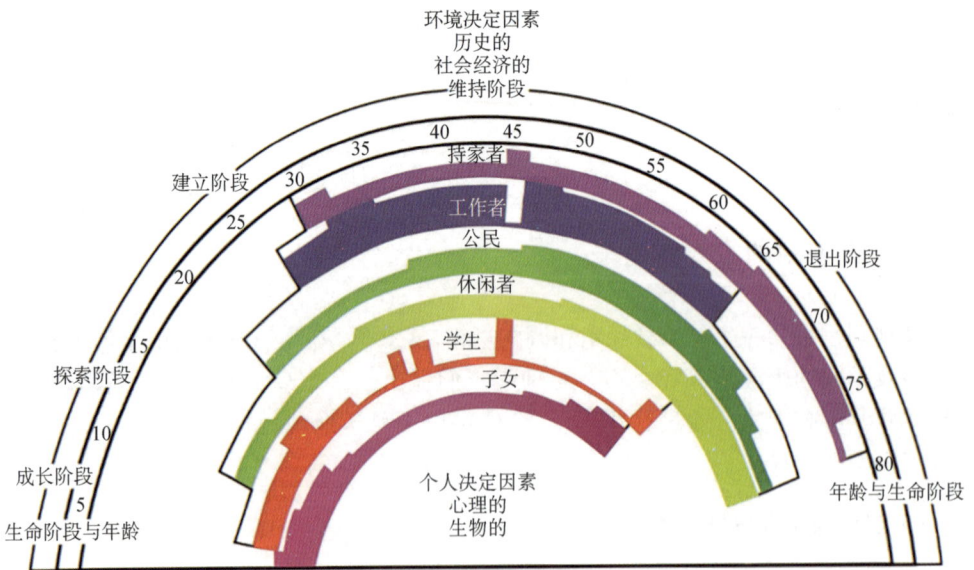

**图 9-2　舒伯的生涯彩虹图**

生涯彩虹图直观展现了生涯发展在时间与空间上的动态交互关系,强调随着年龄增长,不同角色的比重和影响不断调整,并共同塑造个体独特的生涯模式。

## (二)帕森斯的特质因素理论

弗兰克·帕森斯(Frank Parsons)是职业指导领域的奠基人之一,他在20世纪初提出了特质因素理论。该理论的核心在于个体特质与职业要求之间的匹配。帕森斯提出,成功的职业选择需要满足三个基本条件:第一,个体需全面了解自身的特质,包括人格、兴趣(参见案例9-2)、能力与价值观;第二,了解不同职业的要求、发展前景及工作环境;第三,通过理性分析,将个体特质与职业要求进行精准对接,实现"人-职适配"。这一过程强调基于科学测评与系统分析进行职业决策,而非凭借主观偏好或偶然因素。

特质因素理论推动了人才测评在职业选拔与指导中的运用和发展。它重视个人特质与职业因素之间的协调和匹配,帮助个体做出明智的职业选择。然而,该理论也存在局限性,如忽略了情感在决策中的影响和个人特质与职业因素的变化性。尽管如此,特质因素理论仍然是职业辅导领域的重要基础。

---

**案例9-2　用兴趣编织梦想**

王惠若是一位山东的农村姑娘,自幼擅长编织毛衣,技艺在乡村小有名气。2006年,22岁的她怀揣梦想前往北京,在一家小公司工作,半年内晋升为生产线领班。然而,在日复一日的工作中,王惠若逐渐感到迷茫和不安,她渴望能够拥有一份自己真正热爱的事业。

一个偶然的机会,王惠若去博物馆参观时,被那些古味浓厚的器具深深吸引。她突发奇想,如果能用自己擅长的编织技艺来重现这些古老的艺术品,一定会大受欢迎。于是,她开始尝试设计勾编方法,并编织出青铜鼎、古瓷瓶等物件。经过两个月的努力,她终于完

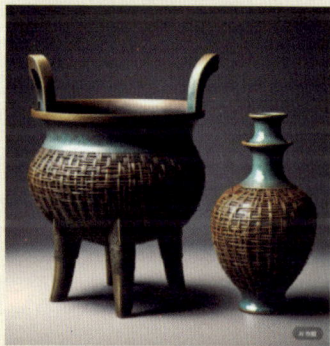

(图片由AI生成)

成了第一批作品,并在市场上取得了意想不到的成功。她毅然辞去了工作,拿出自己的全部积蓄,在步行街上开了一家名为"798艺术"的小店。店里陈列着她亲手制作的风铃、手袋、背包等手工艺品以及那些惟妙惟肖的"青铜鼎""古瓷瓶"等。这些古朴典雅的工艺品迅速吸引了众多顾客的眼球,小店生意兴隆。

随着时间的推移,"798艺术"的名声越来越响,王惠若逐渐扩大了生产规模,并组建了一支由十名编织设计师组成的团队。现在,她的公司已经发展成为拥有5家分店的连锁企业。谈到自己的成功时,王惠若总是谦虚地说:"我只是在做自己感兴趣的事情而已。"

资料来源:朱庆红,荷丹兰.把兴趣勾编成财富.农村新技术[J].2012(3):53.有改动.

### （三）霍兰德的人格类型理论

约翰·霍兰德（John Holland）是著名的职业指导专家。他认为,职业选择在一定程度上反映了个体的人格特质。不同类型的职业往往吸引具有相应人格特质的个体,而这种人格特质在职业选择过程中表现为职业兴趣。霍兰德将人格类型归纳为六种,即现实型、研究型、艺术型、社会型、企业型和传统型,如表 9-1 所示。

表 9-1　霍兰德职业人格类型对应表

| 人格类型 | 特点 | 典型职业 |
|---|---|---|
| 现实型 | 喜欢有规则的具体劳动和需要基本操作技能的工作,但缺乏社交能力,不适应社会性质的职业 | 技能性职业（如一般劳动者、技工、维修工、农民等）和技术性职业（如摄影师、制图员、机械装配工等） |
| 研究型 | 具有聪明、理性、好奇、精确、批判性强等特征,喜欢探索和从事创造性的活动,不喜欢遵循固定程序,对具体操作不感兴趣 | 科技研究人员、工程师、实验研究人员等 |
| 艺术型 | 具有想象力强、冲动、无秩序、情绪化、理想化、有创意、不重实际等特征,喜欢艺术性质的职业和环境 | 艺术方面的职业（如演员、导演、艺术设计师、雕刻家等）、音乐方面的职业（如歌唱家、作曲家、乐队指挥等）和文学方面的职业（如诗人、小说家、剧作家等） |
| 社会型 | 具有合作、友善、助人、负责、善社交、善言谈、洞察力强等特征,喜欢社会交往,关心社会问题,有教导别人的能力 | 教育工作者（如教师、教育行政人员）与社会工作者（如咨询人员、公关人员）等 |
| 企业型 | 具有冒险、有野心、独断、乐观、自信、精力充沛、喜欢竞争等特征,喜欢从事领导及企业性质的职业 | 如政府官员、企业领导、销售人员等 |
| 传统型 | 具有顺从、谨慎、保守、实际、稳重、有效率等特征 | 如秘书、办公室人员、记事员、行政助理、图书馆管理员等 |

霍兰德通过正六边形模型（见图 9-3）描述了六种人格类型之间的关系。在该模型中,相邻的人格类型（由实线连接）具有较多相似性,例如,现实型与研究型个体通常都不太偏好人际交往,而相应的职业环境中与人接触的机会也较少。相隔的人格类型（由虚线连接）相似性较低。而相对的人格类型（由点线连接）差异较大,个体同时对两种相对类型的职业环境都感兴趣的情况较为少见。

上述理论是在 20 世纪的不同时期诞生的,它们的整合应用可为个体提供多层次的规划工具。无论处于哪个人生阶段,理解和运用这些理论都能帮助个体更科学地规划未来,使人生更加充实和有意义。

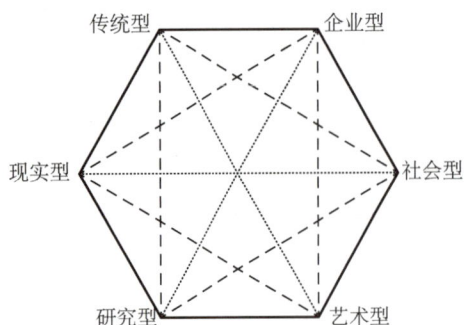

图 9-3　霍兰德职业人格类型关系

**绘制人生蓝图——生涯规划的基本步骤**

生涯规划是贯穿人生各阶段的自我发展过程,它从深入的自我探索开始,包括了解兴趣、能力和价值观等,找到适合自己的成长方向。同时,个体还需对身处的环境进行评估,然后设定清晰的目标,并制定具体的行动计划。在生涯规划过程中,应定期评估进展,根据实际情况灵活调整方向。通过科学规划,个体能够更好地适应变化,不断成长,实现自我提升,并为未来的发展做好准备。

## 一、认识自我

古希腊德尔斐神庙前那句著名的箴言——"认识你自己",一直是历代思想家关注的永恒话题。苏格拉底以哲学家的智慧诠释了"我是谁",老子提出"知人者智,自知者明"的观点,尼采则认为"一个人的喜好可以揭示他的本质"。事实上,自我认知是每个人都必须面对的重要人生课题。在生涯发展过程中,只有清晰地了解"我是谁""我喜欢做什么""我能够做什么""我适合做什么""我愿意做什么",才能确定自己的最佳成长路径。

### (一)探索自己的兴趣

兴趣是个体力求认识某种事物或从事某种活动的心理倾向。它决定了个体在选择和参与活动时的态度与情绪反应。职业兴趣作为其专业化延伸,体现为对某类职业的稳定偏好。由于个体的兴趣各不相同,职业兴趣也呈现出多样化:有人喜欢与人接触的工作,有人爱好与物打交道的工作,还有人热衷于创造性工作。职业兴趣是影响个体职业选择的重要因素之一。

经典名言

只有热爱才是最好的老师。

——爱因斯坦

爱因斯坦(1879—1955)

为了更准确地了解自身的职业兴趣,心理学家开发了多种测量工具,如斯特朗-坎贝尔兴趣量表(Strong-Campbell interest inventory, SCII)、库德职业兴趣量表(Kuder occupational interest survey, KOIS)和霍兰德先后编制的职业偏好量表(vocational preference inventory, VPI)及职业自我探索量表(self-directed search, SDS)。国内学者也基于霍兰德理论编制了霍氏中国职业兴趣量表。这些量表有助于个体识别自身的兴趣倾向,并与职业领域相匹配。然而,职业兴趣的评估不仅依赖测量工具,个体也可通过自我分析以及参考他人反馈等方法来深入理解自身的职业偏好。

职业兴趣对生涯发展具有深远影响。首先,它影响职业选择,在择业过程中,人们往往优先考虑符合自己兴趣的职业,并主动收集相关信息。其次,兴趣能够提高工作效率,研究表明,个体在感兴趣的工作中可发挥更高的才能,并维持较长时间的高效状态,而缺乏兴趣则容易导致疲劳和低效。最后,职业兴趣影响职业稳定性和职业成就,许多成功人士在事业中表现出的高度投入和创造力,正是源于对其工作领域的浓厚兴趣(参见案例9-3)。因此,探索和发展职业兴趣不仅有助于个体的职业决策,也能促进职业生涯的长远发展。

---

**案例9-3　"数学王子"的求索之路**

陈景润(1933—1996)

陈景润是我国著名的数学家,在攻克哥德巴赫猜想方面作出了重大贡献。他的研究成果被国际数学界称为"陈氏定理",许多人亲切地称他为"数学王子"。

陈景润在中学时期便对数学表现出浓厚的兴趣,当时,已经是清华大学航空系系主任的沈元回福建奔丧,因战事交通受阻而滞留家乡,便在陈景润所在学校担任数学代课老师。数论是沈元讲授内容的"常客",陈景润听他的课,总是两眼放光,神采奕奕,时不时提一些问题,师生课堂互动频繁。

在一堂课上,沈元给学生讲了关于哥德巴赫猜想的故事:"你们知道吗?数学是科学王国里最尊贵的王后。'数论'由于它的高难度和重要性,就像是王后头上戴着的王冠。而'哥德巴赫猜想'这个多年来还没有被人们破解的难题,就像是王冠正中央那颗明珠!同学们,大家好好努力吧,将来去证明这道世界难题……"沈元偶然的叙说,激发了陈景润的求知兴趣,开启了他奋力攀登高峰的历程。

因为对于数论的研究兴趣盎然,所以即使前行的路上面临各种艰难困扰,陈景润都矢志不移。经过十几年的不懈努力,陈景润在这一领域终于取得丰硕成果,成为世界上距那颗"明珠"最近的人。"陈氏定理"至今仍在哥德巴赫猜想研究中保持世界领先水平。

资料来源:陈荫慈,叶青,叶蓓.记忆里的陈景润——专访陈景润的中学老师陈荫慈老先生[EB/OL].(2020-09-08)[2025-03-02].http://www.jyb.cn/rmtzcg/xwy/wzxw/202009/t20200908_356827.html.有改动.

## （二）了解性格特质

性格是个体在社会实践中逐渐形成并稳定表现于言谈举止和工作行为的心理特征之一，具有可塑性。尽管性格分类标准尚未统一，但通过测评工具可以有效了解自身的性格特点，进而优化生涯规划。常见的性格测评工具包括修订版的大五人格量表（revised NEO personality inventory，NEO－PI－R）、简版的大五人格量表（NEO five-factor inventory，NEO-FFI）和卡特尔十六种人格因素问卷（Cattell's sixteen personality factor questionnaire，16PF）。各类专业人才测评机构都可以安排这些测验，帮助个体分析性格的优势与不足，合理设定生涯发展目标。

性格与职业发展密切相关，个体的性格特点与职业要求的匹配程度在一定程度上影响其职业适应性。职业心理学研究表明，不同职业对从业者的性格特质有不同要求。例如，教育工作者通常需要具备乐观外向、耐心正直、责任感强等特质；广告设计师需要富有想象力，敢于创新和突破常规；科学研究人员应具备批判性思维、创新意识和较强的独立性。当个体的性格特点与职业要求相匹配时，工作往往更加顺利，职业发展也更加稳定且富有成就感。而如果性格特质与职业要求存在较大差异，工作效率可能会受影响，个体感到倦怠、被动，甚至产生较大的心理压力，从而影响职业发展。

## （三）评估自身能力

能力是人们在现实生活中经常提到的一个词，如张同学学习能力突出、李老师教学能力高超、王经理表达能力出众、赵工程师社交能力较差等。在心理学中，一般认为，能力是直接影响活动效率并保证个体顺利完成某种活动必备的心理特征。也就是说，人要成功地完成一种活动，所需要的基本条件就是能力。例如，绘制油画需要色彩鉴别能力和形象记忆能力，钢琴演奏需要节奏感和曲调感等音乐能力，篮球运动员则需具备迅速奔跑的能力和跳跃能力。

能力总是和完成一定的活动联系在一起。离开了具体活动，既不能表现人的能力，也不能发展人的能力。然而，并非所有在活动中表现出来的心理特征都属于能力。例如，活泼、沉静、谦虚、骄傲等心理特征虽然对完成活动也有一定影响，但它们并不直接决定活动的完成，因此不属于能力范畴。

能力可分为一般能力和特殊能力。一般能力是指人们共同具有的最基本的能力，如观察能力、记忆能力、思维能力、想象能力等。一般能力通常被称为智力，它是完成任何活动都不可或缺的因素，也是能力体系中的核心部分。特殊能力是指人们从事某种专业活动必需的能力，如品酒师需要敏锐的嗅觉能力、建筑设计师需要准确的空间知觉能力、数学家需要高水平的抽象思维能力等。一般能力与特殊能力相互促进，共同推动个体的生涯发展。

具备一定的能力是生涯发展的基础，个体只有对自身能力有清晰的认知，才能制定科学的生涯目标。能力测试是个人了解自己能力的一种非常重要的方法，国内外常见的能力测验主要有韦克斯勒成人智力量表（Wechsler adult intelligence scale，WAIS）、瑞文标准推理测验（Raven's standard progressive matrices，SPM）、一般能力倾向测验（general aptitude test battery，GATB）、分辨能力倾向测验（differential aptitude tests，DAT）、托兰斯创造性思维测验（Torrance tests of creative thinking，TTCT）、本纳特机械理解测验（Bennett mechanical comprehension test，BMCT）、西肖尔音乐才能测验（Seashore measures of musical talents，SMMT）等。这些测评工具为个体了解自身能力结构提供了科学依据，有助于更精准地规划生涯发展方向。

### （四）明确个人价值观

价值观是指个体对周围客观事物（包括人、事和物）的意义和重要性的总体评价与看法。对待同一个事物，由于价值观不同，人就会有不同的行为。价值观在职业选择上的体现就是职业价值观，职业价值观也叫工作价值观。职业价值观是价值观的重要组成部分，是人们衡量社会上某种职业的优劣和重要性的内心尺度。它既决定着人们的择业倾向，又影响着人们的工作态度。职业价值观表明了一个人通过工作所要追求的理想是什么，如有的人是为了经济收入，有的人是为了社会声望，有的人是为了自我发展，有的人是为了帮助他人……人们的职业价值观不同，选择的职业也会有所差别。

---

**拓展阅读 9-1**

#### 职业价值观的基本特征

职业价值观的基本特征主要包括四个方面，扫码查看详细内容。

---

一般来说，职业价值观可以分为三大类。第一类与个人发展有关，称为发展因素，包括工作符合自己的兴趣爱好、机会均等、公平竞争、工作有挑战性、能发挥自己的才能、发展空间大、工作自主性强、不受约束、能提供培训机会、晋升机会多、专业对口、有出国机会等。第二类与工资收入、福利待遇及生活水准有关，称为保健因素，包括薪酬高、福利好、保险全、职业稳定、工作环境舒适、交通便利等。第三类与声望地位有关，称为声望因素，包括工作单位知名度高、规模大、社会形象好、社会地位高等[1]。

目前，国外应用比较广泛且知名度比较高的职业价值观测评工具有明尼苏达重要性问卷（Minnesota importance questionnaire，MIQ）[2]和舒伯职业价值观量表（Super's work values inventory，WVI）[3]等。国内相应的测评工具有职业价值观量表[4]、职业价值观问卷[5]以及大学生职业价值观问卷[6]等。明确自身的价值观对于生涯发展至关重要，有助于个体在生涯规划中做出更符合自身需求与社会期望的决策。

---

[1] 徐蔚，刘玉梅，孙慧，等. 职业生涯规划实践（微课版）（第2版）[M]. 北京：清华大学出版社，2023：23.

[2] 由詹姆斯·朗兹（James Rounds）、乔治·亨利（George Henley）、勒内·达维斯（René Dawis）、劳埃德·洛夫奎斯特（Lloyd Lofquist）、大卫·魏斯（David Weiss）于1981年编制。

[3] 由唐纳德·舒伯于1970年编制。

[4] 实为唐纳德·舒伯的职业价值观量表，由宁维卫于1996年修订，以便更好地适应中国文化背景下的职业价值观评估。

[5] 由凌文辁等人于1999年编制。

[6] 由金盛华等人于2005年编制。

## 二、环境分析

生涯规划不仅受到个体的兴趣、能力和价值观等内部因素的驱动，也受到外部环境的支持与制约。其中，家庭环境、学校环境和社会环境对个体的生涯决策具有深远影响。

首先，家庭环境是个体生涯发展的基础，对其早期价值观的形成及长期发展路径的确定起着关键作用。家庭的经济状况、父母的教育方式、亲子关系、家庭文化氛围以及父母的期待等因素，会潜移默化地影响个体的人生目标、发展方向和对未来的规划。

其次，学校环境在个体成长的关键阶段提供知识、技能与社会化经验，并促进核心能力的发展，如学习能力、社交能力和问题解决能力等。学校不仅培养个体的专业素养和团队协作精神，还通过价值观教育帮助个体形成稳定的世界观、人生观与自我认同。此外，学校环境中的教师指导、同伴影响、课程设置和实践活动等，都可能影响个体对长远发展路径的设想。

最后，社会环境构成了个体生涯发展的宏观背景，包括经济趋势、科技进步、文化观念、产业变革以及劳动市场政策、教育资源分配等。这些因素影响着个体的生活方式、职业流动性和未来规划。例如，老龄化社会的趋势促使个体更早关注健康管理和退休安排，而科技变革推动终身学习成为适应社会发展的必要手段。同时，社会文化观念的变化，如性别平等意识的提升，也会影响个体的人生轨迹。

总体而言，个体需要动态评估环境中的机遇与挑战，并结合自身特点，制定出更具适应性（见知识链接 9-1）和前瞻性的生涯规划，为一生的幸福和发展奠定基础。

**知识链接 9-1　SWOT 分析工具**

SWOT 分析（又称态势分析）是通过系统梳理个体自身的优势（strengths）、劣势（weaknesses），以及外在的机会（opportunities）、威胁（threats），进而为生涯决策提供依据的战略分析工具（见表 9-2）。

表 9-2　SWOT 矩阵

|  | 优势（S） | 劣势（W） |
|---|---|---|
| **内部个人因素** |  |  |
|  | 机会（O） | 威胁（T） |
| **外部环境因素** |  |  |

基于 SWOT 分析结果，可以形成生涯发展的四种策略组合，分别为：优势-机会（SO）组合、劣势-机会（WO）组合、优势-威胁（ST）组合和劣势-威胁（WT）组合。

1. 优势–机会(SO)组合

即发挥自身优势并利用外部机会的策略,是一种理想的生涯发展模式。当自身拥有一定优势且外部环境提供了适合发挥这些优势的机会时,应采取此策略。

2. 劣势–机会(WO)组合

即利用外部机会弥补自身劣势,从而逐步转弱为强的策略。当外部存在可利用的机会,但自身存在某些劣势妨碍了对机会的利用时,应积极采取措施克服自身不足。

3. 优势–威胁(ST)组合

这是运用自身优势抵御环境威胁的策略。比如具备多语种能力(S)应对外贸行业岗位缩减的不利环境(T),转向跨境电子商务领域。

4. 劣势–威胁(WT)组合

这是指同时存在劣势与威胁时的防御策略。当自身面临较大的生存压力或外部威胁时,可以通过降低期望、调整目标等方式来改变劣势,进而减少威胁的影响。

个体在进行生涯决策时,应综合分析自身的优势与劣势,并评估外部环境中的机会与威胁。在此基础上,重点发挥优势并抓住机会(SO策略),以使积极因素的作用最大化。同时,应尽量避免劣势与威胁叠加带来的风险(WT策略),通过有效策略降低其可能的不利影响。

资料来源:徐蔚,刘玉梅,孙慧,等.职业生涯规划实践(微课版)(第2版)[M].北京:清华大学出版社,2023:85.有改动.

## 三、确定目标

生涯目标的设定是生涯规划的核心。没有目标如同驶入大海的孤舟,四顾茫茫,不知航向;只有树立明确的目标,才能锚定奋斗方向。目标犹如海洋中的灯塔,既能指引前路,又能助人避开险礁暗石,稳步迈向成功。

目标的设定应基于自身的能力、性格、兴趣以及外部环境等因素。目标通常可分为短期目标、中期目标、长期目标和人生目标。一般而言,短期目标指1~2年内可实现的计划,中期目标涵盖3~5年,长期目标可延续5~10年或更长时间。相比之下,人生目标则是个体对一生整体方向的规划,涉及价值追求、生活意义及个人愿景,并贯穿整个生命周期。需要注意的是,目标并非固定不变,而是会随着个体的发展阶段和环境的变化进行动态调整。

设定目标时,应遵循SMART原则(详见第二章第三节),既不能过高,以免因难以实现而引发挫败感,也不能过低,否则会缺乏成长动力。因此,合理的目标应既具挑战性,又在努力后可实现。个体在设定目标时需综合分析自身情况,确保目标既符合实际,又能有效激发个人潜能,促进持续发展。

## 四、制定行动方案

生涯发展目标的实现离不开具体行动。当个体把自己的中长期目标分解为一个个小的短期目标时，就可以制定完成目标的行动方案了。一个清晰的行动方案需回答三个核心问题：要做什么、如何去做、何时完成。也就是说，行动方案应包括任务、方法和时间安排三个基本要素。个体可以先将所有可能达成目标的方案全部列出，然后结合个人与环境等方面的情况，逐一评估这些方案的可行性，继而选择出最适合的方案。方案确定之后便可付诸实施。

在现实生活中，经常有人做事半途而废，原因之一就是目标过大，没有进行阶段性拆解，以及忽视对行动方案的持续评估。另外，在执行方案时，应重视时间管理，并预留缓冲时间以应对意外情况。

## 五、评估与修正规划

生涯规划的最后一步不是终点，而是进入持续优化的动态循环。建议每半年至一年进行一次系统性回顾与评估，以判断当前的发展方向是否仍然契合自身需求，阶段性目标是否适应外部环境的变化。例如，如果个体发现自己长期加班却对工作愈发抵触，可能需要停下来反思，是个人的价值取向发生了变化，还是行业的发展趋势与自身期待不符。适时调整生涯规划是发展智慧的体现——正如驾驶员会根据天气和路况调整车速与行驶路线一样，成熟的规划者懂得在坚守核心方向（如助人价值观）的前提下，灵活选择实现路径（通过成为律师、社工或投身公益创业等）。当既定路径受阻时，与其盲目坚持，不如尝试新的方法或调整原有策略。请记住，优秀的生涯规划如同可迭代升级的智能导航系统，既能保留初心指引的目标坐标定位，又能依据实时反馈更新行进路线图。

### 课堂活动 9-1

#### 绘制自己的生涯彩虹图

绘制生涯彩虹图可以帮助你全面了解自己在人生各个阶段中扮演的多重角色，以及这些角色如何随着时间的推移而变化，有助于你更好地规划职业发展和个人生活，平衡不同角色的需求与期望。弧线上已标好从出生到预期的退休年龄，以5年为一个节点，每道弧线代表你在不同阶段扮演的角色。

请准备好多种颜色的笔或标记工具，在图9-4的空白模板上用不同颜色绘制角色弧线，并在相应的时间节点上标注出生命中的重要事件或转折点，如毕业、首次就业、结婚、生子等。

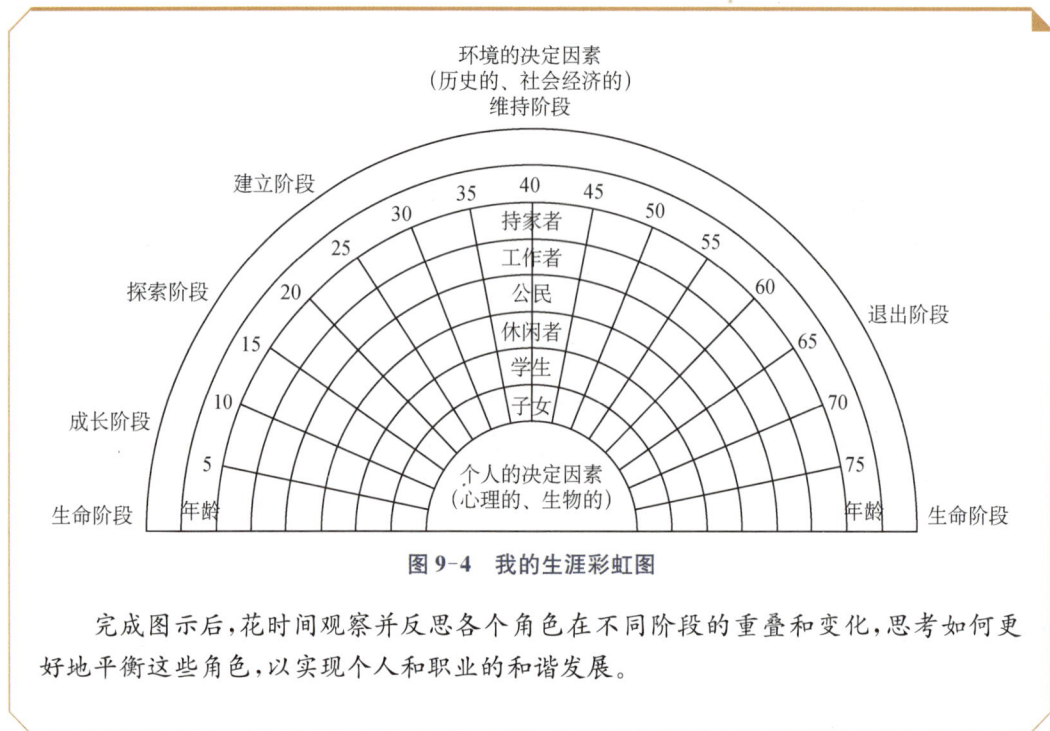

图 9-4 我的生涯彩虹图

完成图示后,花时间观察并反思各个角色在不同阶段的重叠和变化,思考如何更好地平衡这些角色,以实现个人和职业的和谐发展。

## 第三节 绽放生命的光彩——活出心花怒放的人生

在人生的旅途中,我们都是逐梦的行者,渴望在岁月的流转中寻求幸福与圆满。幸福既有命运的恩赐,也有向光而生的选择。生涯规划的本质,就在于将这一选择转化为具体的成长路径:在自我认知的土壤中埋下愿景的种子,用持续行动的雨露滋养潜能,最终让生命舒展成独一无二的绚烂姿态。

中国积极心理学的发起人、清华大学的彭凯平教授和闫伟博士在其合著的《活出心花怒放的人生》一书中,以深厚的学识和独到的洞察,系统地阐述了幸福的本质与实现方法,引导个体促进潜能的充分发挥与生命价值的蓬勃彰显[①]。本节将探讨个体如何通过积极实践生涯规划,创造美好生活,提升生命的意义感和幸福感,进而实现充实而有价值的人生。

### 一、珍视生命的独特性

作家毕淑敏曾写过一篇散文,题目叫"我很重要",里面有这样几句话:"回溯我们诞生的过程,两组生命基因的嵌合,充满了人所不能把握的偶然性。我们每一个个体,都是机遇

---

① 彭凯平,闫伟.活出心花怒放的人生[M].北京:中信出版集团,2020:3-268.

的产物……我们的生命，端坐于概率垒就的金字塔的顶端……对于我们的父母，我们永远是不可重复的孤本。无论他们有多少儿女，我们都是独特的一个……我们的地位可能很卑微，我们的身份可能很渺小，但这丝毫不意味着我们不重要。"[①]这篇文章给我们的启迪是：就个体而言，每个人都是独一无二的，是这个世界的绝版珍品，具有不可替代的存在价值。只要我们沿着自己合理规划的生涯发展路径时刻努力着，我们就是无比重要地生活着，不仅能够实现个人价值与社会需求的良性互动，而且在持续的生命体验中更能获得深层次的意义感。

谁都无法否认，在这个美丽的星球上，我们每个人都很重要，也都是与众不同的。我们彼此之间不仅有高矮、胖瘦的区别，而且在能力、性格和爱好等方面也各有差异。以能力发展为例，某些任务对他人而言或许轻而易举，但对你来说可能困难重重。这究竟是为什么呢？实际上，每个人的天赋本就不同，而后天的教育与成长环境也千差万别，因此，各方面的能力发展和表现自然会有所差异。个体在某些能力上表现突出，而在另一些方面相对薄弱，甚至在少数领域显得较为逊色，这都是正常现象。无论是遗传因素还是社会环境因素导致的个体间差异，这些差异都是客观存在的。

其实，在茫茫苍穹下，每个生命都有自己独特的天赋以及不可估量的潜能，正如诗仙李白说的那样：天生我材必有用。如果你是鸟，就不要留恋海洋，天空才是最适合你飞翔的地方。倘若用会不会游泳来衡量一只鸟的本领与价值，既不公平，也会令鸟感到绝望（见案例9-4）。所以，请永远记住：人生本是一个大舞台，每个人都有自己适合的角色，人人是"自得其所"，不成"方"，还可以成"圆"，正所谓"方圆虽异器，功用信俱呈"。[②]

> **案例 9-4　优势与短板**
>
> 在一片和谐的森林乐园里，为了让动物们掌握更多技能，生活更加丰富多彩，天鹅园长决定为大家开办动物培训学校。开学典礼当天，羚羊、兔子、松鼠、鸭子和小鸟等纷纷派出了家族中最优秀的成员前来参加学习。学校总共开设了游泳、爬树、跑步、跳高和飞翔五门课程。
>
> 第一天的课程是游泳，小鸭子兴奋地扑腾着双脚，学起来更是得心应手，而小鸟和兔子等动物则因不适应水中环境而焦虑不安。第二天的课程是爬树，小鸭子一反昨日的自信，变得沮丧不已，默默地低下了头，只有松鼠轻松地完成了挑战。接下来的课程包括跑步、跳高和飞翔，每一天，总有动物表现出色，也总有动物感到挫败。尽管大家都在努力，但某些技能对特定动物来说始终是难以掌握的。
>
> 这一现象在现实生活中也较为常见。许多组织、学校和家庭常常倾向于采用统一的标准来衡量个体表现，并鼓励人们通过勤奋努力达到理想目标。然而，研究表明，个体的成长受多种因素影响，包括天赋、环境、社会支持以及个体的心理特质等。努力固

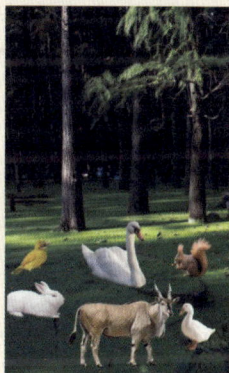

---

①　毕淑敏.恰到好处的幸福[M].长沙：湖南文艺出版社，2021：60-65.
②　刘玉梅，孙少华.注重培养孩子健全的人格[M].北京：清华大学出版社，2021：42.

然重要,但成功并不仅仅依赖于勤奋,更关键的是能找到充分发挥自身优势的成长路径。

如果个体过度专注于补偿自身的短板,反而可能会忽略发展自己真正的优势。因此,在人生各阶段的发展过程中,个体应合理评估自身能力,综合考虑兴趣、天赋与个人发展需求,选择适合的成长方向,以提升自我效能感,实现个人价值。

资料来源:符丹.大学生积极心理发展与自我成长[M].西安:陕西师范大学出版总社,2023:142.有改动.

既然每个人都是一座巨大的宝藏,自身蕴藏着无坚不摧的能量和威力,那么,只要勇敢地去挖掘,就一定会收获奇珍异宝。当然,能否拿到开启宝藏的金钥匙,关键在于个体如何认识和发现这些潜能。如果能够珍惜已有的资源,理性看待自身的不足,并通过发挥自己的优势(见知识链接9-2)不断提升自我,那么在这个世界上就会发现人人都是富有者,都能在自己生涯发展的乐章中奏出最动听的音符。

### 知识链接9-2　优势理论

唐纳德·克利夫顿(Donald Clifton)是优势理论的创始人。他认为,每个人都拥有才干,并且总有一件事能够比他人做得更好。优势理论的核心理念主要包括以下几点。

(1)个体不可能在所有方面都表现出色,但可以充分发挥自身优势。

(2)优势指的是在某一领域能够持续地展现出近乎完美的表现。

(3)弥补弱点可以降低失败的风险,而建立优势才是通往成功的关键。

(4)从事自己擅长的事情能够提高效率,使任务变得更加轻松。

(5)优势理论的核心公式是"优势=天赋才干×投入"。

这一公式清晰界定了优势的构成及发展路径。其中,天赋才干是指个体天生具备的潜在能力,体现为独特的思维模式和行为偏好。天赋才干是与生俱来的,具有不可控性。可控的因素则是后天的投入,例如,在知识和技能方面的刻意练习。因此,只有在天赋才干的基础上投入时间和精力进行训练,它才能发展成优势,并成为一种稳定而卓越的能力,助力个体的成长与成功。

此外,优势理论还强调:成功的路径不是单一的,而是"条条大路通罗马",每个人都可以选择自己最擅长的方式做事情,这样能够更高效地实现目标并提升成功的可能性。

### 拓展阅读9-2

#### 优势测量工具

用于优势识别的工具包括克利夫顿优势识别器2.0(Clifton strengths finder 2.0)及克利夫顿青年优势探寻器(Clifton youth strengths explorer)等,扫描二维码查看详细内容。

优势测量工具

## 二、探索幸福的奥秘

幸福，是每个人心中最朴素也最深切的追求。它时而如晨光初露，温柔而清晰；时而又似繁星点点，可感受却难以捉摸。在人生的不同阶段，幸福的表现形式或许各异，但其背后的心理机制与影响因素却遵循着共同的规律。个体在积极践行生涯规划的旅程中，唯有真正领悟幸福的内涵与实现之道，方能唤醒内在的潜能，让生命如繁花般绽放，活出属于自己的精彩。

### （一）幸福是什么

"幸福"一词曾因中央电视台某期采访节目而引发公众的广泛关注。尽管在现实生活中，人们普遍向往并追求幸福，但当被问及"是否感到幸福"以及"如何定义幸福"时，受访者的回答却呈现出明显的差异性。正如文学作品可以被多角度解读一样，幸福也缺乏统一的衡量标准。不仅普通人对幸福的理解各不相同，即使在专门研究该主题的哲学家与心理学家之间，对幸福的界定也不一致。例如，亚里士多德（Aristotle）将幸福视为生命的意义与目的，是人类追求的终极目标；伊壁鸠鲁（Epicurus）主张，幸福是身体的无痛苦和灵魂的无纷扰；人本主义心理学家马斯洛认为，幸福是个体需求获得满足后的心理状态；积极心理学家契克森米哈赖强调，当个体完全沉浸于一项活动中，忘却时间与自我时，体验到的便是一种深度的幸福感。

综合来看，幸福作为一种主观感受，确实不存在统一的评判标准。也就是说，幸福并非单一维度，而是由多种因素共同构成的复合型心理状态。

在众多关于幸福的理论中，塞利格曼提出的 PERMA 模型是目前影响最为广泛的幸福概念之一。该模型认为幸福（well-being）由五个核心要素组成：积极情绪（positive emotion）、投入（engagement）、人际关系（relationships）、意义和目的（meaning and purpose）、成就（accomplishment），简称为 PERMA（见图 9-5）。

其中，积极情绪是指积极的主观体验，如愉悦、自豪、平静、有趣等感受；投入指的是个体在进行某项具有挑战性且富有吸引力的活动时表现出的专注与沉浸状态，与契克森米哈赖提出的"心流"体验密切相关，通常伴随时间感扭曲和自我意识淡化等

图 9-5　塞利格曼的 PERMA 模型

心理现象（详见第三章）；人际关系指个体与他人建立的积极人际联结与社会互动；意义和目的指个体将自己视为某种超越自我的事物（如社会、科学或人类福祉）的一部分，进而获得目的感与价值感；成就则体现为个体对目标与梦想的追求与实现，如事业成功、学业进步或竞赛胜利等。

需要指出的是，以上五个要素中没有任何一个可以单独定义幸福，但它们共同构成了幸福的整体结构。塞利格曼认为，这五个要素对幸福都有贡献并互相独立，六大美德以及

24 种性格优势（详见第一章）对所有五个要素都提供支持[1]。

## （二）幸福的方法

对幸福的追求，跨越了种族与地域的界限，成为人类共同的心理需求与价值目标。幸福并非遥不可及，它往往蕴藏在日常生活的点滴选择之中。当我们在知识的海洋中汲取力量，用热忱投入事业，认真体会生活中的美好，学会与自己和解，并在与他人的联结中传递温暖与善意时，幸福便悄然在心中生根发芽，最终成长为枝繁叶茂的参天大树。

### 1. 快乐学习

"学而时习之，不亦说乎？"这是《论语》开篇的第一句话，表达了孔子对学习与不断实践所带来的喜悦的肯定。对每个人而言，学习是再熟悉不过的活动，从出生到幼儿园，从小学到大学，直至进入职场并逐步步入退休，几乎每一天都在进行着不同形式的学习。尤其在信息社会的背景下，学会学习已成为一项至关重要的能力。在这个不断变化的时代，学习不仅是生存的基础，更是持续发展的动力，正如俗语所说："活到老，学到老。"

经典名言

少而好学，如日出之阳；壮而好学，如日中之光；老而好学，如炳烛之明。

——刘向

刘向（公元前 77—前 6）

学习是人类获取知识与经验的最有效途径。在人工智能和技术创新的推动下，工农业生产、经济格局、市场运作等各方面都在经历持续调整和变革。以职业分类为例，2022 年发布的《中华人民共和国职业分类大典（2022 年版）》中，把职业划分为 8 个大类、79 个中类、449 个小类、1 636 个细类，在数以千计的职业岗位中，一些传统岗位逐渐消失，而新的职业形态如带货主播、电子竞技员、人工智能训练师等正在迅速崛起。面对新兴职业的挑战，个体需要通过不断学习来提升自己的竞争力。

无论处于人生的哪个阶段，只有真正热爱学习的人，才能在学习中获得最大的满足和进步。这也是孔子强调的"知之者不如好之者，好之者不如乐之者"。因为学习不仅仅是为了掌握知识或技能，更是享受其中的乐趣和成长的过程。正是这种快乐的学习状态，能让我们不断超越自我，获得持久的幸福与成就感。

### 2. 开心工作

在人生这幅绚丽的画卷中，工作可以说是一笔浓墨重彩的存在。它不仅是个体安身立

---

[1] 马丁·塞利格曼. 持续的幸福[M]. 赵昱鲲，译. 杭州：浙江人民出版社，2012：5-41. 李晴昊. 积极心理学 PERMA 模型中缺失的第六个元素——"过程"[J]. 中国质量，2022(10)：88.

命的基石,更是滋养心灵的清泉。当人们在工作中感到快乐时,幸福的旋律便在生活中轻轻响起。

经典名言

人类最美丽的命运、最美妙的运气,就是从事自己喜爱的事情并获得报酬。

——马斯洛

马斯洛(1908—1970)

　　心理学家艾米·瑞斯尼斯基(Amy Wrzesniewski)指出,人们对待工作的态度大致可分为三类:任务、职业与使命。如果仅将工作视为完成任务或获取报酬的方式,那么个体往往缺乏内在动机,难以从中获得自我实现的体验。相比之下,将工作视为职业的人更关注经济回报与事业发展,追求社会地位的提升。而那些赋予工作使命意义的人,倾向于从工作中获得满足与价值感,并以此实现自我成长[1]。

　　研究表明,愉悦的工作状态有助于大脑分泌多巴胺与内啡肽,从而缓解压力,增强幸福感。同时,全情投入的工作态度还能提升创造力和效率,带来成就感与自信心。良好的职场氛围也能促进团队合作与人际和谐,为个体提供社会支持与归属感。因此,保持积极、愉快的工作心态,不只是职业发展的动力源泉,更是提升整体生活质量的重要保障。

### 课堂活动9-2

**阅读与思考**

　　"千万大奖不离岗"(扫描二维码查看详细内容)一文讲述了两位彩票中奖者的真实故事。请认真阅读并思考故事带来的启示,然后与老师和同学分享你的感悟。

千万大奖
不离岗

### 3. 品味生活

　　品味生活是指个体有意识地用心体验和感受生活中的美好。它不仅仅是对物质层面的追求,更重要的是在日常生活的平凡中发现意义与价值,用积极的心态和细腻的感知力去捕捉那些令人愉悦、放松与满足的时刻。许多研究结果显示,影响个体幸福感的关键,往往不在于拥有多少物质资源,而在于如何理解和体验生活中的各种经历。

　　品味生活的前提在于个体具有发现和欣赏美好事物的意愿与能力。作家三毛曾说:"最深最平和的快乐,就是静观天地与人世,慢慢品味出它的美与和谐。"然而,生活中的繁

---

[1] Wrzesniewski, A., & Dutton, J. E. Crafting a job: Revisioning employees as active crafters of their work[J]. Academy of Management Review, 2001, 26(2): 179-201. 泰勒·本-沙哈尔. 幸福的方法[M]. 汪冰,刘骏杰,倪子君,译. 北京:中信出版集团,2013:97-98.

杂与琐碎事务常常占据个体的注意力,使其忽略了对美好事物的细致观察与感受。实际上,生活中的美好无处不在,如清晨窗外的一缕阳光、雨后树叶上的晶莹水珠、四季更迭中的花开花落、街角老屋的斑驳瓦砾,或是亲友间的关怀与陌生人的善意之举等。这些看似微不足道的细节,往往蕴含着深刻的情感价值。如果个体能够用心去体验,它们将带给人们无尽的温暖与感动。当然,通过拍照、录制视频或撰写日记等方式主动记录生活中的温暖片段,可以更好地保存和重温美好记忆,从而有助于增强积极情绪的真实感和持久性。

经典名言

生活中不是没有美,而是缺少发现美的眼睛。
——奥古斯特·罗丹

奥古斯特·罗丹(Auguste Rodin, 1840—1917)

此外,培养"活在当下"的意识也是一种有益的生活态度。别总担心未来的不确定性,真正的幸福,其实藏在每一个认真生活的当下。同时,个体应尽量减少如抱怨、后悔、仇恨等负面想法的困扰,因为这些念头不仅消耗心理能量,也会削弱对正向体验的感知与接纳,容易对心理健康和幸福感产生不利影响。

4. 善待自己

善待自己指的是个体在生活中以宽容、接纳、尊重和照顾自己的方式,满足自身合理的情感和心理需求。它不是自私或自恋,而是一种重要的自我调节策略,能显著提升人生幸福感。从心理学角度来看,善待自己涵盖了自我接纳、自我关怀与自我激励等多个方面。这些因素相互关联,共同促进个体的心理健康和成长。

自我接纳是善待自己的基础。它意味着个体能够无条件地接受自己的全部特质,包括优点和不足。这种接纳有助于建立积极的自我形象,减少自我否定与自我批评,进而提升自尊水平与自信心。研究发现,拥有较高自尊的人通常更加乐观,也更容易实现个人目标,且在面对生活挑战时表现出更强的韧性。自我关怀则是对心灵的抚慰与呵护。它指的是个体以温柔、理解与支持的态度对待自己。当遭遇失败或困难时,能将其视为成长的契机,并从中汲取宝贵的经验,逐步提高自己的应对能力。自我关怀同时也包括养成良好的生活习惯,如均衡的饮食、适量的运动和充足的睡眠等。这些关爱自己的行为,不仅能够有效预防过度疲劳,还能缓解情绪低落,保持身心的平衡与健康。自我激励是点燃内心动力的火种。它是指个体为了实现个人目标与提升自我价值而采取的积极行动,包括设定明确的目标、坚持不懈地付诸努力,以及在达成每一个成就后的自我庆祝等。自我激励有助于增强自我效能感,保持乐观心态,提升心理适应力。

5. 关爱他人

生命就是一趟交织着爱与光的旅程。我们在父母的相爱中诞生,又在父母无条件的疼爱和全心全意的呵护下成长。他们的怀抱是我们最初的港湾,教会我们什么是温暖与安全。步入学校，老师的关爱如同灯塔，照亮我们前行的道路，他们不仅给予我们丰富的知识，更给予我们信心、勇气和富有尊严的灵魂。社会则是广阔的天空，用真、善、美的光芒为我们指引方向，让我们展翅高飞。每个人都是在爱的滋养下，从稚嫩走向成熟，从依赖走向独立。然而，爱从来不是单向的馈赠，而是双向的流动。正因为如此，我们要学会回馈这份深沉的爱。用真诚与责任来回报父母的养育，用智慧与行动回报学校的教诲，用关怀与奉献回报社会的支持。只有这样，爱才能在我们之间传递，温暖更多的生命。

经典名言

墨子（约公元前 468—前 376）

爱人者必见爱也，而恶人者必见恶也。

——墨子

　　积极心理学的研究表明，当我们以真诚的态度去关爱他人时，心灵会从中汲取无穷的力量。爱，特别是无私的关怀与帮助，是人际关系中最美的纽带，正如孟子所说"爱人者，人恒爱之"。这表明关爱他人不仅是一种道德选择，更是一种生命的智慧，它是通往人生幸福之门必不可少的"通行证"。关爱他人既包括情感上的关心与关怀，也包括行为上的体贴与帮助。其中，助人行为不仅能让我们的生命变得更有意义，还能让我们内心涌现出深刻的满足感——这种满足感并非来自外界的回报，而是源于我们与生俱来的联结本能。科学家们的研究发现，助人行为能够激活大脑中的腹侧纹状体，而这一区域已被证明与人类感受幸福快乐的神经活动密切相关[1]。

　　心理学界流传着这样一句话："如果你想快乐一小时，就去睡个午觉；如果你想快乐一整天，就去钓鱼；如果你想快乐一个月，就去结婚；而如果你想快乐一辈子，那就去帮助别人吧！"这句话强调了助人或做善事对长期幸福的重要性。事实上，多个相关研究也支持这一观点。例如，一项在 1930—1990 年对 200 人的长期追踪调查发现，那些青少年时期乐于助人的人，往往在未来的职业生涯中会取得更大的成功，家庭关系更为和睦，生活习惯更健康，且具备更强的社会竞争力[2]。因此，尽管快乐的来源多种多样，但助人或做善事能够促进社会中的友爱与和谐，同时也使助人者自身体验到更持久的幸福感[3]。

　　综上所述，真正的幸福不仅仅是个人感受的结果，更是一种在与他人和社会互动中形成的情感体验。生涯规划既是对未来自我发展的设计，也是通往幸福道路的重要导航。心

① 任俊.积极心理健康:幸福快乐的科学[M].北京:开明出版社,2019:239.
② 同上书,第 242 页.
③ 彭凯平.吾心可鉴:澎湃的福流[M].北京:清华大学出版社,2021:129-131.

理学研究表明,幸福并非遥不可及,而是与当下的体验息息相关。[①] 从现在开始,温柔地对待自己,善意地支持他人,专注地投入工作、学习与生活,享受休闲时光,这些看似简单的行动正是构建幸福的基石。当个体以积极乐观的心态拥抱生活,并以坚韧不拔的精神应对挑战时,便能逐步建立起属于自己的美好人生。

经典名言

那些为大多数人带来幸福的人是最幸福的人。

——卡尔·海因里希·马克思

卡尔·海因里希·马克思(Karl
Heinrich Marx, 1818—1883)

## 本章要点重述

(1)生涯规划是指个体对其一生中在学习、生活和事业等各方面的总体计划和安排,涵盖教育、职业、家庭和休闲等领域的目标设定与路径规划。

(2)生涯规划的理论主要包括舒伯的生涯发展理论、帕森斯的特质因素理论和霍兰德的人格类型理论等。

(3)生涯规划的基本步骤主要包括认识自我、环境分析、确定目标、制定行动方案、评估与修正规划。

(4)在实施生涯规划的过程中,个体应注重发挥自己的优势,理性看待不足。通过采用与个人特质相匹配的方式完成任务,可以更高效地实现生涯目标,有助于提升主观幸福感,并进一步促进个体对充实且有意义的生活的追求。

## 学习游乐场 9

### 六座岛屿的选择

假设你乘坐的轮船在航行途中搁浅,迫使你必须登上附近的岛屿避难。眼前共有六座风格各异的岛,据传未来几乎没有其他船只经过,因此你可能将在其中一座岛上长期居住。

每座岛上居住着不同性格、兴趣和生活方式的人群。请仔细阅读各岛的描述,并回答:如果你只能选择一个长期生活的环境,你会选择哪座岛?若你最希望前往的岛已人满为患,你的第二选择是哪座?若第二座岛也无法进入,你的第三选择又是什么?下面是六座

---

① 马丁·塞利格曼.真实的幸福[M].洪兰,译.杭州:浙江教育出版社,2020:138-142.

岛的简介。

R岛：自然原始的岛，拥有保存完好的热带植物林以及动物园、植物园和水族馆等生态资源。居民擅长手工劳动，自己种植蔬果、修建房屋、制作工具，以简朴自给的方式生活。

I岛：适合深度思考的岛，环境安静开阔。居民热衷于探索事物的原理与规律，日常活动包括实验、阅读、推理与反思。他们倾向独立工作，追求知识与真理。

A岛：富有艺术氛围的岛，设有绘画空间、音乐表演场所和手工坊。居民喜欢创作与表达，生活方式自由多样，重视想象、审美与个性的发展。

S岛：温暖友善的岛，居民乐于助人，社区之间关系紧密。教育、照护和心理支持是岛上生活的重要组成部分，人们注重情感交流与合作互动。

E岛：富裕繁华的岛，经济高度发达，居民精力充沛，重视效率，强调竞争意识。岛上生活节奏较快，设施先进。

C岛：井然有序的岛，岛上建筑十分现代化，管理体系完善。居民做事有条理，生活节奏规律，环境整洁，制度规范。

请填写你的选择：

第一选择 ＿＿＿＿＿＿＿

第二选择 ＿＿＿＿＿＿＿

第三选择 ＿＿＿＿＿＿＿

### 心理测试9

**职业价值观自测量表**

下面有52道题目，每个题目都有5个备选答案，请根据自己的实际情况或想法，在每题中选择一个最符合你的选项。测验结果将有助于你初步了解自身的职业价值观。

**职业价值观自测量表**

| 题目序号 | 题目内容 | 非常重要 | 比较重要 | 一般 | 比较不重要 | 很不重要 |
|---|---|---|---|---|---|---|
| 1 | 你的工作必须经常解决新的问题 | 5 | 4 | 3 | 2 | 1 |
| 2 | 你的工作能为社会福利带来看得见的效果 | 5 | 4 | 3 | 2 | 1 |
| 3 | 你的工作奖金很高 | 5 | 4 | 3 | 2 | 1 |
| 4 | 你的工作内容经常变换 | 5 | 4 | 3 | 2 | 1 |
| 5 | 你能在你的工作范围内自由发挥 | 5 | 4 | 3 | 2 | 1 |
| 6 | 工作能使你的同学、朋友非常羡慕你 | 5 | 4 | 3 | 2 | 1 |
| 7 | 工作带有艺术性 | 5 | 4 | 3 | 2 | 1 |
| 8 | 你的工作能使人感觉到你是团体中的一分子 | 5 | 4 | 3 | 2 | 1 |

（续表）

| 题目序号 | 题目内容 | 非常重要 | 比较重要 | 一般 | 比较不重要 | 很不重要 |
|---|---|---|---|---|---|---|
| 9 | 不论你怎么干，你总能和大多数人一样晋级和涨工资 | 5 | 4 | 3 | 2 | 1 |
| 10 | 你的工作使你有可能经常变换工作地点、场所或方式 | 5 | 4 | 3 | 2 | 1 |
| 11 | 在工作中你能接触到各种不同的人 | 5 | 4 | 3 | 2 | 1 |
| 12 | 你的工作上下班时间比较随便、自由 | 5 | 4 | 3 | 2 | 1 |
| 13 | 你的工作使你不断获得成功的感觉 | 5 | 4 | 3 | 2 | 1 |
| 14 | 你的工作赋予你高于别人的权力 | 5 | 4 | 3 | 2 | 1 |
| 15 | 在工作中，你能试行一些自己的新想法 | 5 | 4 | 3 | 2 | 1 |
| 16 | 在工作中你不会因为身体或能力等因素被人瞧不起 | 5 | 4 | 3 | 2 | 1 |
| 17 | 你能从工作的成果中，知道自己做得不错 | 5 | 4 | 3 | 2 | 1 |
| 18 | 你的工作经常要外出、参加各种会议和活动 | 5 | 4 | 3 | 2 | 1 |
| 19 | 只要你干上这份工作，就不再被调到其他意想不到的单位和工种上去 | 5 | 4 | 3 | 2 | 1 |
| 20 | 你的工作能使世界更美丽 | 5 | 4 | 3 | 2 | 1 |
| 21 | 在你的工作中，不会有人常来打扰你 | 5 | 4 | 3 | 2 | 1 |
| 22 | 只要努力，你的工资会高于其他同年龄的人，升级或涨工资的可能性比干其他工作大得多 | 5 | 4 | 3 | 2 | 1 |
| 23 | 你的工作是一项对智力的挑战 | 5 | 4 | 3 | 2 | 1 |
| 24 | 你的工作要求你把一些事物管理得井井有条 | 5 | 4 | 3 | 2 | 1 |
| 25 | 你的工作单位有舒适的休息室、更衣室、浴室及其他设备 | 5 | 4 | 3 | 2 | 1 |
| 26 | 在你的工作中，有可能结识各行各业的知名人物 | 5 | 4 | 3 | 2 | 1 |
| 27 | 在你的工作中，能和同事建立良好的关系 | 5 | 4 | 3 | 2 | 1 |
| 28 | 在别人眼中，你的工作是很重要的 | 5 | 4 | 3 | 2 | 1 |
| 29 | 在工作中你经常接触到新鲜的事物 | 5 | 4 | 3 | 2 | 1 |
| 30 | 你的工作使你能常常帮助别人 | 5 | 4 | 3 | 2 | 1 |
| 31 | 你在工作单位中，有可能经常变换工作 | 5 | 4 | 3 | 2 | 1 |
| 32 | 你的作风使你被别人尊重 | 5 | 4 | 3 | 2 | 1 |
| 33 | 同事和领导人品较好，相处比较随便 | 5 | 4 | 3 | 2 | 1 |
| 34 | 你的工作会使许多人认识你 | 5 | 4 | 3 | 2 | 1 |

（续表）

| 题目序号 | 题目内容 | 非常重要 | 比较重要 | 一般 | 比较不重要 | 很不重要 |
|---|---|---|---|---|---|---|
| 35 | 你的工作场所很好,如有适度的灯光,安静、清洁的工作环境,甚至恒温、恒湿等优越的条件 | 5 | 4 | 3 | 2 | 1 |
| 36 | 在工作中,你为他人服务,使他人感到很满意,你自己也很高兴 | 5 | 4 | 3 | 2 | 1 |
| 37 | 你的工作需要计划和组织别人的工作 | 5 | 4 | 3 | 2 | 1 |
| 38 | 你的工作需要敏锐的思考 | 5 | 4 | 3 | 2 | 1 |
| 39 | 你的工作可以使你获得较多的额外收入,比如,常发实物、常购买打折扣的商品、常发商品的提货券、有机会购买进口货等 | 5 | 4 | 3 | 2 | 1 |
| 40 | 在工作中你是不受别人差遣的 | 5 | 4 | 3 | 2 | 1 |
| 41 | 你的工作结果应该是一种艺术而不是一般的产品 | 5 | 4 | 3 | 2 | 1 |
| 42 | 在工作中不必担心会因为所做的事情领导不满意,而受到训斥或经济惩罚 | 5 | 4 | 3 | 2 | 1 |
| 43 | 在你的工作中能和领导有融洽的关系 | 5 | 4 | 3 | 2 | 1 |
| 44 | 你可以看到努力工作的成果 | 5 | 4 | 3 | 2 | 1 |
| 45 | 在工作中常常要你提出许多新的想法 | 5 | 4 | 3 | 2 | 1 |
| 46 | 由于你的工作,经常有许多人来感谢你 | 5 | 4 | 3 | 2 | 1 |
| 47 | 你的工作成果常常能得到上级、同事或社会的肯定 | 5 | 4 | 3 | 2 | 1 |
| 48 | 在工作中,你可能做一个负责人,虽然可能只领导很少几个人,你信奉"宁作兵头,不作将尾"的俗语 | 5 | 4 | 3 | 2 | 1 |
| 49 | 你从事的那种工作,经常在报刊、电视中被提到,因而在人们的心目中很有地位 | 5 | 4 | 3 | 2 | 1 |
| 50 | 你的工作有数量可观的夜班费、加班费、保健费或营养费等 | 5 | 4 | 3 | 2 | 1 |
| 51 | 你的工作比较轻松,精神上也不紧张 | 5 | 4 | 3 | 2 | 1 |
| 52 | 你的工作需要和影视、戏剧、音乐、美术、文学等艺术打交道 | 5 | 4 | 3 | 2 | 1 |

扫描二维码查看职业价值观自测量表的计分标准与分析。

职业价值观自测量表的计分标准与分析

## 课后练习

### 一、单项选择题

1. 提出生涯规划特质因素理论的是（　　）。

A. 霍兰德　　　　　B. 帕森斯　　　　　C. 马斯洛　　　　　D. 卡特尔

2. （　　）是个体力求认识某种事物或从事某种活动的心理倾向。

A. 兴趣　　　　　B. 能力　　　　　C. 性格　　　　　D. 价值观

3. 以下关于幸福的描述错误的是（　　）。

A. 幸福是一种主观感受

B. 幸福不存在统一的评判标准

C. 幸福是由多种因素共同构成的复合型心理状态

D. 幸福在不同文化中的表现形式是一致的

### 二、多项选择题

1. 生涯规划的基本步骤包括（　　）。

A. 认识自我　　　　　B. 环境分析　　　　　C. 确定目标　　　　　D. 制定行动方案

E. 评估与修正规划

2. 舒伯提出的生涯发展阶段包括（　　）。

A. 成长阶段　　　　　B. 探索阶段　　　　　C. 建立阶段　　　　　D. 维持阶段

E. 退出阶段

3. 塞利格曼认为组成幸福的核心要素包括（　　）。

A. 积极情绪　　　　　　　　　　　　B. 投入

C. 人际关系　　　　　　　　　　　　D. 意义和目的

E. 成就

### 三、判断题

1. 生涯规划是指个体对其一生中在学习、生活和事业等各方面的总体计划和安排,涵盖教育、职业、家庭和休闲等领域的目标设定与路径规划。　　　　　　　　　（　　）

2. 兴趣是直接影响活动效率并保证个体顺利完成某种活动必备的心理特征。（　　）

3. 价值观是指个体对周围客观事物(包括人、事和物)的意义和重要性的总体评价与看法。　　　　　　　　　　　　　　　　　　　　　　　　　　　　　　（　　）

4. 研究发现,助人行为能够激活大脑中的腹侧纹状体,而这一区域已被证明与人类感受幸福快乐的神经活动密切相关。　　　　　　　　　　　　　　　　　　（　　）

扫描二维码查看课后练习答案。

第九章课后
练习答案

## 推荐阅读书目

1. 黄天中.体验式全程生涯规划(第4版)[M].北京:高等教育出版社,2022.

2. 马可·L.萨维科斯.生涯咨询[M].郑世彦,马明伟,郭本禹,译.重庆:重庆大学出版社,2015.

3. 彭凯平.幸福的种子:我的心理学入门书[M].北京:生活书店出版有限公司,2024.

4. 毕淑敏.恰到好处的幸福[M].长沙:湖南文艺出版社,2021.

5. 马丁·E.P.塞利格曼.持续的幸福[M].颜雅琴,译.北京:北京联合出版公司,2022.

6. 姚玉红,吴双磊.你好,生命:写给年轻人的生命教育课[M].北京:人民邮电出版社,2023.

# 参考文献

1. 阿尔弗雷德·阿德勒.自卑与超越[M].曹晚红,译.北京:中国友谊出版公司,2017.
2. 安德莉亚·博尼尔.史上最重要的心理学家和心理学思想:他们如何启示与指导你的生活[M].黄蔚,译.北京:中国青年出版社,2019.
3. 保罗·史托兹.逆商:我们该如何应对坏事件[M].石盼盼,译.北京:中国人民大学出版社,2019.
4. 本刊综合.笑口常开、最爱工作、注重养生、坚持运动、行善积福 世纪老人逸夫先生的长寿秘诀[J].人人健康,2014(2):20-21.
5. 毕淑敏.毕淑敏的成长课[M].武汉:长江文艺出版社,2019.
6. 毕淑敏.毕淑敏的幸福课[M].武汉:长江文艺出版社,2019.
7. 毕淑敏.恰到好处的幸福[M].长沙:湖南文艺出版社,2021.
8. 毕重增,黄希庭.中国文化中自信人格的内涵和功能[J].心理科学进展,2007(2):224-229.
9. 曹晖,曹聘.大学生心理危机干预研究综述[J].长江大学学报(社会科学版),2008(1):120-123.
10. 陈保祥,周玉兰,黄赞.大学生身体活动和睡眠质量与焦虑及抑郁情绪的关系[J].中国学校卫生,2024(5):684-688.
11. 陈国海.管理心理学(第4版)[M].北京:清华大学出版社,2020.
12. 陈国海.组织行为学(第6版)[M].北京:清华大学出版社,2020.
13. 陈荣.情绪心理学:你的情绪为何总被他人左右[M].北京:中国纺织出版社,2018.
14. 陈树林,李凌江.SCL-90信度效度检验和常模的再比较[J].中国神经精神疾病杂志,2003(5):323-327.
15. 陈树林.压力管理:轻松愉悦生活之道[M].杭州:浙江大学出版社,2023.
16. 陈荫慈,叶青,叶蓓.记忆里的陈景润——专访陈景润的中学老师陈荫慈老先生[EB/OL].(2020-09-08)[2025-03-02].http://www.jyb.cn/rmtzcg/xwy/wzxw/202009/t20200908_356827.html.
17. 程林.细胞简史[M].上海:上海交通大学出版社,2022.
18. 崔德刚,邱芬,邱服冰,等.基于ICF成年人休闲体育活动改善心理健康、生活质量和福祉的系统综述[J].中国康复理论与实践,2021(9):1038-1047.
19. 戴维·霍瑟萨尔.心理学家的故事[M].郭本禹,魏宏波,朱兴国,等译.北京:商务印书馆,2015.
20. 戴晓阳,王孟成,刘拓.常用心理评估量表手册(第3版)[M].北京:北京科学技术出版社,2023.
21. 戴晓阳,姚树桥,蔡太生,等.NEO个性问卷修订本在中国的应用研究[J].中国心理卫生杂志,2004(3):170-174.
22. 黛安娜·帕帕拉,萨利·奥尔兹,露丝·费尔德曼.孩子的世界——从婴儿期到青春期(第11版)[M].郝嘉佳,岳盈盈,陈福美,等译.北京:人民邮电出版社,2013.

23. 丹尼尔·戈尔曼.情商:为什么情商比智商重要(第 2 版)[M].杨春晓,译.北京:中信出版集团,2018.

24. 丹尼斯·库恩,约翰·米特雷尔.心理学导论——思想与行为的认识之路(第 13 版)[M].郑钢,等译.北京:中国轻工业出版社,2014.

25. 樊富珉,费俊峰.大学生心理健康十六讲(第 2 版)[M].北京:高等教育出版社,2020.

26. 房宁,仇逸.焦虑也是病 病根在基因——科学家发现焦虑受基因控制[N].科技日报,2002-04-18.

27. 菲利普·津巴多,罗伯特·约翰逊,薇薇安·麦卡恩.津巴多普通心理学(第 8 版)[M].傅小兰,等译.北京:人民邮电出版社,2022.

28. 弗兰克·李普曼,尼尔·帕克尔.这么睡,不会累[M].胡晓姣,吴越,张竞文,译.北京:中信出版集团,2023.

29. 符丹.大学生积极心理发展与自我成长[M].西安:陕西师范大学出版总社,2023.

30. 傅小兰,等.情绪心理学:研究与应用[M].上海:华东师范大学出版社,2023.

31. 傅小兰,张侃.中国国民心理健康发展报告(2021~2022)[M].北京:社会科学文献出版社,2023.

32. 高平.影响中小学生心理健康的因素分析[J].天津师范大学学报(社会科学版),2002(2):76-80.

33. 高阳.失眠和心理病是难兄难弟[EB/OL].(2018-06-17)[2024-11-14].http://health.people.com.cn/n1/2018/0617/c14739-30063622.html.

34. 格林伯格.全面压力管理(第 9 版)[M].石林,译.北京:高等教育出版社,2008.

35. 葛明贵.健全人格的内涵及其教育[J].安徽师范大学学报(人文社会科学版),2003(4):469-473.

36. 郭德俊.心理学(第 2 版)[M].北京:国家开放大学出版社,2021.

37. 国家卫生健康委办公厅.国家卫生健康委办公厅关于印发中国公民健康素养——基本知识与技能(2024 年版)的通知[EB/OL].(2024-05-28)[2024-06-12].https://www.gov.cn/zhengce/zhengceku/202405/content_6954649.htm.

38. 郝伟,赵敏,李锦.成瘾医学:理论与实践[M].北京:人民卫生出版社,2016.

39. 何跃青.如何进行压力管理[M].北京:北京大学出版社,2004.

40. 黄飞.尊严:自尊、受尊重与尊重[J].心理科学进展,2010(7):1136-1140.

41. 黄锦文,曾光.如何在作业治疗中运用积极心理学的 PERMA 理论模型提升幸福感[J].康复学报,2018(01):5-12.

42. 黄丽佳,袁勤俭.印象管理理论及其在信息系统研究中的应用与展望[J].现代情报,2018(11):172-177.

43. 黄希庭,郑涌.大学生心理健康教育(第 3 版)[M].上海:华东师范大学出版社,2020.

44. 黄希庭,郑涌,李宏翰.学生健全人格养成教育的心理学观点[J].广西师范大学学报(哲学社会科学版),2006(3):90-94.

45. 黄希庭,郑涌.心理学导论(第 3 版)[M].北京:人民教育出版社,2015.

46. 贾丽晔,郭琪,王鹏程,等.运动疗法对心血管疾病患者的影响和作用机理研究进展[J].中国康复理论与实践,2016(9):1041-1044.

47. 贾燕娟,赵宁.影响学生心理健康的环境因素分析[J].中国学校体育,2004(5):55-56.

48. 杰斯·费斯特,格雷戈里·J.费斯特,托米-安·罗伯茨.人格理论:从心理动力理论到学习-认知理论(第 9 版)[M].徐说,译.北京:人民邮电出版社,2023.

49. 金华,吴文源,张明园.中国正常人 SCL-90 评定结果的初步分析[J].中国神经精神疾病杂志,1986(5):260-263.

50. 金盛华,李雪.大学生职业价值观:手段与目的[J].心理学报,2005(5):650-657.

51. 凯利·麦格尼格尔.自控力:和压力做朋友[M].王鹏程,译.北京:北京联合出版公司,2017.

52. 克里斯托弗·彼得森.打开积极心理学之门[M].侯玉波,王非,等译.北京:机械工业出版社,2010.

53. 孔令虹.自我效能感研究进展[J].心理学进展,2024(4):62-67.

54. 李晴昊.积极心理学 PERMA 模型中缺失的第六个元素——"过程"[J].中国质量,2022(10):87-93.

55. 理查德·K.詹姆斯,伯尔·E.吉利兰.危机干预策略(第七版)[M].肖水源,等译.北京:中国轻工业出版社,2017.

56. 理查德·格里格.心理学与生活(第 20 版)[M].王垒,等译.北京:人民邮电出版社,2023.

57. 理查德·怀斯曼.睡眠正能量[M].陈蕾,译.长沙:湖南文艺出版社,2015.

58. 列纳德·蒙洛迪诺.情绪:影响正确决策的变量[M].董敏,陈晓颖,译.北京:中译出版集团,2022.

59. 林丹华.健康心理学[M].北京:中国人民大学出版社,2023.

60. 琳达·布兰农,杰斯·费斯特,约翰·A.厄普德格拉夫.健康心理学(第八版)[M].郑晓辰,张磊,蒋雯,译.北京:中国轻工业出版社,2016.

61. 凌辉,夏羽,张建人,等.自我概念的结构与发展[J].中国临床心理学杂志,2016(2):363-367+337.

62. 刘海峰,李新异.心理保健与危机干预[M].广州:广东人民出版社,2023.

63. 刘阳,赵纯纯,李致潇.运动训练通过改善肠道菌群防治代谢疾病的研究进展[J].中国细胞生物学学报,2024(7):1468-1476.

64. 刘玉梅,陈翠华.健康教育:让生命更精彩[M].上海:上海远东出版社,2022.

65. 刘玉梅.管理心理学理论与实践(第 2 版)[M].上海:复旦大学出版社,2019.

66. 刘玉梅,孙少华.注重培养孩子健全的人格[M].北京:清华大学出版社,2021.

67. 刘媛媛,武圣君,李永奇,等.基于 SCL-90 的中国人群心理症状现况调查[J].中国心理卫生杂志,2018(5):437-441.

68. 龙迪.心理危机的概念、类别、演变和结局[J].青年研究,1998(12):42-45.

69. 鲁子问.试论优势教育[J].教育科学研究,2015(3):5-10,15.

70. 罗斯.沉默有时也是一种尊重[J].高中生,2013(1):48.

71. 马丁·塞利格曼.持续的幸福[M].赵昱鲲,译.杭州:浙江人民出版社,2012.

72. 马丁·塞利格曼.真实的幸福[M].洪兰,译.杭州:浙江教育出版社,2020.

73. 马建青.大学生心理健康教程(第 4 版)[M].杭州:浙江大学出版社,2022.

74. 马立骥.心理危机与干预[M].北京:中国政法大学出版社,2023.

75. 马修·沃克.我们为什么要睡觉?[M].田盈春,译.北京:北京联合出版公司,2021.

76. 马修·约翰斯通.心理韧性,回弹的力量[M].陶莎,译.南宁:广西科学技术出版社,2021.

77. 马志国.莫让"心里的疤痕"伤了自己[J].家庭医学,2022(10):42-43.

78. 米哈里·契克森米哈赖.发现心流,日常生活中的最优体验[M].陈秀娟,译.北京:中信出版集团,2018.

79. 莫雷,等.个体心理危机实时监测与干预系统研究[M].北京:清华大学出版社,2020.

80. 穆卓.宝贝,你们好吗?:梁启超爱的教育·给孩子们的 400 余封家书[M].太原:山西人民出版社,2012.

81. 尼克·利特尔黑尔斯.睡眠革命(新版)[M].王敏,译.贵阳:贵州科技出版社,2020.

82. 诺曼·吉斯伯斯,玛丽·赫普纳,约瑟夫·约翰斯顿.职业生涯咨询——过程、技术及相关问题(第二版)[M].侯志瑾译.北京:高等教育出版社,2007.

83. 欧阳涛.乳腺癌[M].北京:人民卫生出版社,2023.

84. 彭聃龄.普通心理学(第 5 版)[M].北京:北京师范大学出版社,2019.

85. 彭帆,韩立敏.心理危机的保护性因素研究进展(综述)[J].中国健康心理学杂志,2023(3):326-330.

86. 彭凯平.生活中的情绪心理学:来自内心深处的福流[M].北京:清华大学出版社,2024.

87. 彭凯平.吾心可鉴:澎湃的福流[M].北京:清华大学出版社,2021.

88. 彭凯平.幸福的种子:我的心理学入门书[M].北京:生活书店出版有限公司,2024.

89. 彭凯平,闫伟.活出心花怒放的人生[M].北京:中信出版集团,2020.

90. 彭运石,丁道群.大学生心理健康教程(修订版)[M].长沙:湖南科学技术出版社,2009.

91. 漆昌柱,郭远兵,桂茹洁.运动促进心理健康的研究进展:基于方法的视角[J].武汉体育学院学报,2020,54(1):86-92.

92. 齐忠玉.乔哈里窗沟通法[M].北京:中国电力出版社,2010.

93. 人民网.2023年健康生活方式核心要点发布 实现全生命周期人群全覆盖[EB/OL].(2023-09-28)[2024-06-12].http://yn.people.com.cn/health/BIG5/n2/2023/0928/c228588-40589403.html.

94. 任俊.积极心理健康:幸福快乐的科学[M].北京:开明出版社,2019.

95. 桑标.大学生心理健康[M].上海:上海教育出版社,2014.

96. 桑标.儿童发展[M].上海:华东师范大学出版社,2014.

97. 桑标.学校心理咨询基础理论[M].上海:华东师范大学出版社,2017.

98. 尚伟.《国际睡眠疾病分类第三版》解读[J].山东大学耳鼻喉眼学报,2016,30(5):18-20.

99. 深圳市妇女儿童发展研究会.深圳妇女儿童发展报告(2020)(深圳蓝皮书)[M].北京:社会科学文献出版社,2021.

100. 时蓉华.新编社会心理学概论[M].上海:东方出版中心,1998.

101. 史志诚.毒物与人类文明史[M].西安:西北大学出版社,2016.

102. 世界卫生组织.世界卫生组织确定健康的10项标准[J].中国健康教育,2001(4):19.

103. 斯蒂芬·罗宾斯,蒂莫西·贾奇.组织行为学(第18版)[M].孙健敏,朱曦济,李原,译.北京:中国人民大学出版社,2021.

104. 斯科特·巴里·考夫曼.自我超越:马斯洛需要金字塔的新层次[M].班柏,译.北京:中信出版集团,2023.

105. 宋宝萍.心理健康手书[M].西安:西安电子科技大学出版社,2020.

106. 孙超,张国礼.体育活动对青少年人际交往能力的影响:身体自尊和整体自尊的链式中介作用[J].中国运动医学杂志,2020,39(1):47-52.

107. 孙金海,刘丽娟,陈翠华.健康强健手册[M].上海:第二军医大学出版社,2022.

108. 孙黎.关于快乐的奥秘[EB/OL].(2022-09-28)[2024-01-30].https://baijiahao.baidu.com/s?id=1745180522015159820&wfr=spider&for=pc.

109. 孙时进,杨戒.健康心理学[M].上海:复旦大学出版社,2022.

110. 泰勒·本-沙哈尔.幸福的方法[M].汪冰,刘骏杰,倪子君,译.北京:中信出版集团,2013.

111. 谭华玉,马利军.大学生心理健康教育——积极心理学的运用[M].广州:华南理工大学出版社,2020.

112. 唐海波,唐睿奇.心理危机的识别与干预[M].长沙:中南大学出版社,2021.

113. 唐秋萍,程灶火,袁爱华,等.SCL-90在中国的应用与分析[J].中国临床心理学杂志,1999(1):19-23.

114. 田录梅,张向葵.不同自尊者对自我相关信息的记忆偏好研究[J].心理发展与教育,2008(2):91-96.

115. 童辉杰.SCL-90量表及其常模20年变迁之研究[J].心理科学,2010(4):928-930+921.

116. 托德·卡什丹,罗伯特·比斯瓦斯.消极情绪的力量[M].王索娅,王新宇,译.杭州:浙江人民出版社,2018.

117. 王建国.大学生心理危机干预的理论探源和策略研究[J].西南大学学报(社会科学版),2007(3):88-91.

118. 王璐,赵静,徐艳斐.心理危机干预的研究综述[J].吉林省教育学院学报,2011,27(9):139-141.

119. 王小军.情绪心理学[M].北京:西苑出版社,2020.

120. 王小同.老年健康管理[M].浙江:浙江大学出版社,2021.

121. 王溢泽,张川,曾青云.基本理论导引下的成人心理健康教育[J].成人教育,2017,37(4):13-17.

122. 王征宇.症状自评量表(SCL-90)[J].上海精神医学,1984(2):68-70.

123. 闻德亮.临床医学概要(第2版)[M].北京:人民卫生出版社,2019.

124. 吴浩.心理学效应——人生的自我掌控力[M].武汉:武汉理工大学出版社,2023.

125. 肖恩·M.塔尔博特.神奇的营养心理学:如何用营养保持身心健康[M].赵晓曦,译.北京:中译出版社,2023.

126. 谢里·范·狄克.高情商是练出来的[M].程静,译.北京:北京联合出版有限公司,2017.

127. 邢占军,黄立清.西方哲学史上的两种主要幸福观与当代主观幸福感研究[J].理论探讨,2004(1):32-35.

128. 熊雅婕,齐亚强.生命历程中的性别化社会角色与心理健康[J].中国人口科学,2023,37(5):35-50.

129. 徐思思.科学家用"情绪地图"印证——幸福是唯一激活全身的情绪[N].科教新报,2015-03-05(11).

130. 徐蔚,刘玉梅,孙慧,等.职业生涯规划实践(微课版)(第2版)[M].北京:清华大学出版社,2023.

131. 许燕.人格心理学(第2版)[M].北京:北京师范大学出版社,2020.

132. 亚伯拉罕·马斯洛.动机与人格(第3版)[M].许金声,等译.北京:中国人民大学出版社,2013.

133. 亚伯拉罕·马斯洛.人性能达到的境界(第2版)[M].曹晓慧,等译.北京:世界图书出版有限公司,2019.

134. 燕国材.《周易》的心理学思想及其在先秦的发展[J].心理学报,1994(3):312-318.

135. 杨长勋.视觉人生:陈逸飞传[M].上海:上海书店出版社,2006.

136. 杨国枢,陆洛.中国人的自我心理学的分析[M].重庆:重庆大学出版社,2009.

137. 杨昊.不抱怨的世界真美[J].工友,2022(2):44-45.

138. 杨建邺.从杨振宁到屠呦呦:科学天空里的华人巨星[M].武汉:武汉出版社,2016.

139. 杨金江,李德波,达永仙.学校因素对边疆少数民族大学生心理健康影响研究[J].云南农业大学学报(社会科学),2022,16(6):133-141.

140. 杨眉.心理学术语力[M].桂林:广西师范大学出版社,2022.

141. 杨同卫,封展旗,武宜金,等."道德健康"辩驳:亦论道德与健康的关系[J].医学与哲学,2019(1):21-23,42.

142. 杨宪华.学校因素对大学新生心理健康影响研究[J].中国健康心理学杂志,2010,18(3):335-337.

143. 杨月欣,葛可佑.中国营养科学全书:全2册(第2版)[M].北京:人民卫生出版社,2019.

144. 姚若松,梁乐瑶.大五人格量表简化版(NEO-FFI)在大学生人群中的应用分析[J].中国临床心理学杂志,2010,18(4):457-459.

145. 姚玉红,吴双磊.你好,生命:写给年轻人的生命教育课[M].北京:人民邮电出版社,2023.

146. 易恒山.积极心理学视野下大学生心理危机预防和干预研究[D].武汉:武汉科技大学,2018.

147. 尹善铉.整理人际关系,一杯咖啡的时间就够了[M].千太阳,译.成都:天地出版社,2020.

148. 于晓松,季国忠.全科医学(第2版)[M].北京:人民卫生出版社,2023.

149. 余周伟.睡眠公式[M].北京:电子工业出版社,2021.

150. 俞国良.大学生心理健康(第2版)[M].北京:北京师范大学出版社,2022.

151. 曾庆枝,李黎.轻松上班:打工人心病处方[M].上海:上海交通大学出版社,2024.

152. 曾若晨."话聊"解开求助者心结[EB/OL].(2025-02-07)[2025-02-12].https://jxfzb.jxnews.com.cn/system/2025/02/07/020776719.shtml.

153. 詹姆斯·米勒.思想者心灵简史:从苏格拉底到尼采[M].李婷婷,译.北京:新华出版社,2015.

154. 詹姆斯.心理学原理[M].唐钺,译.北京:北京大学出版社,2013.

155. 张斌,郝彦利,荣润国.清晨型/夜晚型睡眠者的社会心理学特征[J].中国心理卫生杂志,2006(9):621-624.

156. 张斌.中国成人失眠诊断与治疗指南[M].北京:人民卫生出版社,2016.

157. 张拓基,陈会昌.关于编制气质测验量表及初步试用的报告[J].山西大学学报(哲学社会科学版),1985(4):73-77.

158. 张小菊,赵敬.大学新生父母教养方式与积极心理品质关系研究[J].中国特殊教育,2013(1):92-96.

159. 张彦.体育锻炼对大学生人际交往能力影响的研究[J].高教探索,2014(5):185-189.

160. 赵文华,李可基,王玉英,等.中国人群身体活动指南(2021)[J].中国公共卫生,2022,38(2):129-130.

161. 浙江宣传.年轻人"脆皮"究竟脆在何处[EB/OL].(2023-11-02)[2024-09-14].http://news.youth.cn/gn/202311/t20231102_14883193.htm.

162. 郑希付,王瑶.健康心理学(第2版)[M].上海:华东师范大学出版社,2013.

163. 中国心理学会.沉痛悼念龚耀先先生[J].心理学报,2009(10):封3.

164. 中国营养学会.中国居民膳食指南(2022)[M].北京:人民卫生出版社,2022.

165. 钟天映,陈媛媛,毕利军.端粒与端粒酶的研究——解读2009年诺贝尔生理学或医学奖[J].生物化学与生物物理进展,2009,36(10):1233-1238.

166. 周围,杨韶刚.借鸡生蛋与以讹传讹:道德健康概念的提出及其合理性分析[J].上海教育科研,2008(11):26-29.

167. 朱庆红,荷丹兰.把兴趣勾编成财富.农村新技术[J].2012(3):53.

168. 邹军,章岚,任弘,等.运动防治骨质疏松专家共识[J].中国骨质疏松杂志,2015,21(11):1291-1302,1306.

169. Ana Adan. Chronotype and Personality Factors in the Daily Consumption of Alcohol and Psychostimulants[J]. Addiction, 1994, 89(4): 455-462.

170. Anne Bowker. The Relationship Between Sports Participation and Self-Esteem During Early Adolescence[J]. Canadian Journal of Behavioural Science / Revue Canadienne Des Sciences Du Comportement, 2006, 38(3): 214-229.

171. Costa PT, McCrae RR. NEO-PI-R professional manual Revised NEO Personality Inventory (NEO-PIR) and Five Factor Inventory (NEO-FFI)[M]. Odessa: Psychological Assessment Resources, 1992.

172. Dubos R. Mirage of Health: Utopias, Progress, and Biological Change (new edition)[M]. New Jersey: Rutgers University Press, 1988.

173. Felice Jacka. Diet and Mental Health[EB/OL]. http://foodandmoodcentre.com.au/2016/07/diet-and-mental-health/[2024-10-15].

174. Jennifer L. McQuade, et al. Modulating the Microbiome to Improve Therapeutic Response in Cancer[J]. The Lancet Oncology, 2019, 20(2): 77-91.

175. Jordi Quoidbach, Daniel T. Gilbert, Timothy D. Wilson. The End of History Illusion[J/OL]. Science, 2013, 339(6115): 96-98. https://www.science.org/doi/10.1126/science.1229294[2024-03-25].

176. Jorge Armando Jiménez-Avalos, et al. Classical Methods and Perspectives for Manipulating the Human Gut Microbial Ecosystem[J]. Critical Reviews in Food Science and Nutrition, 2021, 61(2): 234-258.

177. Kennth Blum, et al. Pro-Dopamine Regulator (KB220) A Fifty Year Sojourn to Combat Reward Deficiency Syndrome (RDS): Evidence Based Bibliography (Annotated)[J]. CPQ Neurology and Psychology, 2018, 1 (2): 18.

178. Patrick J. Smith, et al. Aerobic Exercise and Neurocognitive Performance: A Meta-Analytic Review of Randomized Controlled Trials[J]. Psychosomatic Medicine, 2010, 72(3): 239-252.

179. Saghafian, F., Malmir, H., Saneei, P., et al. Fruit and Vegetable Consumption and Risk of Depression: Accumulative Evidence from an Updated Systematic Review and Meta-Analysis of Epidemiological Studies[J]. British Journal of Nutrition, 2018, 119(10): 1087-1101.

180. Sylow L, Kleinert M, Richter EA, et al. Exercise-stimulated glucose uptake—regulation and implications for glycaemic control[J]. Nature Reviews Endocrinology, 2017, 13(3): 133-148.

181. Young Man Park, et al. Scores on Morningness-Eveningness and Sleep Habits of Korean Students, Japanese Students, and Japanese Workers[J]. Perceptual and Motor Skills, 1997, 85(1): 143-154.

**图书在版编目(CIP)数据**

心理健康教育/刘玉梅主编.--上海：复旦大学
出版社,2025.5.(2025.8重印)--ISBN 978-7-309-18074-9

Ⅰ.G444

中国国家版本馆CIP数据核字第2025H19Z15号

**心理健康教育**

XINLI JIANKANG JIAOYU

刘玉梅　主编

责任编辑/谢同君

复旦大学出版社有限公司出版发行

上海市国权路579号　邮编：200433

网址：fupnet@fudanpress.com　http://www.fudanpress.com

门市零售：86-21-65102580　　团体订购：86-21-65104505

出版部电话：86-21-65642845

上海盛通时代印刷有限公司

开本787毫米×1092毫米　1/16　印张17.75　字数410千字

2025年8月第1版第2次印刷

ISBN 978-7-309-18074-9/G·2717

定价：58.00元